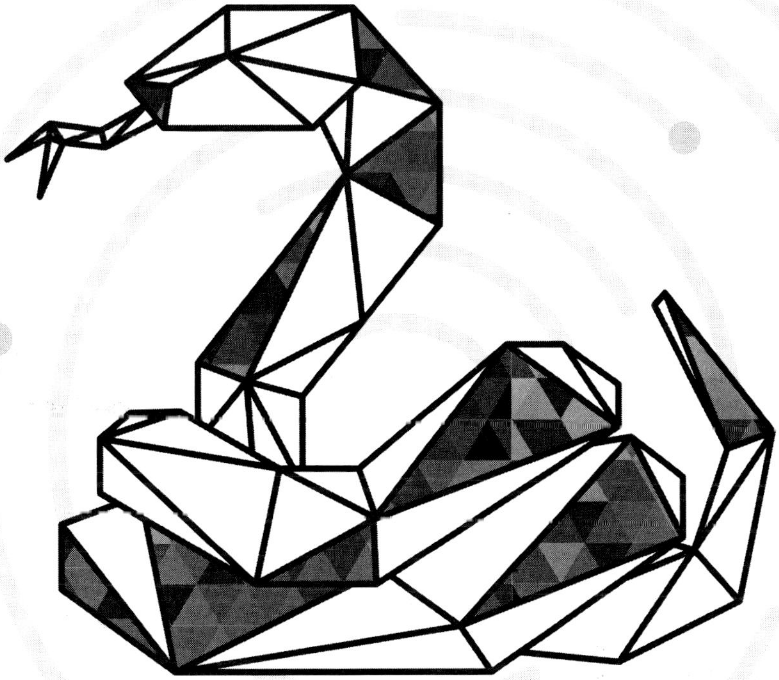

파이썬으로 배우는 머신러닝

Machine Learning with Python

김화종 지음

도서출판 홍릉

파이썬으로 배우는
머신러닝

인 쇄 : 2022년 6월 17일 초판 1쇄
발 행 : 2022년 6월 24일 초판 1쇄

저 자 : 김화종
발행인 : 송 준
발행처 : 도서출판 홍릉
주 소 : 01093 서울시 강북구 인수봉로 50길 10
등 록 : 1976년 10월 21일 제5-66호

전 화 : 02-999-2274~5
팩 스 : 02-905-6729
e-mail : hongpub@hongpub.co.kr
http://www.hongpub.co.kr
ISBN : 979-11-5600-044-0(93000)

정 가 : 26,000원

머리말

이 책은 기업 현장에서 디지털 전환(Digital Transformation), 인공지능(AI) 도입, 데이터 분석을 담당하는 실무자를 위한 학습서이다. 현업에서 이러한 업무를 수행하는데 가장 필요한 기술은 파이썬 프로그래밍과 머신러닝이나 이를 학습하는데 많은 시간을 투입해야 한다. 이 책은 최소한의 시간에 현업에서 필요한 파이썬과 머신러닝을 배울 수 있는 입문서이다.

독자들이 파이썬을 처음 배우는 것을 가정하여 파이썬의 기초부터 설명하였으며 특히 머신러닝의 주요 개념을 명확히 이해하는 것을 목표로 하였다. 무엇보다 실전에서 사용할 수 있는 핵심 예제들을 소개하였고 이를 바로 현업에서 활용하기 수월하도록 하였다. 예제 코드는 깃허브에서 제공된다.

https://github.com/data-labs/python-machine-learning

여러분 모두 파이썬과 머신러닝을 실무에서 자신있게 적용시키는 데이터 사이언티스트가 되기를 바라며.

2022. 6.

김화종

감사의 글

이 책이 완성되기까지 여러 분의 도움을 받았다. 기업의 다양한 데이터 사이언티스트 양성 프로그램을 도전적으로 기획하고 고객의 생생한 피드백을 보내준 IGM 세계경영연구원 디지털 인재혁신본부 안미현 이사, 현업 개발자의 문제해결을 위한 AI 부트캠프를 설계하고 수강생 한명 한명의 성장을 챙기던 LG전자 H&A본부의 배성심 책임, DX 과제해결 프로젝트를 사내에 정착시킨 LG전자 HE본부의 배경진 책임, 장기간의 실무 교육을 현업적용까지 연결하며 즐거운 이벤트로 만들었던 현대두산인프라코어의 채나래 차장, 항상 시원시원한 일처리가 기억에 남는 LS미래원의 이지후 차장, KB금융, NH금융 등 까다로운 고객들을 만족시키는 프로그램을 운영한 aSSIST의 송준석 팀장에게 특히 감사를 드린다. 이들과의 협력작업이 이 책을 만드는데 큰 원동력이 되었다.

매일 쏟아져 나오는 새로운 기술에 대해서 언제나 핵심을 잘 설명해준 고마운 가족, 수헌과 폴에게, 그리고 프로그래밍에서 막힘없이 문제를 해결해준 실험실의 성은과 준일에게도 감사한다. 새로운 것을 배우는 것이 취미인 특이한 남편을 누구보다 잘 이해하고 통찰력 있는 조언을 해주는 아내 지희에게도 감사의 마음을 전한다.

무엇보다 선뜻 시작하지 못하고 있던 이 책의 집필 작업을 오랫동안 기다려준 도서출판 홍릉의 김기용 상무님과, 편집부에 감사드린다.

"완벽함이란 더 이상 보탤 것이 없는 상태가 아니라,
더 이상 뺄 것이 없는 상태를 말한다"

- 생택쥐베리 -

차 례

Chapter 01

머신러닝이 왜 중요한가

Chapter 02

파이썬은 데이터 분석의 영어

Chapter 03

데이터 살펴보기

Chapter 04

데이터를 가공하는 방법

Chapter 05

머신러닝을 구현하는 방법

Chapter 06

중요한 특성 사용하기

CHAPTER

01 머신러닝이 왜 중요한가

인류가 발명한 여러 혁신적인 기술 중에서 현재 가장 중요하며 모든 산업의 판도를 바꾸고 있는 기술은 인공지능(AI, artificial intelligence)일 것이다. 인공지능은 그동안 사람만이 할 수 있었던 일, 지능이 있어야만 할 수 있었던 일을 컴퓨터가 대신 수행하게 하여 생산, 유통, 마케팅, 의료, 교육 등 대부분 산업의 운영 형태를 바꾸고 있기 때문이다.

인공지능을 구현하는 핵심 기술이 바로 머신러닝(machine learning)이다. 인공지능을 도입하려면 머신러닝의 개념과 구현 방법을 이해해야 한다. 1장에서는 머신러닝이란 무엇인지, 머신러닝으로 어떤 일을 할 수 있는지, 그리고 머신러닝은 어떻게 구현되는지를 설명하겠다.

1.1 머신러닝이란 무엇인가

머신러닝이란 컴퓨터가 데이터를 보고 학습을 하여 마치 지능이 늘어나는 것처럼 성능이 점차 향상되는 기술을 말한다. 여기서 머신은 컴퓨터를 가리키며 컴퓨터도 학습을 한다는 의미로 머신러닝이라는 용어를 사용한다.

머신러닝이 2010년대 이후 급속히 발전한 이유는, 센서 설치의 증가, 사물인터넷의 확대로 빅데이터가 방대하게 축적되어 학습시킬 재료가 풍부해졌고 컴퓨터와 클라우드 이용이 편리해지면서 소프트웨어 성능이 빠르게 발전했기 때문이다.

2020년대를 지나면서 머신러닝 기반의 이미지 인식 능력, 언어 이해 능력이 일부 영역에서는 인간의 능력을 앞서고 있다. 또한 그동안 정밀도가 높지 않았던 시장 예측, 재고 예측, 고객 세분화, 맞춤형 마케팅 등이 머신러닝으로 인해 점차 정교해지고 있다.

기존의 IT 기술과 다른점

머신러닝도 컴퓨터 프로그램으로 구현되는데 그러면 예전의 컴퓨터 프로그램과 머신러닝이 어떤 면에서 다른 것인가? 컴퓨터 및 정보통신기술 ICT(Information Communication Technology)에서는 어떤 원하는 작업을 자동화 하는 것이 주된 목적이었다. 이를 위해서 프로그래머가 코딩한 대로 시스템이 잘 동작하는 것이 중요했다. 계산을 빨리 하든지, 이미지를 처리하든지, 어떤 서비스 프로그램을 수행하든지 정해진 알고리즘대로 빠르고 정확하게 동작하는 것이 중요했다. 즉, ICT 기술에서는 자동화가 중심이었다.

이에 반해 머신러닝에서는 컴퓨터가 데이터를 보면서 점차 성능을 향상시킬 수 있는 지능화된 시스템을 구현하는 것이 크게 다른 점이다. 이제 컴퓨터도 데이터를 보고 점차 기능을 향상시키는 방법을 찾아낸 것이다. 인간은 이제 '학습하는' 컴퓨터를 발명한 셈이다.

머신러닝의 정의

머신러닝은 데이터를 보고 학습하는 모델로 구성된다. 머신러닝의 동작을 다음 그림으로 설명할 수 있는데 머신러닝은 학습에 사용할 데이터가 필요하고, 어떤 수치를 예측하거나(판매량 예측 등), 클래스를 분류하거나(고장 여부 예측 등), 적절한 대상을 추천하는 등(음악 추천 등)의 작업을 수행하는 모델로 구성된다. 여기서 모델은 컴퓨터 프로그램으로 구현된다. 모델이 원하는 동작을 잘 수행하고 있는지를 계속 관찰하고 개선하는 피드백 루프가 필요하며 이렇게 스스로 성능을 개선하는 과정을 학습(learning) 또는 훈련(training)이라고 부른다.

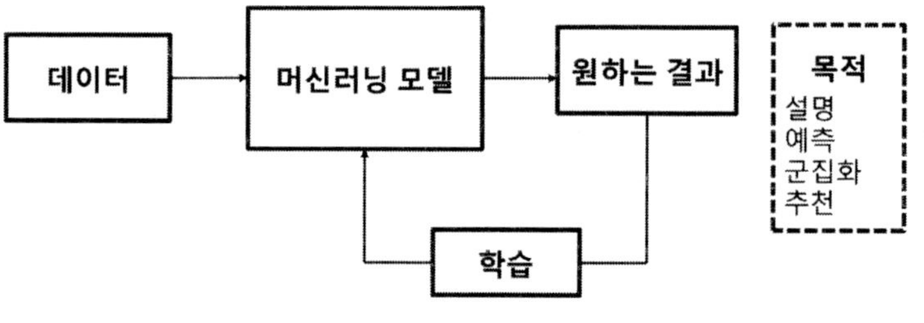

그림 1-1 머신러닝은 데이터를 보고 모델을 학습시켜 원하는 동작을 수행하는 프로그램으로 구현된다

머신러닝의 목적

머신러닝 모델을 사용하는 목적은 설명적(descriptive) 분석, 예측(predictive) 분석, 추천(recommendation) 등 세 가지로 나눌 수 있다.

- 설명적(descriptive) 분석
- 예측(predictive) 분석
- 추천(recommendation)

설명적 분석은 데이터에 숨어 있는 특성을 파악하여 인사이트(insight)를 얻거나, 유사한 데이터들을 묶는 작업인 클러스터링 등을 말한다.

예측 분석은 내일 비올 확률 예측, 생산량 예측 등 어떤 숫자를 예측하는 회귀(regression) 예측과, 스팸 메일 분류, 고장 유형 분류 등 클래스를 예측하는 분류(classification) 두 가지가 있다.

추천은 음악 추천, 영화 추천, 길안내와 같이 주어진 조건에서 가장 유용한 상품이나 정보를 찾아주는 것을 밀한다.

우리가 머신러닝 모델을 만들려고 하면 먼저 이 세 가지 목적 중 어느 형태를 구현해야 하는지를 선택하는 것에서부터 출발해야 한다. 머신러닝의 세가지 목적에 대해서 자세히 설명하겠다.

■ 설명적 분석

설명적 분석이란 어떤 현상에서 측정된 데이터를 보고 현상을 수치적으로 설명하거나 현상에 숨겨진 의미(인사이트)를 찾아내는 것을 말한다. 예를 들어 한달간 매출액을 보고 일년치를 추정하거나, 수백 명에게 앙케이트 조사를 하여 어떤 상품의 선호도가 50%가 넘는지를 파악하는 것 등을 말한다. 선거 전에 여론 조사를 하여 어느 후보가 이길 확률이 51%이고 오차범위가 얼마라고 추정하는 것도 설명적 분석이다.

설명적 분석은 시장조사, 고객의 행동과 의도 파악, 특정 상품을 구매한 사람이 어떤 상품을 주로 같이 구매하는지 등을 파악하는 것도 포함한다. 이러한 분석을 연관 분석(association analysis)이라고 한다.

유사한 특성을 가진 샘플들을 함께 묶는 클러스터링(군집화)도 데이터의 특성을 파악하는 것이므로 설명적 분석의 하나이다. 클러스터링을 통해서 데이터의 특성을 더 체계적으로 파악할 수 있게 된다.

■ 예측 분석

예측(prediction)에는 두 가지가 있는데 수치를 예측하는 회귀와 카테고리를 예측하는 분류 두 가지로 나누어진다.

회귀 예측은 날씨 예측, 주가 예측, 병에 걸릴 확률, 매출액 예측, 에너지 사용 예측, 각종 경제지표 예측, 범죄 발생 확률 예측 등을 말한다.

분류는 입력 데이터와 관련된 카테고리를 예측하는 것으로 사진 판독, 스팸 메일 필터링, 장비 고장 여부 판단, 대출부도 예측, 도난 카드 사용 예측, 자동차 번호판 인식 등을 말한다.

예측의 대상이 되는 값을 지칭하는 용어는 여러 가지가 사용되는데, 목적(target) 변수, 출력(output) 변수, 응답(response) 변수 또는 레이블(label)이라고도 부르며 보통 y로 표시한다. 예측의 입력으로 사용하는 데이터는 입력(input) 변수, 설명 (explanatory) 변수 또는 특성(feature)이라고도 하며 보통 X로 표시한다.

예측 분석은 입력 특성 X로부터 출력 변수인 레이블 y를 추정하는 작업이라고 하겠다.

■ 추천

추천이란 주어진 조건에서 최적의 선택을 제시하는 것으로 의사결정을 돕는 것을 말한다. 추천을 수행하기 위해서는 앞에 설명한 설명적 분석과 예측 분석을 필요로 한다. 예를 들어 영화 추천을 하려면, 추천 대상자와 취향이 유사한 사람들이 어떤 영화를 좋아했는지를 찾아야 하고(설명적 분석), 그 사람에게 특정 영화를 추천하면 얼마나 좋아할지를 먼저 예측해야하기 때문이다(예측 분석).

취향이 유사한 사람을 찾기 위해서는 과거의 영화 대여 기록이나 영화 평점 데이터를 기본적으로 사용하며 그 외에도 취미가 무엇인지 소셜 데이터 정보 등을 다양하게 사용한다.

추천은 예측만으로 이루어지기도 한다. 내일 비올 확률이 80%라고 예측하면 이것은 우산을 들고 나가라고 추천한 셈이다. 어떤 장비의 상태 데이터를 입력하였더니 고장으로 분류되었다면(또는 고장일 확률이 90%라고 예측했다면), 이는 장비 수리를 추천한 셈이 된다.

관련 용어 정리

앞에서 머신러닝이 무엇인지를 설명하였는데 머신러닝과 관련된 용어들을 간략히 설명해보겠다.

■ 인공지능

인공지능은 마치 지능이 있는 것처럼 똑똑하게 동작하는 소프트웨어 프로그램을 말한다. 예전에는 인공 지능을 구현하기 위해서 생각하는 컴퓨터를 만들려고 했고, 생각은 언어로 하므로 컴퓨터에게 주어, 동사, 목적어 등 문법을 이해하는 언어를 가르치려고 시도했었다. 그러나 이러한 시도는 성공하지 못했다. 한편 전문가의 지식 자체를 코딩으로 구현하려고 했으나 이 방법도 지능을 구현하는 데는 실패했다(이를 전문가 시스템이라고 부른다). 현재 인공 지능을 실용적으로 구현하는 기술은 앞에서 설명한 머신러닝 방법이며 머신러닝은 이미 널리 사용되고 있을 뿐 아니라 앞으로 더 발전할 것으로 예상되고 있다.

■ **통계 분석**

통계 분석은 샘플 데이터로부터 전체 모집단의 평균이나 표준편차 등을 추정하는 것을 기본으로 수행한다. 통계학에서는 샘플 데이터의 수가 적다는 가정에서 출발하고 있으며 수학적인 설명과 검증을 중요시하여 오차범위, 신뢰 구간 등을 제시한다. 그러나 머신러닝에서는 수학적인 증명보다는 데이터에 기반한 분석을 수행한다는 것이 다르다고 하겠다. 이제 빅데이터 시대가 되어 분석할 데이터가 충분히 많은 경우가 많아졌으며 수학적인 증명보다는 실제로 잘 동작하는 머신러닝 모델을 구현하는 것이 점차 더 중요하게 되었다.

■ **데이터 분석**

데이터 분석이란 데이터를 다루어 어떤 의미 있는 정보를 얻는 과정을 포괄적으로 지칭한다. 이 책에서는 단순한 데이터 특성 파악, 통계적 분석, 그리고 머신러닝 등을 모두 포함하는 의미로 사용하겠다.

■ **데이터 사이언스**

데이터 분석의 중요성이 점차 늘어나면서 최근에는 데이터 분석을 데이터 사이언스라고 부른다. 이는 컴퓨터 사이언스에 비교할만큼 데이터 분석의 중요성이 증가한 결과라고도 볼 수 있는데, 컴퓨터 사이언스가 주로 알고리즘 중심, 프로그래밍 중심의 학문이었다면 데이터 사이언스는 데이터의 생산, 수집, 관리, 분석, 활용을 다루는 분야라고 하겠다. 데이터 사이언스 전문가를 데이터 사이언티스트라고 부르는데 이는 머신러닝 기술을 이해하고 이를 현업에 적용할 수 있는 능력을 가진 사람을 지칭하기도 한다.

머신러닝 학습 유형

머신러닝을 학습 유형에 따라 비도학습, 비지도학습, 강화학습 등 세 가지로 나눌 수 있다. 인공 지능 시스템을 구축할 때에는 어떤 머신러닝 유형을 사용해야 할지를 먼저 판단해야 한다. 세 가지 학습 유형을 설명하겠다.

■ 지도 학습

목적 변수인 레이블 y를 사용하는 학습이다. 즉 매 입력 샘플마다 예측하려는 정답을 맞추어 보면서 모델을 학습시키는 유형을 지도학습(supervised learning)이라고 한다. 회귀나 분류 예측은 모두 지도학습에 해당된다. 지도학습에서는 입력 데이터 X와 함께 예측 대상인 레이블 y도 같이 제공되어야 한다. 예를 들어 사진을 보고 질병을 판별하는 모델을 만들려면 사진은 X에 해당하고 질병명은 y에 해당하며 이 X와 y 데이터를 함께 학습에 사용해야 한다.

회귀 예측에서는 레이블 y값이 수치로 주어지고 분류에서는 y값이 카테고리 변수로 주어진다.

■ 비지도학습

비지도학습(unsupervised learning)은 목적변수 즉, 레이블(정답)이 없이 학습하는 유형이다. 데이터의 특성을 파악하는 설명적 분석, 유사한 샘플들을 그루핑하는 군집화(clustering), 연관분석 등이 비지도 학습에 해당된다.

최종적으로는 지도학습을 수행해야 하나 학습에 사용할 레이블이 부족한 경우에 비지도 학습을 먼저 수행하는 전략이 있다. 비지도학습을 먼저 수행하면서 모델의 기본적인 지능(설명 능력 또는 그루핑 능력 등)을 높인 후에 이 모델을 사용하면 적은 수의 레이블만 가지고 지도학습을 수행해도 우수한 성능을 낼 수가 있다. 이렇게 비지도 학습을 선행적으로 활용하여 지도학습에서 사용할 레이블 수를 줄이는 방법이 점차 중요해지고 있다.

■ 강화 학습

강화학습(reinforcement learning)에서는 매 입력 데이터 샘플마다 정답이 있어 정답과 맞추어 보는 지도학습과 달리, 모델이 연속적인 동작을 하면 바람직한 방향으로 가고 있는지를 알려주는 학습 방법이다. 예를 들어 바둑을 두는 경우 매 수마다 정답이 있는 것은 아니지만 연속적으로 수를 두는 과정을 보고 몇 집을 얻을 것인지, 게임에 이길 확률이 얼마일지를 보고 다음 수를 찾는 방식으로 동작한다. 즉, 프로그램은 매 수마다 정답을 아는 것은 아니지만 최종적으로 바람직한 방향으로 가도록 학습을 시킨다.

예를 들어 게임을 하는 강화학습 모델을 만든다면 매 입력 시마다 답을 주지는 못하지만 게임을 이기고 있는지 아니면 지고 있는지를 알려줌으로써 스스로 게임을 잘 수행하는 방법을 터득하게 할 수 있다. 게임을 하는 법을 학습시키거나, 그네 타는 법, 자전거 타는 법을 학습시킬 때 강화학습이 사용된다.

강화학습은 학습시간이 오래 걸려서 아직 실무에 널리 사용되지 못하고 있다. 게임하듯이 동작하는 경우에는 강화학습을 사용할 수 있으며 예를 들어 주식 투자를 잘 하는 방법을 학습시키는 등에 적용하고 있다.

머신러닝으로 할 수 있는 일

머신러닝은 인공지능을 구현하는 핵심 기술로서 많은 분야에서 이미 도입되고 있다. 머신러닝의 응용 사례는 앞으로 급속히 늘어날 것으로 예상된다. 여기서는 대표적인 몇 가지 응용 사례를 살펴보겠다.

■ 타겟 마케팅

마케팅 분야는 고객의 취향을 점차 정밀하게 파악하고 고객 세분화를 상세하게 수행하여 광고효과가 높은 고객을 좁혀서 마케팅 하는 타겟 마케팅으로 발전하고 있다. 이를 위해 과거 상품 구매 데이터, SNS 데이터를 분석한다.

■ 수요 예측

수요 예측은 모든 비즈니스의 시작점이다. 수요 예측은 매출 예측, 재고 예측, 배송 시간 예측과 직접 연관되어 있고 생산 계획, 부품 조달 계획, 물류 계획, 마케팅 전략을 수립하는 데에도 중요한 역할을 한다. 예전에는 수요 예측을 위해 수리모델 기반의 시계열 예측(time series forecasting)기법을 사용했으나 지금은 공휴일 효과, 이벤트 반영, 광고 효과 등 범주형 변수들을 반영하는 머신러닝 기법을 사용해 성능을 향상시키고 있다.

■ 장비 고장 시점 예측

장비나 부품이 유지 보수(maintenance)에서 고장 날 시점을 미리 정확히 예측할 수 있으면 보수 비용을 크게 절감할 수 있다. 이러한 분야를 예지 보수(predictive maintenance)라고 하며 스마트 팩토리를 구현하는 핵심 기술이다.

■ 에너지 수요 예측

에너지의 효과적인 생산과 배분을 위해서 머신러닝 기반의 에너지 수요 예측이 점차 중요해지고 있다. 전력 수요 피크 시간대를 예측하여 전력이 부족하지 않게 하며 평소에는 남는 에너지를 최소화하는 것이 목적이다. 또한 신재생 에너지의 불규칙한 에너지 공급 현상도 예측한다.

■ 보험 사기 탐지

사기성 보험 청구를 찾거나, 불법자금 세탁을 찾아내거나, 도난된 신용 카드의 사용을 찾아내는 등에도 머신러닝 기법이 폭넓게 사용되고 있다. 이를 위해서는 정상적인 거래와 이상 거래 데이터를 기반으로 분석하는 이상치 탐지(outlier detection) 기술이 사용된다. 특히 금융 거래 데이터가 기관별로 방대하게 누적되고 있어 향후 머신러닝을 이용한 사기 탐지 기술을 더 정확해질 것으로 예상된다.

■ 신용 평가

개인이나 기업의 대출을 위한 신용 평가에는 이미 머신러닝 기법이 널리 사용되고 있다. 과거의 대출 사고 사례, 개인의 금융 활동 데이터, 통신요금, 보험료 납부 내역, 에너지 사용량, 국세청 데이터 등을 종합적으로 분석하면 매우 정교한 신용평가가 가능하다.

■ 챗봇

챗봇(chatbot)은 대화형 로봇으로 제품 상담, 예약, 주문 등을 처리하는데 이미 널리 사용되고 있다. 현재 챗봇의 성능은 사람과 자연스러운 대화를 하는 수준은 아니지만 단순 업무를 처리하는 것만으로도 사람의 시간과 인건비를 줄여주고 있다. 현재는 금융, 공공, 리테일, 이커머스 부문 중심으로 도입중이지만 향후 거의 모든 서비스 업무에서 챗봇을 도입할 것으로 전망된다. 현재는 룰기반(미션 해결 중심)의 챗봇 서비스가 중심이지만 향후 대화기록 데이터가 많이 누적되면 학습 성능이 향상되어 자연스럽고 더 지능적인 대화형 업무처리가 가능하게 될 것이다.

■ 보험 서비스

자동차 보험회사에서는 차량에 블랙박스를 달면 보험료를 감해 준다. 블랙박스 데이터를 보험사로 보내어 예를 들어 언제 급정거를 하는지, 급커브를 하는지 등의 정보를 제공하면 보험료를 더 감해주는데 보험사는 이러한 운전 데이터를 분석하여 운전 유형별로 사고 발생 위험도를 예측하는데 사용한다.

■ 상품 추천

머신러닝의 가장 활발한 응용 분야가 상품 추천이다. 유튜브나 넷플릭스의 주요 성공 요인도 고객과 영화 상품에 대한 분석과 고도화된 추천 알고리즘이 핵심 역할을 했다. 금융 분야에서도 맞춤형 개인자산관리, 금융 비서, 로보 어드바이저 등이 소개되고 있다. 개인의 은퇴시기, 투자할 액수 등을 입력하면, 주식, 채권, 부동산 비중, 목표치, 위험도 감수수준 등을 반영하여, 고객의 포트폴리오를 관리한다.

■ 질병 진단

X-레이 사진 등 영상 판독에서 이미 머신러닝이 매우 좋은 성능을 내고 있다. 사람은 찾아내기 어려운 작은 이미지의 검출이나, 경험이 많지 않은 의사는 놓치기 쉬운 희귀한 사례를 머신러닝은 다량의 사진을 보고 학습함으로써 사람보다 더 잘 찾아낼 수가 있다. 인공지능 모델은 사람이 걷는 모습을 몇 초만 보고도 어떤 관절의 질병인지를 진단하는 것이 가능하다.

■ 정밀 의료

개인의 DNA 정보, 과거 질병과 치료 기록, 생활 습관의 차이 등을 반영하여 개인에게 맞춤형 치료 방법을 제시하는 정밀 의료(precision medicine)는 앞으로 발전 가능성이 높은 분야이다. 개인 간의 약 복용 효과에 대한 차이를 분석하여 맞춤형 약물 처방도 가능하게 될 것이다. 현재는 보건의료 데이터에 개인정보가 많이 포함되어 있어 데이터 활용에 한계가 있는데 이의 해법에 대한 연구도 활발히 진행 중이다.

1.2 머신러닝의 구현 방법

머신러닝을 구체적으로 어떻게 구현하는지 기본 개념을 설명하겠다. 머신러닝 구현의 핵심은 '머신러닝 모델'을 구현하는 것이다. 먼저 머신러닝 모델이란 무엇인지를 설명하겠다.

머신러닝 모델

머신러닝 모델이란 회귀 예측, 분류 예측, 클러스터링, 추천 등을 수행하는 컴퓨터 프로그램을 말한다.

수학이나 과학에서는 어떤 현상을 설명하는 모델로 수식을 사용하였다. 예를 들어 만유인력 법칙은 두 물체간의 힘은 질량에 각각 비례하고, 두 물체의 거리의 자승에 반비례하는 수식으로 표현된다. 수식은 가장 명확한 모델이다.

머신러닝 모델은 수식으로 표현되는 모델을 만들 수 없는 복잡한 현상을 데이터에 기반하여 동작하는 모델로 만든 것이다.

현실 세계의 많은 현상은 수식으로 모델링하기 어렵고 논리적으로 증명할 수 없는 것이 대부분이다. 어떤 고객이 불만이 많을 것인지, 어떤 영화가 관객을 많이 동원할지, 어떤 물건이 많이 팔릴지, 어떤 메일이 스팸일지 등을 예측하는 모델은 수식으로 만들기는 어렵지만 머신러닝 모델로는 구현이 가능하며 이제 그 성능이 꽤 쓸만하게 발전하고 있다.

머신러닝은 데이터에 기반한(data-driven) 모델을 만드는 것이다. 여기서 '데이터에 기반한 모델'이란 논리적으로는 설명할 수 없지만 데이터를 기반으로는 동작하는 모델을 말한다.

■ 모델의 구성

머신러닝 모델은 구조와 파라미터로 구성된다. 모델 구조는 모델의 동작 방법을 정하는 알고리즘을 말하는데, 선형모델, 결정트리모델, 랜덤포레스트 모델, 신경망 모델 등을 말한다.

모델 파라미터란 모델 구조가 잘 동작하도록 설정된 가중치(weights) 등 내부 변수를 말한다. 선형모델에서는 선형 계수를 말하고 트리계열 모델에서는 트리 분류 조건, 트리의 깊이 등을 말한다. 신경망에서는 입력에 곱해지는 매트릭스 가중치들이 모델 파라미터이다.

모델의 구조는 개발자(사람)가 선택한다. 주어진 문제를 해결하는데 가장 성능이 좋을 모델을 선택하는 것은 바로 데이터 사이언티스트의 역할이다.

최적의 모델 구조를 선정하려면 다양한 머신러닝 모델의 특징을 파악하고 장단점을 알아야 한다. 어떤 모델이 가장 좋을지는 미리 알 수 없다. 최적의 모델은 주어진 데이터에 따라 달라지기 때문에 실제 데이터를 사용하여 모델의 성능을 비교하고 최적화 과정을 거쳐 최선의 모델을 선택할 수 있다. 이 책에서는 이러한 능력을 갖출 수 있도록 여러 가지 모델의 구현 방법과 장단점을 설명하고자 한다.

훈련과 검증

모델이 데이터를 이용하여 학습하는 과정을 훈련(training)이라고 한다. 모델 파라미터 값 (예를 들어 선형 회귀에서 가중치의 값)의 초기값은 보통 랜덤한 값을 준다. 따라서 초기 모델의 출력은 실제값과 매우 다른 값을 예측하게 되고 실제값인 레이블과 차이인 오차도 크게 나타난다.

훈련이란 모델이 만든 예측값과 실제값(레이블)과의 차이를 줄이는 과정이라고 할 수 있고 이 작업을 수행하는 부분을 최적화기(optimizer)라고 부른다. 여기서 최적화의 의미는 모델 파라미터값(예를 들어 가중치)을 계속 갱신하여 즉, 최적화 하여 모델의 예측값이 실제값에 수렴하도록 한다는 의미이다.

머신러닝 모델을 만드는 과정은 모델을 훈련하는 과정과 새로운 데이터로 모델을 검증하는 두 단계로 이루어지며 이때 각각 훈련 데이터(training data)와 검증 데이터(validation data)가 필요하다.

■ 훈련 데이터

모델을 학습시키는데 사용하는 데이터를 훈련 데이터라고 한다. 모델을 훈련시킨 후에는 즉, 모델을 만든 후에는 모델이 제대로 동작하는지 검증을 해야 하는데 이때는 모델 훈련에 사용하지 않은 새로운 데이터로 검증해야 한다. 연습문제로 수학 실력을 키우지만 실력을 제대로 평가하려면 연습문제가 아닌 새로운 문제로 테스트를 해야 하는 것과 같다.

■ 검증 데이터

훈련으로 모델을 만든 후에 모델이 제대로 동작하는지를 검증할 때에는 훈련에 사용하지 않은, 별도의 검증 데이터를 사용해야 한다. 즉, 검증 데이터는 미리 따로 확보해 두어야 한다.

간혹 검증 데이터를 테스트 데이터라고 부르기도 하는데 테스트 데이터의 정확한 의미는 다음과 같다. 테스트 데이터는 모델의 훈련과 검증이 끝난 후에 최종적으로 성능을 확인하기 위해서 한번만 사용하는 데이터이다. 즉, 테스트 데이터는 검증용으로도 사용하지 않은 새로운 데이터라야 한다. 검증 데이터가 모의고사라면 테스트 데이터는 기말고사 시험인 셈이다.

모델 동작 개념

지금까지 설명한 머신러닝 모델의 동작 개념을 아래 그림에 나타냈고 이를 설명하면 다음과 같다.

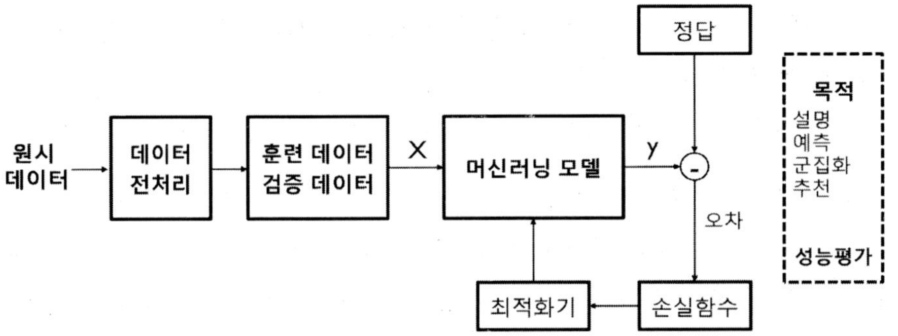

그림 1-2 머신러닝은 데이터 전처리, 모델 구현, 최적화기, 손실함수와 성능 평가로 구성된다.

최초에 수집된 원시(raw) 데이터를 분석에 사용하기 좋게 가공하는 것을 데이터 전처리하고 한다. 전처리를 수행한 후 훈련 데이터와 검증 데이터를 나눈 후에 훈련 데이터로 모델을 학습시킨다. 모델은 입력(X)을 받아서 출력(y)을 만들어 내는 컴퓨터 프로그램이다. 예측값과 실제값(레이블)과의 차이를 오차라고 한다. 오차를 줄이기 위해서 별도로 정의된 손실함수(loss function)를 사용하여 모델 학습 성과의 기준으로 삼는다. 모델이 최상의 성능을 내도록 파라미터를 업데이트하는 작업은 최적화기가 수행한다.

머신러닝 모델의 구조 즉, 알고리즘의 종류에는 선형모델, 로지스틱 회귀, SVM(Support Vector Machine), 결정트리, 랜덤 포레스트, 딥러닝 모델 등이 있다.

머신러닝의 목적은 설명, 회귀, 분류, 클러스터링, 추천 등의 작업을 수행하는 것인데 모델이 원하는 성능을 내고 있는지를 평가하는 기능을 성능 평가(performance measure)라고 한다.

CHAPTER

02 파이썬은 데이터 분석의 영어

머신러닝 모델은 소프트웨어 프로그램으로 구현된다. 머신러닝을 구현하는데 현재 가장 널리 사용되는 프로그래밍 언어는 파이썬(python)이다. 범용 프로그래밍 언어인 C나 자바 대신 대부분 데이터 분석가 들이 머신러닝 구현에 파이썬을 사용하는 이유는 파이썬의 문법이 다른 프로그래밍 언어에 비해 간단명료하기 때문이다.

또한 파이썬을 이용하면 여러 가지 머신러닝 모델을 구현하는데 필요한 라이브러리 (함수)들이 이미 잘 개발되어 있기 때문에 세부적인 모델을 새로 작성하지 않아도 되며 라이브러리를 바로 불러서 사용하기도 편리하다.

파이썬은 이제 데이터 분석 분야의 영어처럼 사용된다. 이 책에서는 파이썬 초보자도 이해할 수 있는 기본적인 예제를 통해서 머신러닝 모델 구현방법을 설명하겠다.

2.1 파이썬 실행 환경

컴퓨터 프로그램을 작성하려면 일반적으로 나음과 같은 작업들이 필요하나.

- 프로그램 소스(코드) 작성하기
- 프로그램 실행하기
- 그래프 등 출력 저장하기
- 설명문 등 문서 작성하기

위와 같은 네 가지 기능을 하나의 프로그램에서 제공해주는 도구가 있는데 바로 쥬피터 노트북(Jupyter notebook)이 이러한 목적으로 널리 사용된다. 쥬피터 노트북을 사용하면 프로그램 작성, 실행, 결과물 (그림 등) 저장, 그리고 도큐먼트 작성 등을 편리하게 작업할 수 있다.

쥬피터 노트북을 사용하는 방법은 크게 두 가지이다.

- 개인 장비(PC)에서 사용
- 웹기반으로 서버를 사용

개인 PC(윈도우나 맥, 리눅스 모두 가능함)에서 쥬피터 노트북을 사용하려면 무료로 제공되는 쥬피터 노트북을 설치하면 된다.

웹기반으로 쥬피터 노트북을 제공하는 기관이나 기업은 여러 곳이 있지만 구글에서 제공하는 colab이 가장 사용하기 편리하다.

개인 PC를 사용하는 방법

파이썬과 쥬피터 노트북 각각 해당 사이트(python.org/downloads/와 jupyter.org/install) 에 가서 별도로 설치하는 방법도 있고, 아나콘다라는 패키지로 한 번에 설치할 수도 있다. 아나콘다는 http://anaconda.com에서 다운로드할 수 있으며 자세한 설치법은 블로그를 참고하기 바란다.

아나콘다를 다운받아 설치한 후, 프로그램 명령 찾기에서 아나콘다 명령창(anaconda prompt) 프로그램을 찾아 여러 가지 명령을 내릴 수 있다. 아나콘다 프롬프트는 윈도우 명령창과 같은 역할을 하되 파이선 환경에서 실행되는 것이다.

아나콘다 프롬프트 앞에는 아래와 같이 (base)가 보이는데 이는 파이선 실행 환경이 기본(base)으로 설정되어 있다는 것이다.

```
(base) C:\Windows\Users\hjkim
```

(base) 다음에 나타나는 폴더 경로 위치를 기억해 두는 것이 필요하다. 이 경로가 바로 쥬피터 노트북이 설치된 홈 디렉토리가 된다. 쥬피터 노트북은 이보다 상위의 폴더에 있는 파일은 접근이 안된다. 즉, 이 폴더의 하위에 있는 파일만 쥬피터 노트북이 읽을 수 있다.

쥬피터 노트북 구동

쥬피터 노트북은 프로그램 메뉴에서 쥬피터 노트북을 실행하거나 프로그램 명령창(anaconda prompt)에서 jupyter notebook 명령으로 실행할 수 있다.

```
(base)jupyter notebook
```

맥이나 리눅스에서는 터미널 명령창에서 수행하면 된다.

쥬피터 노트북은 웹기반으로 동작한다. 즉 웹 브라우저가 인터페이스 역할을 한다. 쥬피터 노트북을 실행하면 다음과 같은 화면이 나타난다.

위에 보인 화면에는 현재 폴더에 아무 파일도 없다는 것을 나타낸다. 여기서 '현재 폴더'란 쥬피터 노트북이 구동되는 홈 디렉토리를 말한다. 혹시 다른 곳에서 프로그램을 다운로드 받아서 이를 열어 보려면 이 홈 디렉토리 또는 하위 폴더에 저장해야 읽을 수 있다.

홈디렉토리는 아나콘다 명령창의 (base) 다음에 오는 주소를 참조하면 된다.

Files 메뉴는 현재 폴더에 있는 모든 파일을 보여준다. 쥬피터 노트북을 구분하는 파일 확장자는 .ipynb이다(이는 interactive python notebook의 약자이다).

새로운 노트북을 만들려면 맨 우측 New 버튼을 클릭하고 Python3 노트북을 선택하면 된다. 아래와 같은 새로운 노트북 창이 나타난다.

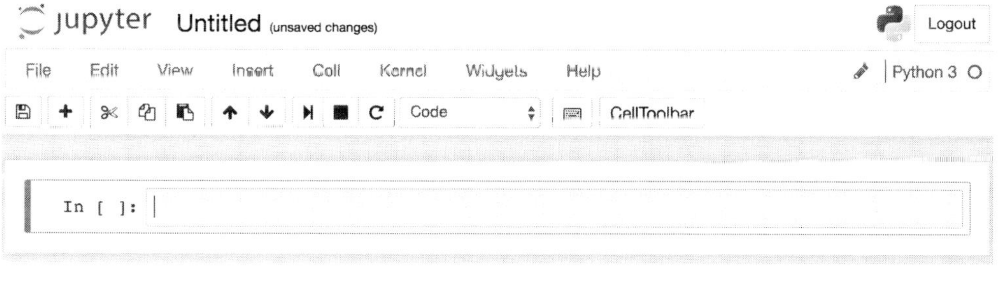

새로 만들어진 노트북의 이름은 'Untitled' 이며 이 부분을 클릭하여 이름을 바꿀 수 있다. 위에서 In [ ] 부분을 셀이라고 하는데 현재 이 셀의 타입이 Code로 되어 있다(툴바 중간에 Code라는 단어가 보임). 이렇게 만들어진 코드 셀(code cell)에 파이썬 코드를 입력할 수 있다.

셀 타입을 문서 작성용으로 바꿀 수 있다. 아래와 같이 Code 우측의 드롭다운 메뉴를 누르면 Markdown을 선택할 수 있는 메뉴가 나타난다.

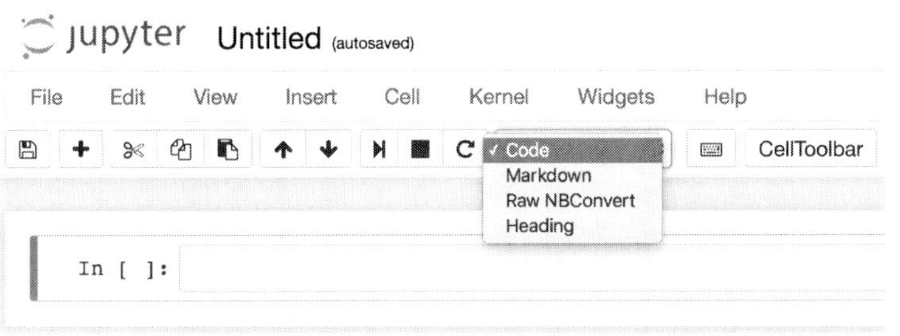

여기서 Markdown을 선택하면 아래와 같이 In [ ] 없는 입력창이 나타난다. 이를 마크다운 셀이라고 하는데 이 셀은 문서를 만드는데 사용된다. 즉 쥬피터 노트북의 셀은 코드 영역과 문서 영역으로 구분된다.

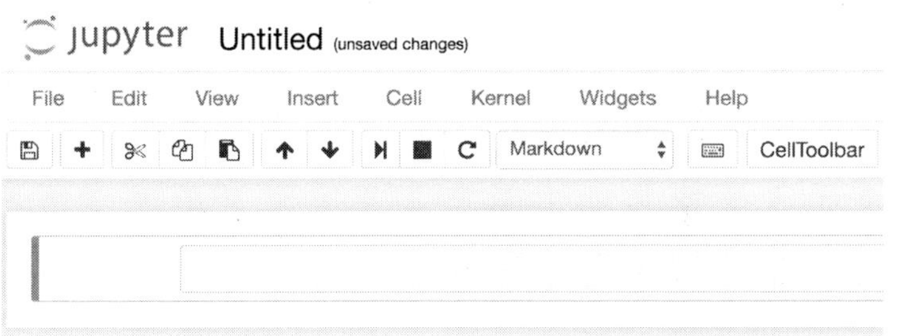

위의 마크다운 셀의 내부를 클릭하면 문서 내용을 입력할 수 있는데, 예를 들어 아래와 같은 내용을 입력하였다고 하자.

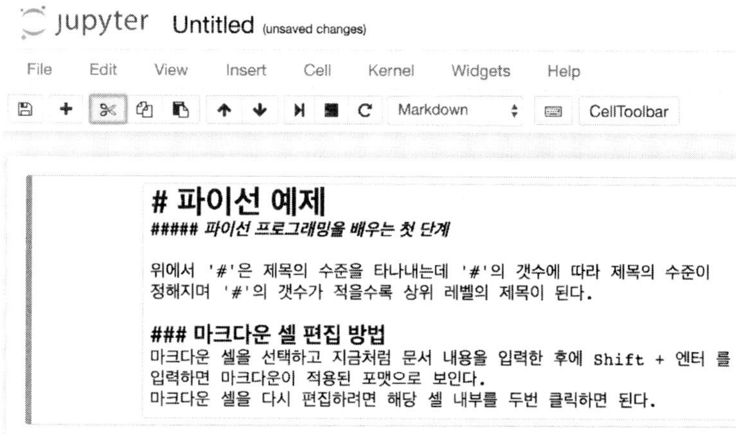

마크다운은 간단히 서식을 지정하는 방식인데 제목의 수준을 '#'의 개수로 나타낸다. '#'의 개수가 적을수록 상위 레벨의 제목이 된다. '#' 기호 뒤에 스페이스가 하나 있어야 한다. 문서 내용을 입력한 후에 'Shift + 엔터'를 입력하면 셀이 실행된 결과 출력 포맷이 보인다(아래 그림 참조). 마크다운 셀의 내용을 편집하려면 해당 마크다운 셀 내부를 두 번 클릭하면 된다.

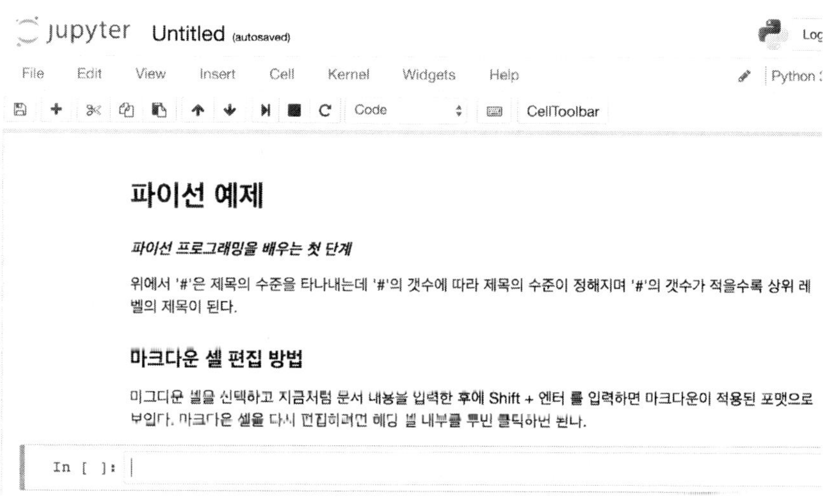

코드 셀에는 파이썬 코드를 입력할 수 있으며 입력된 코드를 실행하려면 'Shift + 엔터'를 입력하면 된다. 'Shift + 엔터' 후에는 커서가 아래 셀로 이동하며 아래 셀이 없으면 아래에 새로운 셀을 생성한다. 아래는 코드 셀을 하나 수행한 화면을 나타낸다.

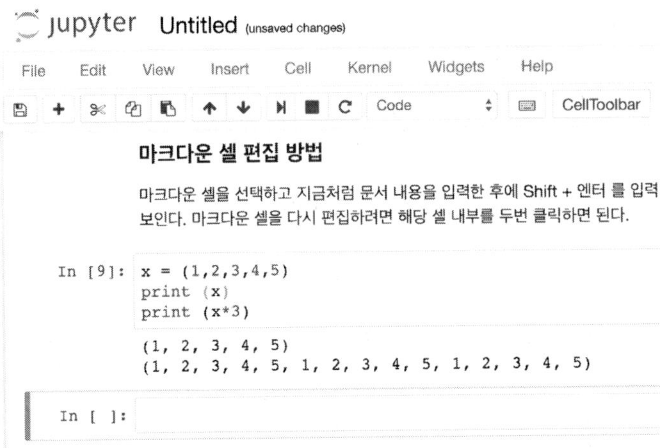

셀을 실행시키지 않고 편집 모드에서 빠져나오려면 Esc 키를 누르거나 화면의 셀 외부 다른 곳을 클릭하면 된다. 셀 편집 모드에서 빠져 나오면 명령 모드가 된다. 편집 모드의 셀은 초록색이고 명령 모드는 파란색으로 보인다. 명령 모드에서 a나 b 키를 입력하면 빈 셀을 현재 셀의 위(above)나 아래(below)에 하나 추가한다.

마크다운 셀이나 코드 셀을 실행할 때 'Shift + 엔터' 키가 아니라 'Ctrl + 엔터' 키를 사용하면 셀을 실행한 후 커서의 위치가 다음 셀로 이동하지 않고 현재 셀에 남아 있는다.

인접한 두 개의 셀을 합하려면 'Shift + m' 명령을 입력한다. 하나의 셀을 두 개로 분할하려면 분할하고 싶은 위치에서 'Shift + Ctrl + '-'' 키를 입력하면 된다 (윈도우에서는 가끔 이 명령이 스크린 축소 명령으로 인식된다. 그 때는 셀을 나누려면 메뉴에서 Edit - Split Cell을 선택한다.

구글 colab을 사용하는 방법

구글이 제공하는 코랩(colab.research.google.com)은 파이선 쥬피터 노트북 환경을 무료로 제공한다. 코랩에서는 기본적으로 CPU와 메모리를 제공하는 클라우드 서비스인데, GPU도 무료로 사용할 수 있어 신경망 프로그램을 구동할 때 속도가 빠르다.

코랩은 프로그램 실행 환경과 업로드한 데이터를 12시간만 유지해준다는 단점이 있다. 즉, 12시간이 지나면 서버에서 데이터가 사라진다.

파일을 다른 곳에 두고 코랩에 업로드 하거나 코랩에서 작성한 프로그램을 저장하는 방법은 세가지가 있다. 아래 그림에 자신의 작업 PC, 구글 드라이브, 또는 github.com에서 파일을 읽거나 저장하는 방법을 나타냈다. 구글 드라이브나 github.com를 이용하려면 각 서비스에 미리 가입해야 한다.

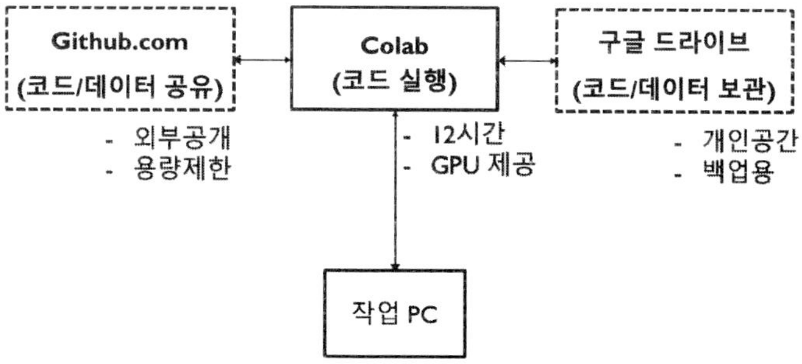

그림 2-1 코랩에는 PC, 깃허브, 구글 드라이브에서 파일을 올리거나 다운받을 수 있다.

파이썬 라이브러리

파이썬의 장점은 유용한 라이브러리가 이미 대부분 개발되어 있고 모두 무료이며 사용하기도 편리하다는 것이다. 기본적인 라이브러리에는 numpy, pandas, matplotlib, scikit-learn 등이 있으며 딥러닝 모델을 이용하려면 텐서플로우, 케라스, 파이토치 등을 추가로 설치해야 한다. 라이브러리 설치와 활용에 대해서는 해당 라이브러리가 필요한 예제에서 소개하겠다.

2.2 파이썬 기본 문법

여기서는 파이썬의 기본적인 문법을 소개한다. 컴퓨터가 계산을 하려 면 숫자나 문자 등의 데이터를 처리해야 하는데 모든 데이터는 변수(variables)에 저장된 후 계산에 사용된다. 변수란 수학 시간에 배운 x나 y 등을 말한다.

먼저 파이썬이 다루는 변수의 종류를 배운다. 다음에는 프로그램의 흐름을 관리하는 if, else, for 등에 대해서 배운다.

기본 데이터 타입

파이썬에서 사용하는 데이터의 종류는 크게 나누어 숫자형, 문자형, 논리형 세 가지가 있다. 매출량, 온도, 습도 등은 숫자형이고, 숫자형은 다시 정수형(integer)과 실수형(float, 소수점이 있는 숫자)으로 나뉜다. 이름, 주소, 이메일 내용 등은 문자형이고, 논리형은 참(True)과 거짓(False)을 구분하는 논리 정보를 담는다.

- 숫자형(integer, float): 1, 5, 10, 3.1415, 0.9, ...
- 문자형(string): "김연아", "서울", "이메일 내용", ...
- 논리형(boolean): True, False

위와 같은 기본 데이터를 담기 위해서 파이썬은 int, float, str, bool 등의 네 가지 기본 변수 형(type)을 제공한다. 아래는 a, b, x, y 등의 변수명을 4개 사용하면서 3, 0.5, '김연아' 등 임의의 값을 배정(assign)했다. 변수에 어떤 값을 배정하기 위해서는 등호 '=' 기호를 사용한다. 여기서 등호는 같다는 뜻이 아니라 우측의 값을 좌측의 변수명에 배정하라는 뜻이다. 파이썬에서 '#'는 주석문으로 처리된다. '#'우측 부분은 실행할 때 무시된다.

파이썬의 기본 변수 4가지

```
a = 3
b = 0.5
x = '김연아'
y = True
print(a,b,x,y)
```

```
# 출력: 3 0.5 김연아 True
```

위에서 print() 함수는 ( ) 내의 인자의 값을 화면에 출력하는 명령이다. 문자열은 ' ' 또는 " " 으로 양쪽을 묶어서 표시할 수 있는데 시작과 끝에는 같은 모양의 따옴표를 사용해야 한다. 논리형은 True 또는 False 중에 하나의 값을 갖는다(대소문자를 구분한다). 문자열은 임의의 길이를 가질 수 있다. 문자열의 길이는 len() 함수로 볼 수 있다.

문자열의 길이 보기 (length)

```
len(x)

# 출력: 3
```

■ 4칙 연산

문자열을 제외하고, 정수, 실수, 불리언(bool)에 대해서는 4칙 연산(더하기, 빼기, 곱하기, 나누기)을 사용할 수 있다. 아래 코드의 맨 아래 라인에서 불리언 변수 y를 덧셈에 사용했는데, 불리언 변수를 연산에 사용하면 자동으로 True는 1로, False는 0으로 변경된다.

정수, 실수, 불리언의 4칙 연산

```
print(a+b)
print(a-b)
print(a*b)
print(a/b)
print(a+b+y)

# 출력:

3.5
2.5
1.5
6.0
4.5
```

앞에서 정의했던 각 변수의 형(type)을 확인하고 싶으면 type() 함수를 사용하면 된다.

변수의 타입 확인하기

```
type(a), type(b), type(x), type(y)

# 출력: (int, float, str, bool)
```

위에서 함수 type()을 4번 호출하면서 ','로 나열했는데 이렇게 나열하면 각 함수 실행 결과를 한 번에 화면에 출력해준다. print() 문을 사용하지 않아도 되므로 편리하게 결과를 볼 수 있다. 그러나 이 방법은 쥬피터 노트북 셀의 마지막 문장에서만 사용할 수 있다.

나눗셈을 수행한 후 몫과 나머지만 구할 수 있는데 '//'와 '%'를 사용하면 된다. 승수 (power)를 구하려면 '**'를 사용한다.

나눗셈 몫과 나머지, 승수

```
a = 7
b = 3

print(a//b)  # 2, 몫
print(a%b)   # 1, 나머지
print(a**b)  # 232, 승수
```

문자열 다루기

문자열은 계산에는 직접 사용하지 못하지만 사람이 이해하는 정보를 표현하기 위해서 널리 사용된다. 문자열을 붙이거나, 자르거나, 치환하거나, 검색하는 기본 기능을 알아보겠다. 아래는 두 개의 문자열을 붙이는 작업을 하는데 '+' 기호를 사용했다.

문자열 붙이기

```
x = '오늘 날씨는 '
y = '좋으네요~ '
z = x + y
print(z)

# 출력: 오늘 날씨는 좋으네요~
```

문자열을 반복해서 붙이려면 곱셈 기호인 '*'를 사용한다.

문자열 반복하기

```
x + 3*y

# 출력: '오늘 날씨는 좋으네요~ 좋으네요~ 좋으네요~ '
```

■ 슬라이싱

하나의 문자열에서 일부를 추출하는 것을 슬라이싱(slicing)이라고 하는데 문자열에서 글자 단위로 위치 번호를 인덱스로 주어서 슬라이싱을 할 수 있다. 위치 번호는 맨 앞 글자가 0에서 시작한다. 인덱싱을 나타내기 위해서는 대괄호 '[ ]'를 사용하며 인덱스의 범위를 표시하기 위해서는 ':'를 사용한다. 아래는 여러 가지 슬라이싱 방법을 소개했다. 뒤에서부터 거꾸로 인덱스를 셀 때는 '-'를 붙인다.

문자열 일부 보기 (슬라이싱)

```
x = '오늘 날씨는 '
print(len(x))     # 문자열 전체 글자수, 7
print(x)          # 전체 보기, '오늘 날씨는'
print(x[1])       # 두 번째(1) 글자, '늘'
print(x[:3])      # 네 번재(3) 미만까지, '오늘'
print(x[3:6])     # 네 번째(3) 이상 ~ 7번째(6) 미만, '날씨는'
print(x[-3])      # 뒤에서 세 번째(3) 글자, '씨'
print(x[-3:])     # 뒤에서 세 번째(3) 이후, '씨는'

# 출력:

7
오늘 날씨는
늘
오늘
날씨는
씨
씨는
```

뒤에서부터 인덱싱을 할 때는 맨 뒤를 0에서 시작하지 않고 1에서 시작한다. 문자열에서는 스페이스(빈 칸)도 한 글자로 취급하는 것을 주의해야 한다. 위의 x 문자열 끝에는 빈 칸이 하나 들어 있다.

■ 단어 나누기, 붙이기

문자열에서 빈칸이나, ','로 구분된 단어들을 나누거나 붙이는 작업을 수행해야 할 때가 많다. 예를 들어 여러 사람 이름을 나누거나, 여러 파일명을 나누거나, 날짜 표현 방식을 바꾸는 등에 필요하다. 아래는 split() 함수를 이용해서 주어진 문자열에서 ',' 또는 공백을 기준으로 단어들을 나누고 이를 리스트(list)로 반환하는 예이다. 리스트란 여러 데이터 들을 묶음으로 표현하는 방법이다(뒤에서 자세히 설명한다).

문자열을 ','나 공백(스페이스) 등으로 나누기

```
name1 = '김연아,손흥민,이선희,유재석'

# ','로 나누기
z = name1.split(',')
print(z)

# 스페이스로 나누기 (디폴트)
name2 = '김연아 손흥민 이선희 유재석'
print(name2.split())

# 출력:

['김연아', '손흥민', '이선희', '유재석']
['김연아', '손흥민', '이선희', '유재석']
```

위에서 name1과 name2 문자열에는 각각 ','와 스페이스로 이름들이 구분되어 있는데 이 이름들을 나누어서 리스트로 만들었다.

split()과는 반대로, 리스트에 들어 있는 단어들을 합쳐서 새로운 문자열을 만들려면 join()을 사용한다. 아래 코드는 리스트 z에 들어 있는 모든 항목(이름)을 합치되 ';'로 구분하여 하나의 문자열로 만든다.

단어 합치기

```
';'.join(z)

# 출력: '김연아;손흥민;이선희;유재석'
```

아래는 날짜를 표현한 문자열 '12/31/2023'를 '/'를 기준으로 세 단어로 나누고 이 순서를 바꾸어서 출력하는 예이다. 리스트에 들어 있는 항목들을 접근할 때에도 인덱싱이 가능한데 인덱싱을 하려면 대괄호 [ ]를 사용한다. 아래에서 z[1]에는 리스트 z의 두 번째 항목을 얻는다.

날짜를 '/'를 기준으로 나누고 순서를 바꾸어서 합치기

```
date = '12/31/2023'
z = date.split('/')                # '/'를 기준으로 나누기
print(z)                           # ['12', '31', '2023']
print(z[1])                        # 31
new_date = '-'.join((z[2], z[0], z[1]))
print(new_date)                    # 2023-12-31
```

위에서는 연, 월, 일의 순서를 바꾸어 연도를 맨 앞으로 보냈으며 연, 월, 일 사이에 '-'를 삽입하여 join()을 수행했다.

■ **문자열 교체하기**

문자열의 일부를 교체하려면 replace()를 사용하면 된다. 아래는 replace() 함수를 사용하여 문자열 x 중에 '날씨는'을 찾아서 '기온은'으로 교체하는 코드이다.

문자열 교체 (replace)

```
x = '오늘 날씨는 '
print(x.replace('날씨는', '기온은'))

# 출력: 오늘 기온은
```

■ **문자열 내에 숫자 출력하기**

문자열을 화면에 출력하거나 파일에 저장할 때 문자열 내에 숫자를 포함해서 출력해야 할 때가

있다. 이를 출력 포맷(format)을 지정한다고 하는데 아래와 같이 f'...'를 사용하거나, '%'를 사용하거나, format() 사용하는 세 가지 방법이 있다. 첫 번째 방법이 가장 간편하다.

문자열 내에 변수를 같이 출력하는 방법 (format)

```
x = 5
y = 90.5

print(f'틀린 개수가 {x}개 이하이면 {y} 점입니다.')
print('틀린 개수가 %d개 이하이면 %f 점입니다.' %(x,y))
print('틀린 개수가 {0}개 이하이면 {1} 점입니다.'.format(x,y))

# 출력:

틀린 개수가 5개 이하이면 90.5 점입니다.
틀린 개수가 5개 이하이면 90.500000 점입니다.
틀린 개수가 5개 이하이면 90.5 점입니다.
```

논리형 변수

논리형 변수는 불리언(boolean)이라고도 부르며 참(True)과 거짓(False) 상태를 나타내는 데 사용한다. 전체 데이터 중에 어떤 조건에 맞는 데이터만 추출할 때에 논리형 변수가 사용되며, 프로그램의 흐름을 제어할 때에도 논리형 변수가 필요하다.

값을 비교하는 연산을 하면 결과로서 논리형 변수를 반환한다. 예를 들어 아래 코드에서 x에 5를 담고 이것이 1보다 작은지를 비교하면 결과는 False이며 이 값이 z에 배정된다. x가 0보다 큰지를 비교하면 결과는 True가 된다.

비교 연산의 결과는 논리형 값이다

```
x = 5
z = x < 1
print(z)            # False
print(x > 0)        # True
```

비교 연산에는 '>', '<', '==', '!=', '>=', '<=' 등이 있다. 같은지를 비교하는 연산자는 등호를 두 개 붙여서 써야 한다(등호 하나는 값을 배정하는 연산자이다). '!='는 같지 않은지를 확인하는 연

산자이다.

논리형 변수간의 연산에는 AND(&)와 OR(|)가 있으며 이의 사용 예는 아래와 같다.

논리형 연산 결과는 논리형 값이다

```
a = True
b = False
print(a & b)          # False
print(a | b)          # True
```

묶음 데이터 타입

데이터 분석에는 숫자, 문자, 불리언 등 기본 변수들을 여러 개 묶어서 하나의 변수로 저장하고 처리할 일이 많다. 이를 위해서 묶음 데이터를 사용하는데, 묶음 데이터에는 리스트(list), 튜플(tuple), 사전(dictionary) 등이 주로 사용된다.

■ **리스트**

리스트(list)는 여러 데이터를 하나의 목록으로 저장하는 방법이다. 리스트에는 정수, 실수, 문자, 논리값, 파일, 이미지, 문서전체, 다른 변수명 등 임의의 데이터를 항목(item)으로 담을 수 있다.

리스트를 만들려면 [ ]를 사용하거나 list() 함수를 사용하고 리스트에 담을 항목들을 ','로 나열하면 된다. 아래는 리스트 small_list를 만들고 이를 포함하는 큰 리스트 x를 만든 후 내용을 일부 추출하는 예를 보였다. 리스트에서도 앞에 설명한 문자열에서처럼 일부 항목을 가져오려면 인덱스 번호(위치 번호)를 사용해서 슬라이싱하면 된다. 리스트에 들어있는 항목의 개수는 len() 함수로 구한다.

리스트 생성과 일부 항목 얻기

```
a = 3
b = 90
small_list = [100,200]
x = [1,2,a,a*10,b,small_list,'김연아']

print(len(x)) # 리스트의 항목 수
```

```
print(x)          # 전체 항목 보기
print(x[1])       # 두 번째(1) 항목
print(x[:3])      # 네 번재(3) 미만까지
print(x[3:6])     # 네 번째(3) 이상 ~ 7번째(6) 미만
print(x[-3])      # 뒤에서 세 번째(3) 항목
print(x[-3:])     # 뒤에서 세 번째(3) 이후

# 출력:

7
[1, 2, 3, 30, 90, [100, 200], '김연아']
2
[1, 2, 3]
[30, 90, [100, 200]]
90
[90, [100, 200], '김연아']
```

■ **리스트에 항목 추가하기**

주어진 리스트의 맨 뒤에 새로운 항목을 추가하는 일이 많다. 이를 위해 append()를 사용한다.

리스트 맨 뒤에 항목 추가하기

```
print(x)
x.append('손흥민') # 맨 뒤에 추가된다
x.append('손흥민') # 맨 뒤에 추가된다
x

# 출력:

[1, 2, 3, 30, 90, [100, 200], '김연아']
[1, 2, 3, 30, 90, [100, 200], '김연아', '손흥민', '손흥민']
```

append()를 실행하면 리스트의 내용이 바로 바뀌는 것을 주의해야 한다. 즉, 내용이 업데이트 된다. 위에서는 '손흥민'을 두 번 추가했다. 중복된 데이터가 있어도 항목이 추가 된다.

■ 항목 존재 확인하기, in

리스트 내에 어떤 항목이 들어 있는지를 확인하려면 in을 사용하면 된다. 해당 항목이 리스트에 들어 있으면 True를 리턴하고 없으면 False를 리턴한다. 아래 코드에서 리스트 x에 100이 들어 있지 않으므로 100 in x 문은 False를 리턴한다.

리스트에 포함된 항목 확인하기

```
x = [30,40,'김연아']
print(30 in x)          # True
print(100 in x)         # False
print('김연아' in x)    # True
```

■ 리스트 복제와 붙이기

리스트를 복사해서 늘리거나 리스트들을 붙일 수 있다. 아래는 0과 1이 각각 5개씩 들어 있는 리스트를 만드는 방법으로 리스트에 곱셈(*)을 수행하면 리스트가 복제되고 덧셈(+)을 수행하면 리스트를 붙여준다.

리스트 복제 및 붙이기

```
a = [0]        # 항목이 0 하나인 리스트
b = [1]        # 항목이 1 하나인 리스트
z = a*5 + b*5
z

# 출력: [0, 0, 0, 0, 0, 1, 1, 1, 1, 1]
```

■ 리스트 순서 정렬하기

리스트의 항목 값들을 알파벳순으로 정렬하려면 sorted()를 사용하면 된다. 기본적으로 오름차순으로 정렬한다. 내림차순으로 정렬하려면 reverse=True 옵션을 사용하면 된다. 아래에 숫자와 문자에 대해서 각각 정렬하는 예를 보였다.

리스트 순서 정렬하기

```
x = [2,1,3,5,4]
y = sorted(x)
z = sorted(x, reverse=True)
print(y)
print(z)

x = ['이선희', '김연아', '박세리']
y = sorted(x)
print(y)

# 출력:

[1, 2, 3, 4, 5]
[5, 4, 3, 2, 1]
['김연아', '박세리', '이선희']
```

리스트는 '데이터 조작용 통'이라고 생각하면 된다. 데이터를 최초로 생성하고, 합치고, 저장하는 등 데이터를 다루는데 리스트가 편리하게 사용된다.

■ 튜플

튜플(tuple)도 리스트처럼 여러 항목을 묶어서 저장하는데 사용된다. 사용법은 리스트와 거의 유사하며 인덱싱, 슬라이싱도 가능하다. 튜플이 리스트와 다른 점은 항목의 값을 바꾸거나 튜플에 새로운 항목을 추가할 수 없다는 것이다. 즉, 튜플에는 append()와 같은 함수를 적용할 수 없다. 튜플은 상수화된 (고정된) 리스트라고 볼 수 있다.

거의 같은 기능을 제공하는 리스트가 있는데 튜플을 추가로 사용하는 이유는 묶음 데이터의 내용 즉, 항목을 더 이상 변경하지 못하도록 안전하게 고정하고 읽기 전용으로만 사용하려는 것이다. 프로그램에서 데이터를 전달할 때 튜플로 전달하면 내용이 고쳐지지 않게 보호된다.

튜플을 만들려면 ( )를 사용하는데 괄호를 생략해도 된다. 아래는 두 가지 방법으로 튜플을 만들고 이를 합치거나 슬라이싱 하는 예를 보였다.

튜플 만들기, 복제, 합치기

```
tuple_a = (1, 2, 3)
tuple_b = 90,'good'

z = tuple_a*2 + tuple_b
print(z)
print(z[-2])
print(3 in z)
print(4 in z)

# 출력:

(1, 2, 3, 1, 2, 3, 90, 'good')
90
True
False
```

튜플에 대해서도 in을 사용하여 특정 항목이 튜플에 들어있는지 아닌지를 확인할 수 있다.

■ **딕셔너리**

딕셔너리(dictionary)는 각 항목이 항상 '키(key)'와 '값(value)' 두 개씩 짝을 이루어 구성되는 묶음 데이터 형식이다. 딕셔너리를 만들 때는 {}를 사용하거나 dict() 함수를 사용한다. 아래는 학년, 나이, 이름 등의 항목들로 구성된 딕셔너리를 만드는 예이다. 특정 항목의 값을 바꾸려면 키를 이용해서 변경할 값을 새로 배정하면 된다. 아래는 나이를 21에서 28로 변경하였다.

딕셔너리 생성, 값변경, 항목 추가하기

```
student = {'grade': 3,'age': 21,'name': 'kim'  }
print(student['grade'])
student['age'] = 28
student['address'] = 'Seoul'
print(student)

# 출력:
3
{'grade': 3, 'age': 28, 'name': 'kim', 'address': 'Seoul'}
```

새로운 항목을 추가하려면 기존에 없던 키를 사용하여 새로운 값을 배정하면 된다. 위에서는 'address'라는 키를 사용해서 새로운 항목을 추가하는 것을 보였다.

딕셔너리를 사용하는 목적은, 간단한 데이터베이스처럼 사용하기 위해서이다. 딕셔너리에 데이터를 저장하거나 찾을 때 키를 사용하고 저장할 데이터 내용은 값이 된다.

딕셔너리에 들어 있는 모든 키, 모든 값, 또는 모든 항목 내용을 출력하려면 keys(), values(), items() 함수를 각각 사용하면 된다.

딕셔너리의 키, 값, 항목 전체 출력하기

```
print(student.keys())
print(student.values())
print(student.items())

# 출력:

dict_keys(['grade', 'age', 'name', 'address'])
dict_values([3, 28, 'kim', 'Seoul'])
dict_items([('grade', 3), ('age', 28), ('name', 'kim'), ('address', 'Seoul')])
```

딕셔너리 내에 특정한 키 값이 들어 있는지 아닌지를 in으로 확인할 수 있다. 특정 키가 들어 있으면 True를 아니면 False를 리턴한다.

딕셔너리에 특정 키가 존재하는지 확인하기

```
print('age' in student)      # True
print('sex' in student)      # False
```

딕셔너리에서는 포함된 항목의 순서는 중요시 하지 않는다. 즉, 항목의 순서 정보는 의미가 없다. 딕셔너리에 들어 있는 특정 항목을 찾으려면 키로만 검색이 가능하다. 참고로, 리스트나 튜플에서는 포함된 항목의 순서가 유지되며 특정 위치의 항목을 인덱스를 사용하여 얻을 수 있었다.

특수 변수 range

데이터를 다룰 때는 일정한 범위의 숫자로 구성된 리스트를 한 번에 만들어 사용할 때가 많다. 예를 들어 1년간의 날자들을 표현하기 위해서 1부터 365까지 연속된 숫자를 만든다고 하면 이를 간편하게 하나의 변수로 표현하는 방법이 필요하다. 이런 경우에 range()를 사용하면 편리하다.

아래는 0~9까지의 정수 리스트를 만드는 코드이다. range()는 디폴트로 0에서 시작하고 간격 1인 정수 리스트를 만들지만 초기 값과 샘플값들의 간격을 조정할 수 있다. 아래 두 번째는 2에서 시작하여 18 미만까지의 정수를 3 간격으로 얻는 코드이다. range는 특수 변수라서 내용이 바로 보이지는 않지만 list() 함수로 리스트화 하면 내용을 볼 수 있다.

특수 변수 range와 내용 보기

```
x = range(10)
print(x)
list_x = list(x)
print(list_x)

y = range(2,20,3)
print(y)
print(list(y))

# 출력:

range(0, 10)
[0, 1, 2, 3, 4, 5, 6, 7, 8, 9]
range(2, 20, 3)
[2, 5, 8, 11, 14, 17]
```

프로그램 흐름 제어

컴퓨터 프로그램을 작성할 때 가장 기본이 되는 개념은 프로그램이 수행되는 흐름을 제어하는 것이다. 특정한 조건을 만족하는지에 따라서 어떤 동작을 수행할지를 정하는 것을 흐름 제어라고 하며, 이를 그림으로 표현할 때 흔히 플로우차트를 사용한다.

프로그램 흐름 제어를 위해서 if, else, elif 등이 사용되며 어떤 작업을 반복하여 수행하기 위해서 for, while 등이 사용된다.

if-else

if, else, elif 등을 사용하면 어떤 조건에 따라 프로그램의 흐름을 제어할 수 있다. 여기서 elif 는

else if의 뜻이다. if나 elif 문 뒤에는 논리값이 와야 하며 이 값이 True이면 해당 코드 블록을 수행하고, False면 해당 코드 블록을 수행하지 않고 다음 단계로 넘어간다. 파이썬에서 특정 코드 블록은 ':' 이후에 들여쓰기가 동일한 영역으로 구분한다. 들여쓰기는 보통 탭 키를 사용한다.

예를 들어, 아래에서 x=90 이므로 x > 80 으로 표현된 비교 연산의 결과는 True가 된다. 따라서 if 문의 코드 블록인 ':' 이후부터 들여쓰기가 같은 영역의 두 개의 문장을 수행한다.

기본적인 if, elif, else 사용법

```
x = 90

if x > 80:
    print('축하합니다~ 합격입니다')
    print('다음주부터 출근하시면 됩니다.')
elif x > 60:
    print('2차 면접시험 대상자 입니다.')
    print('시험 날짜를 알려드리겠습니다.')
else:
    print('불합격입니다.')

# 출력:

축하합니다~ 합격입니다
다음주부터 출근하시면 됩니다.
```

위의 코드에서 x=70으로 변경하면 elif 문의 조건인 x > 60 이 만족되므로 elif의 코드 블록에 있는 두 문장이 수행된다. 만일 x=50으로 변경하면 if와 elif문의 조건을 모두 만족하지 못하므로 이들을 건너뛰고 마지막 옵션인 else 문의 코드 블록만 수행한다.

for

for를 사용하면 어떤 조건이 만족되는 동안 동일한 작업을 반복하여 수행시킬 수 있다. 아래는 3명의 응시자 점수가 담겨 있는 리스트 score = [50,70,90]을 사용해서 각각 해당하는 결과를 통보하는 코드이다. for x in score: 문장의 의미는 리스트 score에 들어 있는 각 항목에 대해서 for 문의 ':' 이후의 코드 블록을 수행하라는 뜻이다. 아래 코드를 보면 for 문에서도 if 문에서처럼 해당 코드 블록을 구분하기 위해서 코드가 안으로 동일하게 들여쓰기가 되어 있다.

for 문을 사용하여 채점 결과를 알려주는 코드

```
score = [50, 70, 90]
for x in score:
    print('-----------------------')
    if x > 80:
        print('축하합니다~ 합격입니다')
        print('다음주부터 출근하시면 됩니다.')
    elif x > 60:
        print('2차 면접시험 대상자 입니다.')
        print('시험 날짜를 알려드리겠습니다.')
    else:
        print('불합격입니다.')

# 출력:

-----------------------
불합격입니다.
-----------------------
2차 면접시험 대상자 입니다.
시험 날짜를 알려드리겠습니다.
-----------------------
축하합니다~ 합격입니다
다음주부터 출근하시면 됩니다.
```

■ 리스트의 인덱스 얻기, enumerate

위의 실행 결과는 리스트 score에 들어 있는 항목의 순서대로 50, 70, 90 점에 대한 결과를 보였다. 그런데 몇 번째 사람이 합격, 불합격인지를 알려면 리스트에 들어 있는 항목의 위치(인덱스) 번호를 사용하면 된다. 이 인덱스 번호를 얻기 위해서 enumerate() 함수를 사용하면 되는데, enumerate()는 인덱스 번호와 항목 내용을 두 개 씩을 쌍으로 (튜플로) 리턴해준다.

아래 코드에서 enumerate() 수행 결과로 i에는 인덱스 번호가, x에는 점수가 각각 리턴된다. 인덱스 값은 0부터 시작하므로 1을 더하여 몇 번째 응시자인지를 보기 쉽게 표현했다.

리스트의 인덱스를 얻는 enumerate() 사용예

```
score = [50, 70, 90]
```

```
for i, x in enumerate score:
    print('----------------------')
    print(i+1, '번째 응시자님:')
    if x > 80:
        print('축하합니다~ 합격입니다')
        print('다음주부터 출근하시면 됩니다.')
    elif x > 60:
        print('2차 면접시험 대상자 입니다.')
        print('시험 날짜를 알려드리겠습니다.')
    else:
        print('불합격입니다.')

# 출력:

----------------------
1 번째 응시자님:
불합격입니다.
----------------------
2 번째 응시자님:
2차 면접시험 대상자 입니다.
시험 날짜를 알려드리겠습니다.
----------------------
3 번째 응시자님:
축하합니다~ 합격입니다
다음주부터 출근하시면 됩니다.
```

아래는 enumerate()를 사용하는 다른 예인데, 리스트 names에 들어 있는 이름의 순서를 변수 i에 담아서 사용하고 있다.

enumerate 사용 예

```
names = ['kim', 'park', 'lee']
print(list(enumerate(names)))

for i, name in enumerate(names):
    print(f'{i+1} 번째 사람 이름은 {name}입니다')
```

```
# 출력:

[(0, 'kim'), (1, 'park'), (2, 'lee')]
1 번째 사람 이름은 kim입니다
2 번째 사람 이름은 park입니다
3 번째 사람 이름은 lee입니다
```

■ for와 range

for문을 range와 함께 사용하는 경우가 많다. 아래는 range(1,6)으로 얻은 1~5 사이의 정수에 10을 곱한 숫자를 얻는 코드이다.

1~5 사이의 정수에 10을 곱하기

```
for i in range(1,6):
    print(i*10)

# 출력:

10
20
30
40
50
```

위의 결과인 10, 20, .., 숫자들을 리스트로 만들어 두려면 아래와 같이 리스트를 만들면서 for문을 [ ] 내부에서 직접 사용하면 된다.

리스트 선언문 내에서 for를 사용하는 방법

```
z = [i*10 for i in range(1,6)]
print(z)

# 출력:[10, 20, 30, 40, 50]
```

위의 코드에서 [ ] 문의 동작은 다음과 같다. 먼저 첫 번째 항목인 i*10 값들로 리스트의 항목을 구성하라는 뜻이고, 여기에 사용되는 i 값들은 in에서 가지고 오라는 의미이다.

한편 in은 문자열에 대해서도 사용할 수 있는데 아래는 문자열 s에 'happy'나 'hap'이 들어 있는지를 확인하는 코드이며 들어 있으면 True를 리턴한다.

문자열에 문자열 포함 확인하기

```
s = 'I am happy'
print('happy' in s)  # True
print('hap' in s)    # True
```

문자열에 in를 적용하는 다른 예로, 아래 코드는 파일명을 포함한 리스트 files에서 'cat'이라는 문자열이 포함된 파일명만 찾아서 새로 리스트를 만드는 예제이다.

특정 문자열이 포함된 항목을 찾아서 리스트를 만들기

```
files = ['cat001', 'cat002', 'dog003', 'dog004']
match = 'cat'
new_list = [s for s in files if match in s]
print(new_list)

# 출력: ['cat001', 'cat002']
```

위에서 새로운 파일 리스트 new_list를 만들 때 리스트 정의문 [ ]의 첫 번째 항목인 s를 이용해서 리스트를 만들라는 뜻이고, s는 files에서 하나씩 가져오되 if를 사용하여, 'cat'이라는 문자열이 s에 포함되어 있어야 한다는 조건을 제한하고 있다.

아래는 for 문과 range()를 사용하는 예로, 구구단을 딕셔너리로 만드는 코드이다. 먼저 빈 딕셔너리 result를 만들고 키로 (2,1), (2,2), ... 등을 주면서 값으로 구구단 곱셈 값을 배정했다.

구구단을 딕셔너리로 만들고 사용하기

```
result = {}
for i in range(2,10):
    for j in range(1,10):
        result[(i, j)] = i*j

# 구구단 사용하기
result[(7,9)]  # 63을 얻는다
```

2.3 pandas

파이썬에서도 엑셀처럼 테이블 형태의 데이터를 다룰 수 있는데 이를 위해서 데이터프레임(DataFrame)을 사용한다. 데이터프레임은 엑셀의 스프레드시트와 같은 2차원 테이블 구조이다. 데이터를 다루는데 기존의 엑셀을 사용하지 않고 파이썬의 데이터프레임을 사용해야 하는 이유는 무엇인가?

엑셀을 사용하려면 사람이 일일이 수동으로 작업을 하므로 시간도 오래 걸리고 오류가 발생할 가능성도 높다. 그러나 데이터프레임과 파이썬을 이용하면 복잡한 데이터 처리와 분석을 프로그램화 하여 빠르고 안정적으로 처리할 수 있기 때문이다.

여기서는 데이터프레임을 만들고, 수정하고, 원하는 데이터를 얻는 방법을 배운다. 또한 데이터프레임을 엑셀 파일 또는 csv 파일로부터 읽어서 만드는 방법도 배운다.

데이터프레임

데이터프레임에는 숫자, 문자열, 불리언 등의 데이터를 담을 수 있다. 데이터프레임을 사용하려면 먼저 판다스(pandas) 패키지를 불러와야 한다. 아래 코드에서는 판다스를 pd라는 이름으로 줄여서 사용하겠다고 import 문으로 선언하고 판다스가 제공하는 DataFrame 객체를 이용하여 딕셔너리 타입의 데이터로부터 데이터프레임을 만드는 예를 보였다. 참고로 pandas는 panel data analysis의 줄임말이다.

딕셔너리에서 데이터프레임을 만드는 예

```
import pandas as pd

x = {'city': ['서울', '부산', '대구', '대전', '광주'],
     'population': [990, 350, 250, 154, 150],
     'temp': [13, 16, 14, 13, 15]}

df = pd.DataFrame(x)
df

# 출력:
```

	city	population	temp
0	서울	990	13
1	부산	350	16
2	대구	250	14
3	대전	154	13
4	광주	150	15

딕셔너리로부터 데이터프레임을 만들면 딕셔너리의 키(key)를 컬럼명으로 사용하고, 값(value)을 컬럼의 데이터로 사용한다. 위에서는 딕셔너리 x에 키 값이 'city', 'population', 'temp' 세 가지가 있었다. 데이터프레임이 최초로 만들어질 때는 행 인덱스(행 번호)가 자동으로 만들어지며 인덱스는 0부터 시작한다.

데이터프레임의 행과 열의 크기를 확인하려면 shape 값을 보면 된다. df.shape를 수행하면 데이터프레임의 2차원 구조를 튜플로 알려주는데 튜플의 첫 번째(0) 값이 행의 수이고 두 번째(1) 값이 열의 수를 나타낸다. 앞에서 만든 데이터프레임 df의 구조를 확인하면 아래와 같다.

데이터프레임의 구조(shape)와 행과 열의 수 확인하기

```
print(df.shape)       # 데이터프레임 구조
print(df.shape[0])    # 행의 수
print(df.shape[1])    # 열의 수

# 출력:

(5, 3)
5
3
```

■ **데이터프레임 다루기**

데이터프레임 전체가 필요하지 않고 일부 컬럼(열)만 선택해서 새로운 데이터프레임을 만들려면, 아래의 ['city', 'temp']처럼 원하는 컬럼명 들로 리스트를 만들고 이를 인자로 하여 인덱싱을 하면 된다. 아래 코드에서 [[ ]]와 같이 대괄호가 두 번 사용되는데 안쪽의 [ ]는 리스트를 만들기

위한 것이고 바깥쪽의 [ ]는 컬럼 인덱싱을 위한 것이다.

일부 컬럼만 보기

```
df2 = data[['city', 'temp']]
df2

# 출력:
```

	city	temp
0	서울	13
1	부산	16
2	대구	14
3	대전	13
4	광주	15

데이터프레임의 컬럼명을 다른 이름으로 바꾸려면 아래와 같이 데이터프레임의 내부 변수인 columns에 새로운 이름들을 리스트로 지정해주면 된다.

컬럼명 바꾸기

```
df.columns = ['도시','인구','날씨']
print(df)

# 출력:
```

	도시	인구	날씨
0	서울	990	13
1	부산	350	16
2	대구	250	14
3	대전	154	13
4	광주	150	15

참고로, 파이썬은 객체지향 프로그래밍(Object Oriented Programming) 언어인데 객체지향 프로그래밍에서는 모든 프로그래밍 작업을 객체(object)를 중심으로 수행한다. 각 객체는 내부 변수를 가지고 있거나 내부 함수를 지원한다. 데이터프레임도 객체의 일종이며, 데이터프레임 객체에는 columns라는 내부 변수가 기본적으로 들어 있다.

모든 객체에 포함된 내부 변수 또는 내부 함수에 접근할 때에는 객체명 다음에 '.'을 사용한다.

■ 사본 백업하기

리스트, 딕셔너리, 데이터프레임 등 임의의 객체의 사본을 만들려면 물리적인 복사를 해야 한다. 예를 들어 df_backup = df를 수행하면 객체의 물리적인 사본을 만드는 것이 아니라 같은 객체를 가리키는 이름만 복사를 한다. 예를 들어 df의 내용이 바뀌면 df_backup 객체의 내용도 동시에 바뀌게 된다. 물리적으로 사본을 만들어 두 개의 객체를 독립적으로 각각 사용하려면 아래와 같이 copy() 함수를 사용해야 한다.

객체를 백업하려면 물리적인 복사를 해야 한다

```
df_backup = df                    # 물리적인 복사를 하지 않는다
df_backup = df.copy()             # 물리적으로 사본을 만든다
```

■ 인덱스

데이터프레임에는 두 개의 인덱스가 자동으로 생성되는데 컬럼 인덱스는 내부 변수 columns에 들어 있고, 행 인덱스는 내부 변수 index에 들어 있다. 이를 아래와 같이 확인해보겠다.

컬럼과 행의 인덱스 보기

```
print(df.columns)
print(df.index)

# 출력:

Index(['도시', '인구', '날씨'], dtype='object')
RangeIndex(start=0, stop=5, step=1)
```

데이터프레임 df의 행 인덱스는 도시, 인구, 날씨로 구성되어 있고 데이터 타입(dtype)은 문자열(object)라는 것을 알려준다. 파이썬에서는 문자열을 str으로 표현했는데 판다스에서는 문자

열을 object라고 표현한다.

행 인덱스로는 0~5 사이의 범위형 인덱스 (RangeIndex)를 사용하고 있다는 것을 알려주고 있다. 인덱스 간격은 디폴트로 1이다. 통상 데이터프레임의 행 인덱스를 '인덱스'라고 부르고, 컬럼 인덱스는 '컬럼명'이라고 한다.

기본적으로 데이터프레임에서는 자동으로 배정되는 숫자형 행 인덱스를 사용하지만 인덱스를 컬럼중의 하나로 대체하여 사용하면 편리할 때가 많다. 예를 들어 사람 이름, 주민등록번호, 학번 등을 (자동으로 배정된 숫자 인덱스 대신) 인덱스로 사용하면 데이터를 다루기가 편리한 경우가 있다.

인덱스를 다른 컬럼값으로 바꾸려면 set_index() 함수를 사용하면 된다. 아래는 df에 있는 '도시' 컬럼을 인덱스로 바꾸는 예이다.

인덱스를 컬럼중에서 하나로 선택하기

```
df2 = df.set_index('도시')
df2
```

위의 코드는 df에서 인덱스를 '도시' 컬럼으로 바꾸고 그 결과를 df2라는 새로운 변수에 저장했다. 만일 df라는 원래 데이터프레임 이름을 그대로 사용하면서 어떤 작업 (예를 들어 인덱스 변경) 결과를 반영하려면 아래와 같이 df에 내용을 엎어 쓰거나 inplace 옵션을 True로 지정하는 두 가지 방법이 있다. 아래 두 가지 방법은 똑같이 df의 내용을 변경한다.

변경된 내용을 원래 객체에 바로 반영하는 두 가지 방법

```
df = df_backup.copy()                # df 백업 사본 가져오기
df.set_index('도시', inplace=True)   # inplace 옵션을 사용하는 방법
# df = df.set_index('도시')          # 다른 방법: df를 엎어쓰는 방법
print(df.index)
df

# 출력:

Index(['서울', '부산', '대구', '대전', '광주'], dtype='object', name='도시')
```

	인구	날씨
도시		
서울	990	13
부산	350	16
대구	250	14
대전	154	13
광주	150	15

위 결과를 보면 '도시' 컬럼이 인덱스로 사용된 것을 알 수 있다.

현재 인데스로 사용하는 내용을 컬럼으로 원상 복귀시켜야 할 때가 있다. 즉, 위에서 '도시' 인덱스 내용을 컬럼으로 다시 보내려면 아래와 같이 reset_index()를 사용하면 된다. 이때 인덱스로 정수형 인덱스가 자동으로 생성된다. inplace=True 옵션의 의미는 reset_index() 작업을 수행한 결과를 객체 df에 즉시 반영하라는 뜻이다.

인데스를 컬럼으로 복귀하기

```
df.reset_index(inplace=True)
print(df)

# 출력:
```

	도시	인구	날씨
0	서울	990	13
1	부산	350	16
2	대구	250	14
3	대전	154	13
4	광주	150	15

샘플 행 추가하기

데이터프레임을 행 방향으로 합치는 경우가 있다. 일반적으로 행은 샘플들을 나타내므로 새로운 샘플을 추가하려면 행 방향(세로 방향)으로 데이터프레임을 합쳐야 한다. 이를 위해서 판다스의 concat() 함수를 사용하면 된다. 아래는 새로운 데이터프레임 df2를 만든 후에 이를 기존의 df와 concat()을 이용해서 행 방향으로 합치는 예이다.

새로운 데이터프레임을 만들고 두 개를 행 방향으로 합치기

```
x2 = {'city': ['인천', '울산'],
      'population': [290, 120],
      'temp': [12.7, 15.5]}
df2 = pd.DataFrame(x2)
df2.columns = ['도시','인구','날씨']

# 데이터프레임 합치기 (행 방향)
df3 = pd.concat([df, df2])
df3

# 출력:
```

	도시	인구	날씨
0	서울	990	13.0
1	부산	350	16.0
2	대구	250	14.0
3	대전	154	13.0
4	광주	150	15.0
0	인천	290	12.7
1	울산	120	15.5

그런데 데이터프레임을 합칠 때 주의할 점은, 위의 합쳐진 결과를 보면 인덱스가 기존의 두 데이터프레임의 인덱스 값들을 각각 유지하고 있어 0, 1 등이 중복된 것을 알 수 있다. 기존의 인덱스를 무시하고 새로운 인덱스 값을 배정하려면 아래와 같이 ignore_index=True 옵션을 지정하면 된다. 그런데 이 옵션은 주의해서 사용해야 한다. 필요에 따라서는 합치기 전의 기존 데이

터프레임에서 사용하던 인덱스를 유지해야 할 때도 있기 때문이다.

기존의 인덱스 번호는 무시하고 새로 인덱스 만들기

```
df3 = pd.concat([df, df2], ignore_index=True)
df3

# 출력:
```

	도시	인구	날씨
0	서울	990	13.0
1	부산	350	16.0
2	대구	250	14.0
3	대전	154	13.0
4	광주	150	15.0
5	인천	290	12.7
6	울산	120	15.5

위 결과를 보면 인덱스가 0~6으로 새로 배정된 것을 알 수 있다.

지금까지 판다스의 concat() 함수를 이용하여 데이터프레임을 행 방향으로 합치는 것을 소개했고 이것은 샘플이 늘어날 때 필요한 작업이다. 한편 데이터프레임을 열 방향(가로 방향)으로 합치는 경우도 있는데 이는 컬럼이 늘어나는 경우에 필요하다. 이때는 concat() 함수 호출시 인자를 axis=1로 설정해야 한다.

■ 특정 행 추출하기

데이터프레임에서 어떤 조건을 만족하는 특정 행을 얻는 방법에는 두 가지가 있다. 먼저 인덱스를 사용하는 방법이 있는데 이때는 loc()을 사용한다(loc은 찾는다는 locate의 의미이다).

먼저 데이터프레임의 인덱스를 '도시' 컬럼으로 다시 변경하고 df.loc()을 이용하여 대전, 부산, 광주의 행만 추출해보겠다.

인덱스를 '도시'컬럼으로 설정한 후 특정 샘플 추출하기

```
df = df3.copy()
df.set_index('도시', inplace=True)
df.loc[['대전','부산','광주']]

# 출력:
```

	인구	날씨
도시		
대전	154	13.0
부산	350	16.0
광주	150	15.0

데이터프레임에서 특정 행(row)들을 얻는 다른 방법으로 인덱스를 사용하지 않고 행의 위치 번호를 사용하는 방법이 있다. 모든 데이터프레임에는 내부적으로 정수형 인덱스가 있는데 이를 활용하는 방법으로 이때는 iloc()을 사용한다. 아래는 두 번째(1)부터 다섯 번(4)째 행을 추출한다(iloc()의 i는 integer의 의미이다).

정수형 순서 번호로 행을 추출하는 방법

```
df.iloc[1:5]    # 두번째(1) 행부터 다섯번째(4) 행까지 추출
```

■ 컬럼 추가

데이터프레임에 새로운 컬럼을 추가하려면 현재 없는 컬럼명을 인자로 주면서 컬럼값을 배정하면 새로운 컬럼이 생성된다. 아래는 리스트 cars로 주어진 내용을 '자동차'라는 이름의 컬럼을 만들면서 추가하는 예이다. 또한 '대도시'라는 컬럼에는 모두 1을 채우는 예를 보였다. 이와 같이 단변수 상수값을 주면 전체 행의 수에 맞게 동일한 값이 복사된다.

컬럼을 추가하는 방법

```
cars = [300, 140, 120, 70, 50, 170, 60]
df['자동차'] = cars
df['대도시'] = 1     # 동일한 값을 컬럼에 추가
df
```

```
# 출력:
```

도시	인구	날씨	자동차	대도시
서울	990	13.0	300	1
부산	350	16.0	140	1
대구	250	14.0	120	1
대전	154	13.0	70	1
광주	150	15.0	50	1
인천	290	12.7	170	1
울산	120	15.5	60	1

기존에 있는 컬럼명에 새로운 값을 엎어 쓰려면 기존의 컬럼명을 사용해서 새로운 값을 주면 된다.

기존 컬럼을 값을 갱신하는 방법

```
new_cars = [400, 150, 130, 80, 60, 200, 70]
df['자동차'] = new_cars
df

# 출력:
```

도시	인구	날씨	자동차	대도시	big
서울	990	13.0	400	1	True
부산	350	16.0	150	1	True
대구	250	14.0	130	1	True
대전	154	13.0	80	1	False
광주	150	15.0	60	1	False
인천	290	12.7	200	1	True
울산	120	15.5	70	1	False

■ 조건 필터링

특정 조건에 맞는 샘플(행)을 찾는 것을 필터링이라고 한다. 예를 들어 자동차 수가 100 이상인 도시를 찾고 이를 구분하기 위해서 big이라는 이름의 컬럼을 추가한 후 해당 도시를 True로 표시하는 코드를 아래에 보였다.

특정 조건을 만족하는 행들을 찾는 방법

```
df['big'] = df['자동차'] >= 100
df

# 출력:
```

	인구	날씨	자동차	대도시	big
도시					
서울	990	13.0	400	1	True
부산	350	16.0	150	1	True
대구	250	14.0	130	1	True
대전	154	13.0	80	1	False
광주	150	15.0	60	1	False
인천	290	12.7	200	1	True
울산	120	15.5	70	1	False

이제 자동차가 100 이상인 행만 추출하는 방법은 아래와 같이 쓰면 된다. 데이터프레임에는 인덱스로 True와 False로 구성된 리스트를 주면 True에 해당하는 샘플만 리턴해주는 기능이 있다.

해당 컬럼만 추출하는 방법

```
df[df['자동차'] >= 100]  # 인덱스가 True인 항목만 리턴

# 출력:
```

	인구	날씨	자동차	대도시	big
도시					
서울	990	13.0	400	1	True

부산	350	16.0	150	1	True
대구	250	14.0	130	1	True
인천	290	12.7	200	1	True

■ 행과 컬럼 삭제

특정 행이나 컬럼을 삭제하려면 drop()을 사용한다. 아래는 인덱스를 지정하여 행을 삭제한 결과를 보여준다.

인덱스를 사용하여 행 삭제하기

```
df2 = df.drop(['서울', '울산'])
df2

# 출력:
```

	인구	날씨	자동차	대도시	big
도시					
부산	350	16.0	150	1	True
대구	250	14.0	130	1	True
대전	154	13.0	80	1	False
광주	150	15.0	60	1	False
인천	290	12.7	200	1	True

행이 아니라 컬럼을 삭제하려면 drop()을 호출하면서 인자로 axis=1 옵션을 선택한다. 이 옵션은 디폴트인 행 삭제가 아니라 컬럼 삭제인 것을 지정하는 옵션이다. 디폴트 값은 axis=0 이며 이는 행의 삭제를 수행한다. 디폴트 값인 axis=0 은 명시하지 않아도 된다.

특정 컬럼을 삭제하려면 axis=1 선택한다

```
df2 = df.drop(['big'], axis=1)
df2

# 출력:
```

	인구	날씨	자동차	대도시
도시				
서울	990	13.0	400	1
부산	350	16.0	150	1
대구	250	14.0	130	1
대전	154	13.0	80	1
광주	150	15.0	60	1
인천	290	12.7	200	1
울산	120	15.5	70	1

■ 순서 정렬

특정 컬럼을 기준으로 데이터프레임의 행의 순서를 정렬해야 할 경우가 많다. 이를 위해서는 sort_values()를 사용한다. 아래는 '인구' 컬럼을 기준으로 데이터프레임의 행을 정렬하는 코드이다.

특정 컬럼을 기준으로 순서 정렬하기

```
df.sort_values(['인구'])

# 출력:
```

	인구	날씨	자동차	대도시	big
도시					
울산	120	15.5	70	1	False
광주	150	15.0	60	1	False
대전	154	13.0	80	1	False
대구	250	14.0	130	1	True
인천	290	12.7	200	1	True
부산	350	16.0	150	1	True
서울	990	13.0	400	1	True

sort_values() 함수는 기본적으로 오름차순으로 정렬을 한다. 내림차순으로 정렬을 하려면 ascending=False 옵션을 주면 된다.

내림차순으로 순서 정렬하기

```
df.sort_values(['인구'], ascending=False)

# 출력:
```

도시	인구	날씨	자동차	대도시	big
서울	990	13.0	400	1	True
부산	350	16.0	150	1	True
인천	290	12.7	200	1	True
대구	250	14.0	130	1	True
대전	154	13.0	80	1	False
광주	150	15.0	60	1	False
울산	120	15.5	70	1	False

시리즈

데이터프레임에서 하나의 컬럼만 추출하면 시리즈(Series) 객체가 된다. 일반적으로 데이터프레임에서 컬럼은 인구수, 자동차 수 등 하나의 특성(feature)을 나타내므로 시리즈는 하나의 특성 값들만 추출한 것이 된다.

위 df 데이터프레임에서 '날씨' 컬럼만 추출해서 시리즈를 만들면 아래와 같다.

데이터프레임에서 시리즈 추출하기

```
s = df['날씨']
print(type(s))
s

# 출력:
```

```
<class 'pandas.core.series.Series'>

도시
서울    13.0
부산    16.0
대구    14.0
대전    13.0
광주    15.0
인천    12.7
울산    15.5
```

위 결과를 보면 시리즈에도 인덱스가 붙어있다는 것을 알 수 있다. 시리즈 객체 변수 s의 타입은 Series인 것을 알 수 있다.

시리즈를 대상으로 기본적인 통계를 보는 경우가 많은데, 아래는 시리즈 s에 들어 있는 항목의 종류가 무엇인지, 항목의 총 가짓수가 몇 개인지(아래에서는 6임), 각 항목의 발생 빈도수 등을 알아보는 코드이다.

시리즈 항목의 종류와 빈도수 세기

```
print(s.unique())              # 항목의 종류 보기
print(s.nunique())             # 항목의 총수, 6가지임
print(s.value_counts())        # 항목별 발생 빈도수

# 출력:

[13.  16.  14.  15.  12.7 15.5]
6
13.0    2
14.0    1
15.5    1
15.0    1
16.0    1
12.7    1
```

■ 데이터프레임을 파일로 저장

작업하던 데이터프레임을 파일로 저장할 수 있는데 주로 엑셀 파일이나 csv 파일로 저장한다. csv 파일 형식은 comma-separated values를 의미하는데, 데이터 값들을 콤마(',') 로 구분해서 저장하는 방식이다. csv 파일은 텍스트 형태로 데이터를 저장하므로 포맷이 간단하고 메모리를 적게 차지하여 대용량 데이터를 저장하거나 공유할 때 널리 사용된다. 엑셀 포맷은 엑셀 프로그램으로만 접근이 가능하고 데이터 용량이 크면 엑셀 프로그램에서 로드하는데 시간이 오래 걸린다는 단점이 있다.

아래는 데이터프레임 df를 csv 파일 cities.csv와, 엑셀 파일 cities.xlsx 이름으로 저장하고 내용을 확인하는 코드이다. head는 리눅스가 제공하는 텍스트 파일을 보는 명령문이다. 파이썬에서 앞에 '!'를 붙이면 운영체제의 명령문을 수행하라는 뜻이다. 본인이 사용하는 PC가 윈도우를 사용하면 head 명령문 대신 type을 사용해야 한다.

데이터프레임 df를 csv 파일과 엑셀로 각각 저장하기

```
df.to_csv('cities.csv')
df.to_excel('cities.xlsx')

!head cities.csv  # 윈도우에서는 !type cities.csv

# 출력:

도시,인구,날씨,자동차,대도시,big
서울,990,13.0,400,1,True
부산,350,16.0,150,1,True
대구,250,14.0,130,1,True
대전,154,13.0,80,1,False
광주,150,15.0,60,1,False
인천,290,12.7,200,1,True
울산,120,15.5,70,1,False
```

위 결과를 보면 인덱스의 내용도 파일에 같이 저장된 것을 알 수 있다. csv 파일을 보면 '도시'라는 이름의 컬럼이 생기면서 인덱스 내용이 테이블의 첫 번째 컬럼으로 자동으로 만들어진 것을 알 수 있다. 이렇게 인덱스를 컬럼으로 만들어 저장하는 이유는 csv 파일은 단순히 텍스트 형식이므로 내부적으로 인덱스를 표현할 방법이 없기 때문이다. 즉, 인덱스를 컬럼으로 만들어 보관하기 위해서이다.

필요에 따라서는 인덱스는 제외하고 본문 컬럼의 내용만 파일에 저장해야 할 때가 있다. 이때는 to_csv()의 옵션으로 index=False를 사용하면 된다. 아래 실행결과를 보면 cities_2.csv 파일에는 인덱스가 저장되지 않은 것을 알 수 있다.

데이터프레임 저장시 인덱스 제거하기

```
df.to_csv('cities_2.csv', index=False)
!head cities_2.csv  # 윈도우에서는 !type cities_2.csv

# 출력:

인구,날씨,자동차,대도시,big
990,13.0,400,1,True
350,16.0,150,1,True
250,14.0,130,1,True
154,13.0,80,1,False
150,15.0,60,1,False
290,12.7,200,1,True
120,15.5,70,1,False
```

■ 파일을 읽어서 데이터프레임 만들기

엑셀이나 csv 파일에서 테이블 구조의 데이터를 읽어서 바로 데이터프레임으로 만드는 것이 가능한데, 이를 위해서 판다스가 제공하는 read_excel() 또는 read_csv() 함수를 사용하면 된다.

csv 파일을 읽어서 데이터프레임 만들기

```
df2 = pd.read_csv('cities.csv')
df2

# 출력:
```

	도시	인구	날씨	자동차	대도시	big
0	서울	990	13.0	400	1	True
1	부산	350	16.0	150	1	True
2	대구	250	14.0	130	1	True

3	대전	154	13.0	80	1	False
4	광주	150	15.0	60	1	False
5	인천	290	12.7	200	1	True
6	울산	120	15.5	70	1	False

위 결과를 보면 데이터프레임이 만들어질 때는 기본적으로 숫자형 인덱스가 자동으로 생성되는 것을 알 수 있다. 엑셀 파일을 읽어 데이터프레임으로 만들려면 다음과 같이 read_excel() 함수를 사용하면 된다.

```
pd.read_excel('cities.xlsx')
```

데이터프레임 다루기

두 개 이상의 데이터프레임들을 합치는 방법에는 앞에서 소개한 concat() 외에도 append(), join(), merge() 등 여러 가지 함수가 사용된다. 이들의 차이는 다음과 같다.

- concat: 샘플수가 늘어나거나(행 방향), 컬럼이 늘어날 때(열 방향)사용된다. 행방향으로 합칠 때는 열(컬럼)의 내용이 일치해야 한다. 열 방향으로 합칠 때는 같은 인덱스를 기준으로 합친다.
- append: 데이터프레임을 행 방향(즉, 세로 방향)으로 합칠 때 사용된다. 샘플이 추가되는 경우에 주로 사용한다.
- join: 데이터프레임을 열 방향(가로 방향)으로 붙일 때 사용한다. 인덱스가 같은 행을 기준으로 합치며 인덱스가 없는 부분에는 NaN이 들어간다(NaN은 데이터가 없는 것을 나타낸다).
- merge: 데이터프레임을 열 방향(가로 방향)으로 붙일 때 사용한다. 인덱스를 사용하지 않고 합치려는 데이터프레임에 공통으로 들어있는 특정 컬럼(열)을 기준으로 데이터프레임을 합친다.

데이터프레임을 합치는 데에는 다양한 옵션이 존재한다. 이 책에서는 데이터프레임을 합치는 자세한 방법은 소개하지 않으나 merge()를 사용하여 가격표 등 참조 테이블을 합치는 방법만 소개하겠다.

■ merge

전자 제품(item)의 수출 데이터와 제품별 가격표를 합치는 예를 소개하겠다. 아래 코드에서는 전기차(eCar), TV, 냉장고(Refr)의 2020년, 2021년 수출량과 운송방법(logistic)을 해양(ship)과 항공(air)을 구분하여 정리한 데이터프레임을 임의로 만들었다.

전자제품 미국 수출 데이터, logistic은 운송 방법

```
export = {'item': ['eCar', 'eCar', 'TV',  'TV', 'Refr','Refr'],
       'logistic': ['ship', 'air', 'ship', 'air', 'ship', 'air'],
       '2020': [39, 17, 64, 33, 65, 23],
       '2021': [45, 22, 84, 57, 95, 30]}
df_export = pd.DataFrame(export)
df_export
```

출력:

	item	logistic	2020	2021
0	eCar	ship	39	45
1	eCar	air	17	22
2	TV	ship	64	84
3	TV	air	33	57
4	Refr	ship	65	95
5	Refr	air	23	30

이 데이터와는 별도로 아래와 같이 제품별 가격표 테이블이 따로 존재한다고 하자.

제품(item)별 가격표 테이블

```
price_list = {'item': [ 'Refr', 'eCar', 'TV'],
       'price': [200, 1000, 100]}
df_price = pd.DataFrame(price_list)
df_price
```

출력:

	item	price
0	Refr	200
1	eCar	1000
2	TV	100

앞에서 만든 제품별 수출현황 데이터프레임 df_export에 위의 가격표를 반영하여 하나의 테이블로 만들려고 한다. 이 때 merge()를 아래와 같이 사용할 수 있다.

제품별 가격표를 반영한 데이터프레임

```
df_all = df_export.merge(df_price, on='item')
df_all

# 출력:
```

	item	logistic	2020	2021	price
0	eCar	ship	39	45	1000
1	eCar	air	17	22	1000
2	TV	ship	64	84	100
3	TV	air	33	57	100
4	Refr	ship	65	95	200

위 결과를 보면 가격(price) 컬럼이 추가되어 필요한 모든 정보가 하나의 테이블에 취합되었다. 머신러닝에서는 입력으로 사용하는 데이터(즉, X를) 하나의 테이블 로 만드는 것이 필요하다.

■ groupby

판다스가 제공하는 groupby()를 사용하면 주어진 데이터프레임을 특정 조건에 맞는 작은 그룹들로 나누고 각 그룹을 대상으로 여러 가지 작업을 편리하게 수행할 수 있다. 아래 코드에서는 위에서 만든 수출현황 데이터프레임 df_all에 대해서 제품(item)을 기준으로 groupby()를 수행하고 결과를 g에 저장하였다. g는 DataFrameGroupBy 타입의 객체인데 이 객체로부터 나누어진 세부 그룹에 대한 정보들을 추출할 수 있다.

아래 결과를 보면 그룹바이(GroupBy) 객체 g에는 총 3개의 세부 그룹이 있고(ngroups), 세부 그룹 'Rfgr'을 구성하는 행은 원 데이터프레임 df의 인덱스 [4,5]인 것을 알려 준다(groups). groupby() 호출시 레이블로 사용한 item을 기준으로 나누어진 세 개의 그룹을 구성하는 항목의 개수는 각각 2인 것을 알 수 있다(size).

수출현황 데이터프레임을 제품(item) 기준으로 groupby 수행

```
df = df_all.copy()
g = df.groupby('item')
print(type(g))          # DataFrameGroupBy
print(g.ngroups)        # 3
print(g.groups)         # {'Refr': [4, 5], 'TV': [2, 3], 'eCar': [0, 1]}
print(g.size())

# 출력:

<class 'pandas.core.groupby.generic.DataFrameGroupBy'>
3
{'Refr': [4, 5], 'TV': [2, 3], 'eCar': [0, 1]}
item
Refr     2
TV       2
eCar     2
```

그룹바이 객체를 이용해서 여러 가지 작업을 할 수 있는데, get_group()으로 특정 item에 해당하는 세부 그룹 데이터프레임을 얻을 수 있다. 아래는 item이 TV인 세부 그룹 데이터프레임을 추출하는 코드이다.

g로부터 item이 TV인 세부 그룹 데이터프레임 얻기

```
g.get_group('TV')

# 출력:
```

	item	logistic	2020	2021	price
2	TV	ship	64	84	100
3	TV	air	33	57	100

위와 같이 get_group()으로 필요한 데이터프레임을 하나씩 추출할 수도 있지만 아래 코드처럼 in을 사용하면 세부 그룹들을 모두 차례로 얻을 수 있다. 아래 for 문에서는 각 item에 해당하는 세부 그룹 내용을 출력하고, 각 그룹의 2021년 수출액의 평균치를 계산한 결과를 보였다.

그룹바이 객체 g의 레이블(item)과 해당 그룹을 얻는다

```
for item, group in g:
    print(item)
    print(group)
    print(group['2021'].mean())
    print('------------------------------------')

# 출력:

Refr
   item logistic  2020  2021  price
4  Refr     ship    65    95    200
5  Refr      air    23    30    200
62.5
------------------------------------
TV
  item logistic  2020  2021  price
2   TV     ship    64    84    100
3   TV      air    33    57    100
70.5
------------------------------------
eCar
   item logistic  2020  2021  price
0  eCar     ship    39    45   1000
1  eCar      air    17    22   1000
33.5
------------------------------------
```

그룹바이를 이용하면 그룹별로 다양한 정보를 얻을 수 있는데 아래는 2020, 2021 각 컬럼에 대해서 세부 그룹별로 최대치(max), 평균(mean)을 계산하고, 사용자 정의 함수인 find_big_sale() 실행 결과를 보여주는 코드이다. 아래에서 agg()는 aggregate()라고 써도 되는데, 여러 가지 함수들을 모아서 적용하라는 뜻이다. agg() 내에는 파이썬 내장(in-built)함수인 max, min, mean, size, std, count 등을 쓸 수도 있고 사용자가 임의로 정의한 함수를 쓸 수도 있다.

그룹바이 객체에 사용자 정의 함수를 적용한 결과 보기

```
def find_big_sale(x):
    m = x.mean()
    return True if m > 40 else False

g[['2020','2021']].agg(['max', 'mean', find_big_sale])

# 출력:
```

	2020			2021		
	max	mean	find_big_sale	max	mean	find_big_sale
item						
Refr	65	44.0	True	95	62.5	True
TV	64	48.5	True	84	70.5	True
eCar	39	28.0	False	45	33.5	False

위에 정의한 find_big_sale() 함수의 내용은 인자로 받은 x에 대해서 (x는 2020, 2021년 제품별 매출액 컬럼임) 평균을 구하고 평균치가 40 이상이면 True를, 40 이하이면 False를 리턴하는 함수이다.

■ pivot_table

피봇 테이블은 엑셀에서 널리 사용되는 테이블의 수치 요약 기능이다. 판다스도 유사한 기능을 제공하는 함수 pivot_table()이 있다. 아래는 제품별 2020, 2021년 총 매출액을 보여주는 코드인데 index로 item을 지정하고, value로 ['2020','2021']을 지정하여, 적용할 함수로 sum을 선택한 후 pivot_table()을 호출한 결과를 출력했다.

제품별 2020, 2021년 총 매출액 피봇 테이블

```
df.pivot_table(index=['item'], values=['2020','2021'], aggfunc='sum')

# 출력:
```

	2020	2021
item		
Refr	88	125
TV	97	141
eCar	56	67

아래는 이중 인덱스를 사용해서 제품별, 운송방법별로 인덱스를 지정하여 피봇 테이블을 구하는 예를 보였다.

이중 인덱스를 사용하는 예

```
df.pivot_table(index=['item', 'logistic'],
               values=['2020','2021'],aggfunc=['sum','mean'])
```

출력:

		sum		mean	
		2020	2021	2020	2021
item	**logistic**				
Refr	**air**	23	30	23	30
	ship	65	95	65	95
TV	**air**	33	57	33	57
	ship	64	84	64	84
eCar	**air**	17	22	17	22
	ship	39	45	39	45

위와 같이 운송 수단별로 세분화하여 보는 다른 방법으로 운송수단을 컬럼으로 지정할 수도 있다. 아래는 pivot_table()의 columns 인자에 운송수단(logistic)을 지정하여 컬럼을 세분화한 데이터프레임을 얻는 방법을 소개했다.

column을 사용하여 컬럼을 세분화하기

```
df.pivot_table(index=['item'],
   values=['2020','2021'],aggfunc=['sum','mean'],
         columns=['logistic'])

# 출력:
```

	sum				mean			
	2020		2021		2020		2021	
logistic	air	ship	air	ship	air	ship	air	ship
item								
Refr	23	65	30	95	23	65	30	95
TV	33	64	57	84	33	64	57	84
eCar	17	39	22	45	17	39	22	45

2.4 numpy

앞에서 배운 리스트나 데이터프레임은 데이터를 조작하기 위해서 주로 사용한다. 데이터 조작이란 특정 항목을 추가하거나, 제거하거나, 어떤 조건에 맞는 데이터를 추출하는 등의 작업을 말한다. 리스트는 여러 항목(item)들로 구성되는 1차원 데이터를 다루며, 데이터프레임은 2차원 구조의 데이터를 다루는데 사용된다.

그러나 머신러닝 모델은 입력으로 (즉, X로) 숫자로 된 데이터만 받을 수 있다. 왜냐하면 데이터 분석 과정에서는 곱셈, 덧셈 등 수학적인 연산과 크기 비교 등을 수행해야 하는데 이는 수치형 데이터만 대상으로 가능하기 때문이다.

파이썬에는 숫자로만 구성된 데이터를 대상으로 연산을 편리하게 수행하기 위해서 어레이(array) 타입의 객체를 제공한다. 어레이 객체는 수학에서 벡터나 매트릭스들을 대상으로 연산을 하는데 필요한 함수들을 제공한다. 어레이는 numpy 패키지에서 제공하는데 numpy라는 이름은 numerical python의 줄임말이다.

어레이의 이해

'데이터의 조작'과 '데이터의 연산'의 차이를 이해하기 위해서 먼저 리스트와 어레이의 차이를 비교해 보겠다.

■ 리스트와 어레이의 차이

아래 코드에서 숫자 4개로 구성된 리스트 x를 만들고 여기에 3을 곱하는 작업을 수행했다. 결과는 각 숫자 항목별로 3이 곱해지는 것이 아니라 리스트 내용이 3번 복제된다. 만일 4개 숫자에 대해 각각 3을 곱하는 수학적인 연산을 수행하려면 리스트를 어레이로 변형한 후에 3을 곱하면 된다. 아래에서 x는 리스트이고 y는 이를 어레이로 변형한 것이다.

리스트의 복제(*)와 어레이의 곱셈 비교

```
import numpy as np

x = [1, 2, 5,10]  # 리스트 생성
print(x*3)
```

```
y = np.array(x) # 리스트를 어레이로 변환
print(y*3)

# 출력:

[1, 2, 5, 10, 1, 2, 5, 10, 1, 2, 5, 10]
[ 3  6 15 30]
```

위에 보인 바와 같이 묶음 데이터인 리스트의 각 항목에 수학적 연산을 적용하려면 리스트를 어레이(array)로 바꾸어야 한다. 어레이를 사용하려면 numpy 패키지를 import해야 하는데 위에서는 numpy를 줄여서 짧은 이름인 np라는 이름으로 사용하겠다고 선언하였다.

데이터 조작을 하기 위해서 어레이를 다시 리스트로 변형시킬 경우도 있는데 이때는 list()를 사용하면 된다. 아래는 어레이 y를 리스트로 만든 후 타입이 바뀐 것을 확인하는 코드이다.

어레이를 리스트로 바꾸고 타입 확인하기

```
z = list(y)            # 어레이를 리스트로 타입을 바꾼다
print(z)               # [1, 2, 5, 10]
print(type(y))         # class 'numpy.ndarray'>
print(type(z))         # <class 'list'>
```

numpy에서 사용하는 어레이 타입의 정식 이름은 ndarray 인데 이는 다차원 배열(n-dimentional array)의 줄임말이다.

■ **어레이 연산**

어레이에 연산을 수행하면 각 항목별로 연산이 수행된다. 만일 두 개 이상의 어레이를 더하거나 곱한다면 각 어레이의 길이가 같아야 한다.

어레이의 연산은 각 항목별로 수행된다

```
y1 = np.array([1, 2, 3, 4])
y2 = np.array([10, 10, 100, 100])
```

```
print(y1 + y2)  # [ 11  12 103 104]
print(y1 - y2)  # [ -9  -8 -97 -96]
print(y1 * y2)  # [ 10  20 300 400]
print(y1 / y2)  # [0.1  0.2  0.03 0.04]
```

한편, 어레이에 단변수를 곱하거나 더하면 길이를 자동으로 맞추어 전체 어레이에 동일하게 적용된다. 예를 들어 아래 코드를 수행하면 결과로 우측과 같은 어레이를 얻는다.

어레이에 단변수의 연산을 수행하기

```
y1 = np.array([1, 2, 3, 4])
a = 1000

print(y1 + a)  # [1001 1002 1003 1004]
print(y1 - a)  # [-999 -998 -997 -996]
print(y1 * a)  # [1000 2000 3000 4000]
print(y1 / a)  # [0.001 0.002 0.003 0.004]
```

위에서 a는 단변수로 1000인데 이를 연산에 사용하면 다른 어레이의 길이만큼 복제를 하여 연산을 수행한다.

리스트는 데이터 조작용 통이므로 리스트에 대해서는 +,-,*,/ 등의 수학적 연산을 적용할 수 없다. 단 리스트들을 합치는 데에는 '+' 연산을 사용한다. 아래는 두 개의 리스트를 합치는 예이다.

리스트에 대한 + 수행은 두 리스트를 합친다

```
y1 = np.array([1, 2, 3, 4])
y2 = np.array([10, 10, 100, 100])

list(y1)+list(y2)

# 출력: [1, 2, 3, 4, 10, 10, 100, 100]
```

■ arange, 일정 범위의 어레이

일정한 범위의 정수들을 한 번에 만들 때 range()를 사용했었다. 그런데 range는 특수한 데이터 타입이며 여기에는 수학적 연산을 바로 적용할 수 없다. range()와 유사하게 일정 범위의 정수나 실수 리스트를 얻으면서 이를 연산에 바로 사용할 수 있도록 어레이로 만들어주는 함수로 numpy가 제공하는 arange()가 있다.

아래는 arange()를 사용해 여러 가지 어레이를 얻는 방법을 소개했는데, 인자값을 하나만 주면 0에서 시작하여 1씩 증가하는 정수 어레이를 리턴한다. 인자를 두 개 주면 시작 값과 끝 값으로 사용하고 1씩 증가하는 실수 어레이를 리턴한다. 인자를 세 개를 주면 시작 값, 끝 값, 간격으로 사용하여 실수 어레이를 리턴한다. arange()는 range()와 달리 정수 뿐 아니라 실수도 생성해준다.

일정한 간격의 수로 구성된 어레이를 얻는다

```
print(np.arange(6))          # [0 1 2 3 4 5]
print(np.arange(1,7))        # [1 2 3 4 5 6]
print(np.arange(1,20,3))     # [ 1  4  7 10 13 16 19]
print(np.arange(1,4,0.5))    # [1.  1.5 2.  2.5 3.  3.5]
```

■ **데이터프레임과 어레이**

앞에서 리스트와 1차원 어레이의 차이를 비교했다. 여기서는 테이블 구조의 데이터를 다루는 데이터프레임과 2차원 어레이의 차이를 알아보겠다. 아래는 도시정보를 담고 있는 데이터프레임을 만드는 코드이다. 데이터프레임을 만들 후에 city 컬럼을 인덱스로 지정하였다.

임의의 도시정보 데이터프레임을 만드는 예

```
import pandas as pd
import numpy as np

x = {'city': ['서울', '부산', '대구', '대전', '광주'],
     'population': [990, 350, 250, 154, 150],
     'temp': [13, 16, 14, 13, 15],
     'cars': [300, 120, 80, 90, 70]}

df = pd.DataFrame(x)
df.set_index('city', inplace=True)
df

# 출력:
```

city	population	temp	cars
서울	990	13	300
부산	350	16	120
대구	250	14	80
대전	154	13	90
광주	150	15	70

위의 데이터프레임 df의 내용은 모두 숫자들로 구성되어 있다. 이 데이터를 대상으로 연산을 쉽게 수행하기 위해서 데이터프레임을 어레이로 바꾸는 것이 필요한 데 이를 위해서는 판다스가 제공하는 values를 사용한다. 아래 코드에서 z는 df로부터 얻은 2차원 어레이가 되며 모두 수치형 항목으로만 구성된 것을 알 수 있다.

데이터프레임을 어레이로 바꾸는 방법

```
z = df.values
print(z.shape)
z

# 출력:

(5, 3)
array([[990,  13, 300],
       [350,  16, 120],
       [250,  14,  80],
       [154,  13,  90],
       [150,  15,  70]])
```

어레이를 얻는데 values라는 키워드를 사용하는 의미는 데이터프레임에서 행과 열의 인덱스를 제거하고 내부의 값(value)만 취하라는 뜻이다. 어레이의 구조, 즉, 행과 열의 수는 어레이의 내부 변수인 shape에 들어있다.

데이터프레임을 일단 어레이로 바꾸면 어레이에는 숫자들만 있고 더 이상 컬럼명이나 행 인덱스가 남아 있지 않다. 만일 컬럼명과 인덱스가 필요하다면 df의 df.columns와 df.index로부터 얻을 수 있다. 아래와 같이 list()를 사용하면 인덱스를 리스트로 바꾸어 사용할 수 있다.

```
list(df.columns)      # ['population', 'temp', 'cars']
list(df.index)        # ['서울', '부산', '대구', '대전', '광주']
```

한편, 어레이를 다시 데이터프레임으로 만들어야 하는 경우가 있다. 일반적으로 데이터를 조작하려면 (샘플 추가, 삭제, 조건에 따른 변경 등) 데이터프레임에서 작업하는 것이 편리하다. 또한 행의 인덱스나 컬럼명을 눈으로 확인하면서 작업을 하려면 데이터프레임에서 작업하는 것이 어레이에서 작업하는 것보다 훨씬 편리하다. 아래는 어레이를 데이터프레임으로 바꾸는 코드이다.

어레이는 바로 데이터프레임으로 바꿀 수 있다.

```
df2 = pd.DataFrame(z)
df2

# 출력:
```

	0	1	2
0	990	13	300
1	350	16	120
2	250	14	80
3	154	13	90
4	150	15	70

위 결과를 보면 인덱스와 컬럼명이 0, 1, 2, .. 등으로 정수형으로 초기화된 것을 알 수 있다. 이를 우리가 알고 있는 원래 데이터프레임 df의 인덱스와 컬럼명으로 지정하면서 데이터프레임을 만들면 편리할 것이다. 아래는 데이터프레임을 만들면서 인덱스와 컬럼명을 지정하는 방법이다.

데이터프레임을 만들면서 인덱스와 컬럼명을 지정

```
df2 = pd.DataFrame(z, index=df.index, columns=df.columns)
df2

# 출력:
```

	population	temp	cars
city			
서울	990	13	300
부산	350	16	120
대구	250	14	80
대전	154	13	90
광주	150	15	70

어레이 다루기

먼저 어레이의 일부만 선택하는 방법을 설명하겠다. 어레이에서 인덱싱을 하면 기본적으로 행 방향의 위치순으로 인덱싱을 한다. 예를 들어 0~3 행을 선택하려면 아래와 같이 수행하면 된다.

어레이의 0~3 사이의 행을 얻기

```
z[:3]

# 출력:
array([[990,  13, 300],
       [350,  16, 120],
       [250,  14,  80]])
```

행의 선택뿐 아니라 열도 일부분을 선택하려면 ','을 사용하여 행과 열을 모두 지정하면 된다. 예를 들어 모든 행에 대해서 컬럼 0과 2만 취하려면 아래와 같이 수행하면 된다. 범위를 선택하기 위해서 ':'를 사용하여 슬라이싱을 할 수 있는데 ':' 하나만 쓰면 전 범위 즉, 처음부터 끝까지를 선택하라는 뜻이다.

모든 행에 대해서, 컬럼 0과 2만 얻기

```
z[:,[0,2]]

# 출력:
array([[990, 300],
```

```
       [350, 120],
       [250,  80],
       [154,  90],
       [150,  70]])
```

■ **어레이 합치기**

두 개 이상의 어레이를 붙이려면 np.concatenate()를 주로 사용한다. 어레이를 합칠 때에는 두 가지 방향이 있는데, 행 방향 (세로 방향)으로 합치는 것은 데이터 샘플이 더해질 때 사용하고, 열 방향(가로 방향)으로 합칠 때에는 컬럼이 더해질 때 사용한다. 세로와 가로 방향을 지정하기 위해서는 axis인자를 사용한다.

아래는 임의이 (4,3) 크기의 어레이 x1과 x2를 arange로 생성하는 코드이다.

임의의 어레이 두개 생성

```
x1 = np.arange(0,12).reshape(4,3)
x2 = np.arange(100,112).reshape(4,3)

x1, x2

# 출력:

(array([[ 0,  1,  2],
        [ 3,  4,  5],
        [ 6,  7,  8],
        [ 9, 10, 11]]),
 array([[100, 101, 102],
        [103, 104, 105],
        [106, 107, 108],
        [109, 110, 111]]))
```

아래는 어레이 x1과 x2를 행 방향으로 붙이는 것을 보였나. 행 방향으로 붙이는 것은 디폴트 동작이며 axis=0 인자를 쓰지 않아도 된나.

디폴트는 행 방향 (세로 방향)으로 붙인다

```
x3 = np.concatenate((x1, x2))
x3

# 출력:

array([[  0,   1,   2],
       [  3,   4,   5],
       [  6,   7,   8],
       [  9,  10,  11],
       [100, 101, 102],
       [103, 104, 105],
       [106, 107, 108],
       [109, 110, 111]])
```

아래는 어레이 x1과 x2를 가로 방향(열 방향)으로 붙이는 것을 보였다. 가로 방향으로 붙이는 것을 지정하려면 axis=1 인자가 필요하다.

컬럼 방향으로 붙이기 (axis=1)

```
x3 = np.concatenate((x1, x2), axis=1)
x3

# 출력:

array([[  0,   1,   2, 100, 101, 102],
       [  3,   4,   5, 103, 104, 105],
       [  6,   7,   8, 106, 107, 108],
       [  9,  10,  11, 109, 110, 111]])
```

■ **어레이 파일 저장과 읽기**

어레이를 csv파일로 저장하고 읽는 방법을 소개하겠다. 앞에서 데이터프레임을 csv 파일로 저장하거나 읽을 때는 판다스가 제공하는 to_csv()나 read_csv() 함수를 사용했었다. 어레이를 csv 파일로 저장하거나 읽을 때는 넘파이가 제공하는 savetxt()와 loadtxt() 함수를 사용하면 된다.

아래는 어레이 x를 savetxt() 함수를 사용하여 big.csv 파일에 저장한 후 open() 문으로 다시 파일을 열고 read() 문으로 내용 전체를 읽어 화면에 출력하는 코드이다.

어레이를 csv 파일로 저장한 후 파일 읽기

```
x = np.arange(48).reshape(6,8)
print(x)
np.savetxt('big.csv', x, fmt='%d', delimiter=',')

with open('big.csv') as f:
    print(f.read())

# 출력:

0,1,2,3,4,5,6,7
8,9,10,11,12,13,14,15
16,17,18,19,20,21,22,23
24,25,26,27,28,29,30,31
32,33,34,35,36,37,38,39
40,41,42,43,44,45,46,47
```

위의 big.csv 파일의 숫자 데이터들을 (데이터프레임이 아니라) 어레이 타입으로 바로 읽으려면 아래와 같이 loadtxt()를 사용하면 된다.

csv 파일의 내용을 어레이로 바로 읽기

```
y = np.loadtxt('big.csv', delimiter=',')
y

# 출력:

array([[ 0.,  1.,  2.,  3.,  4.,  5.,  6.,  7.],
       [ 8.,  9., 10., 11., 12., 13., 14., 15.],
       [16., 17., 18., 19., 20., 21., 22., 23.],
       [24., 25., 26., 27., 28., 29., 30., 31.],
       [32., 33., 34., 35., 36., 37., 38., 39.],
       [40., 41., 42., 43., 44., 45., 46., 47.]])
```

데이터프레임이 데이터 조작에는 사용하기 편리하지만 샘플의 크기가 수 만개 이상으로 커지면 데이터프레임으로 읽고 처리하데 시간이 오래 걸린다. 데이터가 모두 숫자 어레이로 구성된 경우는 굳이 데이터프레임으로 변환하지 않고 어레이를 직접 파일에 저장하거나 파일로부터 어레이로 직접 읽으면 속도를 개선할 수 있다. 어레이를 저장할 때는 csv 포맷을 가장 많이 사용한다.

2.5 함수 사용법

함수(function)란 어떤 작업 내용을 미리 구현해 두고 나중에 이 작업을 반복적으로 쉽게 호출(call)해서 사용하는 기법이다. 프로그램 초보자는 함수를 잘 정의하지 않지만 고수가 될수록 자신이 자주 사용하는 기능을 함수로 만들어 두고 이를 활용하는 방식으로 코딩을 작성한다.

함수 정의법

함수를 정의하려면 def 문을 사용하면서 함수 이름을 정해주어야 한다. 함수를 호출할 때는 인자(argument)를 넘겨주고, 함수 실행 결과는 리턴(return) 값으로 받는다. 즉, 함수를 정의할 때는 함수이름, 인자값 정의, 리턴값 정의, 그리고 함수가 수행할 내용을 정해주어야 한다.

아래는 함수 이름이 double이고 인자로 임의의 숫자를 받으며, 리턴 값은 인자의 두 배를 리턴하는 함수를 정의했고 이의 실행 예를 보였다.

인자로 받은 값의 두 배를 리턴하는 함수 정의

```
def double(x):
    return x*2

double(5)  # 출력은 10
```

함수를 정의하는 def 문은 ':'로 끝나야 하며 ':' 이후의 코드 블록이 함수의 실행 내용이 된다. 코드 블록은 들여쓰기가 동일한 영역으로 구분하며 위의 예에서는 한 줄만 있다. 리턴 값은 return 키워드 다음에 나오는 값이 된다

인자와의 리턴 값이 두 개 이상이어도 되는데 아래는 인자로 (a, b, c) 3개의 숫자를 받으면 (a*100 + b*10 + c)와 (a+b+c) 두 개의 값을 리턴하는 함수 f_1()을 정의하고 사용 예를 보였다.

인자와 리턴값이 둘 이상인 함수 정의

```
def f_1(a,b,c):
    return a*100 + b*10 + c, a+b+c

x, y = f_1(1, 2, 3)
```

```
x, y

# 출력: (123, 6)
```

위에서 함수 호출 인자로 (1, 2, 3)을 주면 리턴값은 두 개의 값 (123, 6)이 튜플로 리턴되며 이 두 값을 각각 x와 y로 받고, 이후 프로그램에서 이 변수들을 사용하면 된다.

■ 디폴트 값을 갖는 인자

함수를 정의할 때 항상 모든 인자값을 쓰는 것이 불편할 때가 있다. 함수의 동작에 기본적으로 필요한 값은 미리 디폴트 값으로 지정해 두고 필수로 입력을 받아야 하는 인자는 디폴트 값을 지정하지 않는 방법이 있다. 디폴트 값을 지정하는 방법은 함수 정의시에 b=2, c=3처럼 인자명에 디폴트 값을 배정하면 된다.

아래에 인자를 3개 받는 함수 f_2()를 정의했는데 b와 c에는 디폴트 값이 배정되어 있고 a는 필수로 입력을 받아야 하는 인자이다. f_2()를 호출하는 여러 가지 경우를 보였고 각각의 출력을 우측에 나타냈다.

일부 인자에 디폴트 값을 지정하는 함수 정의

```
def f_2(a,b=2,c=3):
    return a*100 + b*10 + c

print(f_2(1))           # 123, 반드시 하나 이상의 인자가 필요하며 a로 사용된다
print(f_2(5,8))         # 383, 앞에서부터 차례로 a,b로 사용된다
print(f_2(3,6,9))       # 369, 앞에서부터 차례로 a,b,c로 사용된다
print(f_2(c=4,a=9))     # 924, 순서에 관계없이 인자를 지정할 수 있다
                        # 인자 a는 필수로 지정해야 한다
```

주의할 것은, 디폴트 값이 없는 인자는 필수 입력 인자인데, 필수 입력인자는 인자 목록에서 맨 앞쪽에 배치해야 한다.

파이썬에서 제공하는 많은 라이브러리들은 모두 함수를 호출하는 방식으로 사용된다. 이러한 함수들을 정의할 때 가능하면 많은 인자에 디폴트 값을 배정해두고 있어서 함수 이용자들은 모든 인자 값을 매번 입력하지 않아도 되도록 하고 있다. 즉, 함수의 기본 동작 조건을 미리 만들어

둔 셈이다. 필수로 입력을 해야 할 인자에는 디폴트 값이 배정되어 있지 않으며 인자값을 주지 않으면 오류가 발생한다.

■ lambda와 map

앞에서 함수를 정의하려면 def, return과 같은 키워드를 사용한다고 설명했다. 그런데 아주 간단한 기능을 구현하는 경우에는 편의를 위해서 def나 return 키워드를 사용하지 않는 방법이 있다. 아래와 같이 lambda를 사용하면 간단한 함수를 def나 return 키워드 없이 정의할 수 있다.

아래는 입력값에 10배를 곱한 값을 리턴하는 함수 my_f()를 lambda를 사용해서 한 줄로 정의한 것을 보였다. lambda 문의 ':' 앞에 있는 x가 입력인자로 사용되고, ':' 다음에 나오는 식 (x*10)이 return 값으로 사용된다.

def, return을 사용하지 않는 간단한 함수 정의법

```
my_f = lambda x: x*10

my_f(4)

# 출력: 40
```

lambda 는 파이썬의 map() 함수와 함께 사용하면 더 편리한데, map()은 데이터에 특정 함수를 일괄 적용하는 작업을 수행한다. map()의 첫번째 인자에는 함수를, 두번째 인자에는 이 함수를 적용할 데이터를 넣는다. 데이터로는 리스트, 튜플, 어레이 타입이 모두 사용 가능하다.

아래 코드는 앞에서 정의한 함수명 my_f를 map()의 함수명으로 사용하고 이 함수의 적용 대상이 되는 데이터로 data=[1,2,3,4]를 사용하였다. map() 수행 결과를 list()를 사용해 리스트로 만들면 [10, 20, 30, 40]을 얻는다.

이미 정의된 함수명 my_f를 map()에 사용하는 예

```
data = [1,2,3,4]
y = list(map(my_f, data))
y

# 출력: [10, 20, 30, 40]
```

위의 map() 사용시에 함수명으로 my_f을 사용했는데 함수명을 사용하는 대신에 함수를 정의한 내용을 직접 써도 되며 이때 lambda를 사용하면 된다. 아래의 코드는 위와 동일한 작업을 수행한다.

```
list(map(lambda i: i*10, data)) # 출력: [10, 20, 30, 40]
```

위의 코드를 보면 함수를 구현하면서 def, return 등의 키워드를 사용하지 않았고 심지어 함수명도 사용하지 않은 것을 알 수 있다. 함수 내용만 정의해주었다. 이와 같이 lambda와 map()을 잘 사용하면 파이썬 프로그램을 간결하게 작성할 수 있다.

■ apply

apply() 함수는 데이터프레임의 일부 컬럼들, 또는 시리즈에 대해서 어떤 함수를 일괄 적용(apply)하는데 사용된다. 앞에서 설명한 map()과 유사하게 '데이터'에 어떤 '기능'을 일괄 적용한다는 점은 같은데, map()은 리스트, 튜플, 어레이를 대상으로 함수를 적용하는 것에 비해, apply()는 데이터프레임이나 시리즈를 대상으로 수행한다는 차이가 있다.

apply()를 df.apply(func_name)과 같이 사용하면 데이터프레임 df의 모든 컬럼들에 대해서 (즉, 시리즈 별로 각각) func_name() 함수를 적용한다. 아래에 도시 정보 데이터프레임 df를 만들었다.

데이터프레임 생성

```
x = {'city': ['서울', '부산', '대구', '대전', '광주'],
     'population': [990, 350, 250, 154, 150],
     'temp': [13, 16, 14, 13, 15],
     'cars': [300, 120, 80, 90, 70]}

df = pd.DataFrame(x)
df

# 출력:
```

	city	population	temp	cars
0	서울	990	13	300
1	부산	350	16	120

2	대구	250	14	80
3	대전	154	13	90
4	광주	150	15	70

이 데이터프레임 df의 population과 temp 두 컬럼에 대해서 평균을 구하는 작업을 apply()를 사용해서 구현해 보겠다. 아래의 코드에서는 함수명을 따로 정하지 않고 lambda를 사용해 입력 시리즈별로 평균을 구하는 함수 내용(mean)을 직접 지정했다.

데이터프레임(시리즈)의 평균값 구하기

```
df[['population','temp']].apply(lambda x: x.mean())

# 출력:

population    378.8
temp          14.2
```

만일 한 컬럼(시리즈)에만 함수를 적용하려면 df['temp']과 같이 적용할 컬럼만 지정하면 된다.

CHAPTER

03 데이터 살펴보기

머신러닝 모델의 성능을 높이는데 가장 중요한 요소는 가능한 많은 데이터, 그리고 가능한 다양한 데이터를 사용하는 것이다. 실제 현장에 발생하는 다양한 상황을 반영한 데이터를 많이 확보할수록 모델의 예측이 정확해진다. 경험이 많은 사람의 판단력이 높은 것과 같은 원리이다.

컴퓨터에서 데이터는 파일 형태로 제공된다. 수작업으로 파일을 관리하면 시간도 오래 걸리고 실수를 하기가 쉬우므로 가능한 프로그램이 자동으로 파일을 읽고 처리하도록 해야 한다.

또한 확보한 데이터가 머신러닝에 얼마나 유용한지를 파악하는 것이 필요하다. 데이터의 특성을 시각화 등을 통해 파악하는 과정을 데이터 탐색이라고 한다. 3장에서는 데이터 파일과 폴더를 파이썬으로 다루는 기본기를 배운다. 또한 데이터 탐색과 시각화 기법, 그리고 기본적인 통계 분석 방법을 설명하겠다.

3.1 데이터 다루기

여기서는 파이썬으로 데이터 파일을 다루는 방법을 배운다. 먼저 데이터에는 어떤 유형이 있는지를 살펴보겠다.

데이터 형태

컴퓨터가 다루는 데이터의 형태는 크게 수치데이터, 이미지 데이터, 텍스트 데이터로 나누어진다.

■ 수치 데이터

장비에서 측정한 센서 데이터, 실험 데이터, 생산/매출/재고 데이터 등 데이터 분석에 사용되는 대부분의 데이터는 수치 데이터이다. 수치 데이터의 구조는, 일별 날씨 변화 데이터, 생산량 데이터처럼 1차원으로 구성되는 시계열(time series) 형태와 2차원 테이블 구조의 데이터가 가장 많이 사용된다. 테이블 구조의 데이터를 사용할 때에는 일반적으로 행은 샘플을 구분하고 열(컬럼)은 각 샘플의 특성(feature)을 표현하는 방식을 가장 많이 사용한다. 예를 들어 행은 각 고객을 나타내고 열은 각 고객의 나이, 방문 횟수, 평균 구매량 등으로 각 고객의 특성을 나타내는 구조이다.

이 책에서 다루는 선형모델, 트리모델, 랜덤포레스트, 부스팅 모델 등에서는 입력 데이터 X로 2차원 구조를 사용한다. 딥러닝 모델에서는 입력으로 이미지나 텍스트와 같은 다차원 구조의 입력을 사용하게 되어 최소한 3차원 이상의 데이터 구조를 필요로 한다.

■ 이미지 데이터

이미지 데이터는 사진과 동영상을 말한다. 이미지도 각 픽셀의 밝기가 수치로 표현되므로 크게 보면 수치데이터지만, 가로x세로 이미지 구조가 공간적인 특징을 나타내므로 이미지 분석에서 중요한 역할을 한다. 이미지 데이터를 스캔하여 1차원 데이터로 만들면 공간적 구조 정보가 사라져서 이미지 인식을 할 수가 없다. 또한 각 픽셀이 흑백인지 컬러인지를 구분해야 한다. 동영상은 이미지가 연속된 것이며 초당 몇 장(frame)이 있는지를 정해주어야 한다.

이미지를 보고 어떤 물체인지를 판독하는 이미지 인식, 이미지 내에 여러 물체가 있는 경우 각 객체의 위치를 찾아내는 객체 검출(object detection) 등 이미지 데이터를 대상으로 하는 머신러닝 모델로는 대부분 컨볼류션 신경망(Convolution Neural network, CNN)을 사용한다. CNN 모델은 이미지에서 특정 패턴을 추출하는데 우수한 성능을 낸다. CNN과 같은 신경망 모델을 딥러닝 (Deep Learning) 모델이라고 하는데 딥러닝 모델은 이 책에서 다루지 않는다.

■ 텍스트 데이터

텍스트는 문자열로 구성된 데이터를 말한다. 텍스트 데이터는 언어마다 표현이 다르고, 시대의 변화에 따라 어감도 달라지고, 또한 문장의 앞 뒤 문맥에 따라 의미도 크게 달라져서 그동안 분석이 어려웠었다. 텍스트 분석을 하는 머신러닝 모델은 크게 두 가지로 나눠지는데, 문장에 나타나는 단어의 발생을 보고 문장의 의미를 추정하는 전통적이 방법과, 문장 전체를 한번에 신경망으로 분석하여 문장의 의미를 다차원 벡터로 표현하는 딥러닝 기법이 있다.

앞의 방법은 단순한 감성분석, 스펨메일 검출, 문서 분류 등에 사용되며 구현 방법도 어렵지 않다. 딥러닝 기법에서는 방대한 텍스트를 보고 학습을 하여 거의 사람이 문장을 이해하는 수준으로 자연어 처리가 가능한 수준에 이르렀다. 딥러닝 기반의 자연어 처리에서는 구글사와 오픈 AI 재단에서 만든 트랜스포머(Transformer) 기반의 언어 모델링 기법들이 우수한 성능을 내고 있어 가장 널리 사용되고 있다.

이 책에서는 딥러닝 기반의 텍스트 분석은 다루지 않는다.

파일과 폴더

이 책에서는 수치형 데이터를 다루는 방법만 소개하겠다. 데이터는 모두 파일 형태로 제공되며 파일들이 모여 있는 곳을 디렉토리 또는 폴더라고 한다. 데이터 분석을 하려면 먼저 파일을 자유롭게 다루는 방법을 배워야 한다. 여기서는 파이썬을 이용하여 파일과 폴더를 관리하는 방법을 소개하겠다.

■ csv 파일 생성

데이터를 파일로 저장할 때 csv 형태 파일로 저장하는 경우가 많다. 그런데 csv 파일에는 데이터가 텍스트 형태로 저장된다. 컴퓨터 내부에서는 실수형인 float 또는 정수형인 int 변수를 저장하기 위해서 각 숫자당 64 비트(8 바이트)가 사용된다. 그러나 숫자들을 csv 형식으로 저장할 때는 숫자를 표현하는 문자(즉, 텍스트)로 저장되는 것을 주의해야 한다.

예를 들어 숫자 3을 저장하기 위해서 컴퓨터 메모리는 64 비트(8 바이트)를 사용한다. 그러나 이를 csv 파일로 저장할 때는 '3'이라는 한 글자만 1 바이트로 저장된다. 정수가 아니라 실수를 저장하는 경우는 소수점 몇째 자리까지 표시할지에 따라 다르다. 예를 들어 3.14 라는 숫자는 컴퓨터 내부 메모리에는 하나의 실수(float)로 8 바이트를 차지하지만 csv파일에는 '3.14' 총 4 글자(4 바이트)의 텍스트로 표현된다. 실제로는 마지막에 ','를 포함해야 하므로 총 5글자 (5바이트)를 차지한다.

파이썬에서 csv 형태로 파일을 저장하려면 넘파이가 제공하는 savetxt() 함수를 사용하면 편리하다. 아래는 0~1 사이의 값을 갖는 5개의 랜덤 숫자를 rand() 함수를 이용해서 만들고 이를 test1.csv에 저장한 후 저장된 내용을 읽어보는 코드이다.

랜덤 숫자 x1은 실수 타입이나, test1.csv에는 텍스트 즉, 문자열(str)로 저장된 것을 확인할 수 있다. savetxt()의 옵션 fmt = '%.5f' 의 의미는 소수점 이하 5자리까지만 저장하라는 뜻이다.

0~1 사이의 랜덤 숫자 5개를 만들고 csv 파일에 저장하고 확인하기

```
import numpy as np
x1 = np.random.rand(5)
print(type(x1))                # ndarray 타입

np.savetxt('test_1.csv', x1, delimiter=',', fmt = '%.5f')

with open('test_1.csv') as f:
    contents = f.read()
    print(type(contents))     # str 타입
    print(contents)

# 출력:

<class 'numpy.ndarray'>
<class 'str'>
0.31122
0.11917
0.34666
0.26457
0.23737
```

위의 코드에서 test_1.csv 파일을 open()으로 열 때 f라는 이름으로 오픈하고 파일의 모든 내용을 read()로 읽어서 contents 변수에 저장한 후 이를 화면에 출력한 것이다. 여기서 contents의 데이터 타입을 보면 숫자가 아니라 문자열(str)인 것을 주의해야 한다. 즉, 랜덤 숫자(실수)가 소숫점 5번째까지 표시되는 문자열(str)로 저장되어 있는 것을 알 수 있다. 컴퓨터가 csv 파일을 읽으면 이를 어레이(array) 즉, 숫자 타입으로 자동 변환해서 사용한다.

csv 파일에서 숫자를 텍스트로 저장하는 이유는 어느 컴퓨터에서나 동일하게 읽을 수 있도록 하기 위해서이다. 컴퓨터마다 숫자를 저장하는 방식이 16비트, 32비트, 64비트 등 길이와 포맷이 다르기 때문이다.

위에서 저장된 test1.csv의 파일 크기를 보면 40바이트로 매우 작은 것을 알 수 있다. 5개의 숫자가 각각 7바이트씩 차지하며 각 숫자마다 ','가 붙어 있으므로 총 5x8 = 40 바이트를 차지한다.

아래는 test1.csv 파일을 loadtxt() 함수를 이용하여 어레이로 읽은 후 모든 값에 100을 곱한 값을 구했다. loadtxt()로 읽은 값 x가 자동으로 어레이로 바뀐 것을 확인했다.

csv 파일을 어레이로 읽어서 100을 곱한 값 보기

```
x = np.loadtxt('test_1.csv', delimiter=',')
print(type(x))     # ndarray 타입
print(x*100)

# 출력:

<class 'numpy.ndarray'>
[31.122 11.917 34.666 26.457 23.737]
```

이번에는 0~30 사이의 숫자로 구성된 (6,5) 구조의 2차원 데이터를 만든 후 savetxt()로 csv 파일에 저장하고 내용을 확인하는 코드를 아래에 보였다. savetxt()의 옵션 fmt = '%d'의 의미는 정수형으로 저장하라는 뜻이다(d는 decimal을 뜻한다).

0~30 로 구성된 (5,6) 구조의 어레이를 csv 파일에 저장하기

```
x2 = np.arange(30).reshape(5,6)

np.savetxt('test_2.csv', x2, delimiter=',', fmt = '%d')

with open('test_2.csv') as f:
    contents = f.read()
    print(type(contents))  # str 타입
    print(contents)

# 출력:

<class 'str'>
0,1,2,3,4,5
6,7,8,9,10,11
12,13,14,15,16,17
18,19,20,21,22,23
24,25,26,27,28,29
```

아래는 test_2.csv 파일의 내용을 loadtxt()로 어레이로 읽어 화면에 출력하는 코드이다. csv 파일에는 정수형을 저장했지만 이를 loadtxt()로 읽으면 디폴트로 실수 타입으로 읽는다.

2차원 csv 파일을 어레이로 읽는 예

```
x = np.loadtxt('test_2.csv', delimiter=',')
print(type(x))
print(x)

# 출력:

<class 'numpy.ndarray'>
[[ 0.  1.  2.  3.  4.  5.]
 [ 6.  7.  8.  9. 10. 11.]
 [12. 13. 14. 15. 16. 17.]
 [18. 19. 20. 21. 22. 23.]
 [24. 25. 26. 27. 28. 29.]]
```

■ 일부 데이터만 읽기

주어진 데이터가 너무 크기가 크면 일부만 읽어서 분석에 사용하는 경우가 있다. 예를 들어 우선 동작하는 머신러닝 모델을 만들어보려면 수천 개의 샘플만 사용해도 되기 때문에 처음부터 수만개 이상의 모든 데이터를 처리하느라고 시간을 낭비할 필요가 없다.

일부 데이터만 읽으려면 loadtxt() 호출시에 인자로 max_rows=1000 과 같이 지정하면 상위 1000 행만 읽는다. 또는 상위 20 행은 읽지 않고 건너뛰려면 skiprows=20과 같이 인자를 지정하면 된다. 컬럼에서도 모든 컬럼을 읽지 않고 특정 컬럼들만 읽도록 할 수 있다. 예를 들어 (0,2,4) 컬럼만 읽도록 하려면 usecols=(0,2,4) 옵션을 사용하면 된다.

아래에 일부 행만 읽는 경우, 일부 컬럼만 읽는 경우의 예를 소개했다.

loadtxt()가 제공하는 읽는 옵션

```
print('---- 3개의 행만 읽는다 ----')
x = np.loadtxt('test_2.csv', delimiter=',', max_rows=3)
print(x)

print('\n---- 처음 2개의 행은 읽지 않는다 ----')
x = np.loadtxt('test_2.csv', delimiter=',', skiprows=2)
print(x)
```

```
print('\n---- 컬럼을 (0,2,4)만 읽는다 ----')
x = np.loadtxt('test_2.csv', delimiter=',', usecols=(0,2,4))
print(x)

# 출력:

---- 3개의 행만 읽는다 ----
[[ 0.  1.  2.  3.  4.  5.]
 [ 6.  7.  8.  9. 10. 11.]
 [12. 13. 14. 15. 16. 17.]]

---- 처음 2개의 행은 읽지 않는다 ----
[[12. 13. 14. 15. 16. 17.]
 [18. 19. 20. 21. 22. 23.]
 [24. 25. 26. 27. 28. 29.]]

---- 컬럼을 (0,2,4)만 읽는다 ----
[[ 0.  2.  4.]
 [ 6.  8. 10.]
 [12. 14. 16.]
 [18. 20. 22.]
 [24. 26. 28.]]
```

■ 데이터프레임으로 읽기

csv 형식으로 저장된 2차원 어레이 데이터를 데이터프레임으로 읽으려면 판다스가 제공하는 read_csv()를 사용하면 된다. 아래의 코드에서 header=None 옵션을 사용하는 이유는 첫 행부터 데이터가 들어 있다는 것을 알려주기 위한 것이다. 즉, 첫 행에 컬럼명이 있는 헤더 라인이 없다는 것을 명시한 것이다. read_csv() 함수는 디폴트로 첫 행을 컬럼명이 들어 있는 행으로 간주한다.

2차원 어레이를 데이터프레임으로 읽기

```
df = pd.read_csv('test_2.csv', header=None)
df

# 출력:
```

	0	1	2	3	4	5
0	0.0	1.0	2.0	3.0	4.0	5.0
1	6.0	7.0	8.0	9.0	10.0	11.0
2	12.0	13.0	14.0	15.0	16.0	17.0
3	18.0	19.0	20.0	21.0	22.0	23.0
4	24.0	25.0	26.0	27.0	28.0	29.0

read_csv() 함수 호출시에도 특정한 범위의 행만 읽거나 특정한 컬럼만 읽어 데이터프레임으로 만들 수 있는데 이때는 read_csv() 함수에 다음과 같은 옵션을 사용하면 된다.

```
nrows = 1000            # 상위 1000줄만 읽기
skiprows = 3            # 처음 3행 건너뛰기
skipfooter = 1000       # 맨 뒤의 1000행은 읽지 않기
usecols = (0,2,4)       # 해당 컬럼만 읽기
```

아래는 test_2.csv에서 상위 3행만 읽어서 데이터프레임을 만드는 예이다.

```
# 일부 행만 읽기 nrows 사용 (3줄 읽기)

df2 = pd.read_csv('test_2.csv', nrows=3, header=None)
df2

# 출력:
```

	0	1	2	3	4	5
0	0	1	2	3	4	5
1	6	7	8	9	10	11
2	12	13	14	15	16	17

■ zip 파일 다루기

파이썬 프로그램으로 파일을 zip 포맷으로 압축하거나, zip 파일의 압축을 풀 수 있다. 이를 위해서 zipfile 모듈이 제공하는 ZipFile 객체를 이용하면 된다. 위에서 만든 test_1.csv와 test_2.csv 파일을 output.zip 이라는 이름의 파일로 압축하고 다시 output.zip 압축 파일을 푸는 코드는 아래와 같다.

zip 파일로 압축하기

```
import zipfile
with zipfile.ZipFile('output.zip', 'w') as z:
    z.write('test_1.csv')
    z.write('test_2.csv')

# zip 파일에 포함된 파일명 보기와 압출 풀기

with zipfile.ZipFile('output.zip', 'r') as z:
    print(z.namelist())
    z.extractall()
```

위에서 ZipFile 객체가 제공하는 namelist() 함수는 압축되어 있는 파일의 이름들을 리턴해준다.

폴더 다루기

현재 작업중인 폴더의 경로를 알려면 os 모듈이 제공하는 getcwd() 함수를 다음과 같이 사용하면 된다. getcwd() 함수명에서 cwd는 current working directory의 의미이다.

현재 작업중인 폴더 경로 보기

```
import os
cwd = os.getcwd()
print(cwd)

# 출력:

/Users/hwa-kim/Dropbox/lab/book12
```

현재 작업 폴더에 새로운 하위 폴더를 만드는 방법을 소개하겠다. 먼저 특정 이름의 폴더가 없는지를 확인하고, 폴더가 없으면 새로운 폴더를 만든다. 이를 위해서 아래와 같이 path.exists()로 폴더가 존재하는지를 확인하고 없으면 mkdir() 함수를 이용해서 새로운 폴더를 만든다. 만일 폴더가 있었다면 아무 작업도 하지 않는다. 아래 코드는 현재 폴더 아래에 data_tmp라는 폴더를 만들었다.

특정 폴더가 없으면 새로 만들기

```
if not os.path.exists('./data_tmp'):
    os.mkdir('./data_tmp')
```

위에서 경로를 지정하는데 './data_tmp'를 사용했다. 여기서 '.'은 현재 폴더 위치를 지칭한다. os.path.exists('./data_tmp')는 현재폴더의 하위에 data_tmp라는 이름의 파일 또는 폴더가 있는지를 확인하는 것이다.

데이터분석을 하면서 파일을 다룰 때는 대부분 매뉴얼로 즉, 사람이 수동으로 작업을 하는 경우가 많다. 만일 다루어야 할 파일이 수십 개라면 사람이 수동으로 작업을 해도 문제가 없다. 그런데 수백 개 이상의 파일을 수시로 옮기거나, 지우거나, 합치거나 하는 작업은 매뉴얼로 처리할 수는 없다. 가능하면 파이썬 프로그램으로 파일을 다루어야 한다.

■ **다양한 파일 관리**

파일을 프로그램으로 다룰 때에는 좀 더 신중해야 한다. 잘못하면 파일을 지우거나, 중복해서 엎어쓸 수 있기 때문이다. 여기서는 기본적인 파일 작업을 소개하고 자세한 내용은 검색을 통해서 추가 옵션 등을 자세히 확인하기 바란다.

먼저 현재 폴더에 있는 파일중에 'b2_'로 시작하는 파일들만 찾아서 위에서 만든 'data_tmp' 폴더에 옮기는 작업을 수행해 보겠다. 현재 폴더 내의 파일 목록은 아래와 같이 glob 모듈이 제공하는 glob() 함수를 사용하면 된다. 아래에서는 glob()의 인자로 'b2*'를 사용하여 b2로 시작하는 모든 파일명의 리스트를 얻었다. 결과 파일명 리스트 f_list를 알파벳 순으로 소팅한 결과를 보면 아래와 같다.

현재 폴더의 파일 목록 얻기

```
from glob import glob
f_list = glob('b2*')
sorted(f_list)

# 출력:

['b21_Jupyter.ipynb',
 'b22_Python.ipynb',
 'b23_Pandas_Groupby.ipynb',
 'b24_numpy.ipynb',
 'b25_Function.ipynb']
```

f_list 리스트에 들어 있는 파일들을 data_tmp 폴더로 복사하기 위해서 shutil 모듈이 제공하는 copy2() 함수를 사용하겠다. copy2()의 첫 번째 인자에는 복사할 파일명을 쓰고, 두 번째 인자에는 저장할 폴더명을 쓰면 된다. 파일 복사를 수행한 후에는 작업 폴더 위치를 data_tmp로 이동하여 어떤 파일들이 있는지 전체 파일 목록을 출력한다. 작업 폴더를 다른 곳으로 이동할 때는 chdir()를 사용한다(change directory의 의미임). glob()의 인자로 '*'를 사용하면 모든 파일의 목록을 얻는다.

f_list의 파일 복사후 작업 폴더를 이동하여 복사 확인하기

```
import shutil
for file in f_list:
    shutil.copy2(file, './data_tmp')

os.chdir('./data_tmp')
print(os.getcwd())
glob('*')

# 출력:

/Users/hwa-kim/Dropbox/lab/book12/data_tmp

['b22_Python.ipynb',
 'b21_Jupyter.ipynb',
 'b24_numpy.ipynb',
```

```
'b25_Function.ipynb',
'b23_Pandas_Groupby.ipynb']
```

위의 결과를 보면 현재 작업 폴더가 data_tmp인 것을 알 수 있고 b2로 시작하는 파일들이 복사되어 있는 것을 확인할 수 있다.

data_tmp 폴더에서 다시 처음 작업하던 상위 폴더로 이동하려면 아래와 같이 cwd를 인자로 하여 chdir()를 호출하면 된다.

처음의 폴더로 이동하고 확인하기

```
os.chdir(cwd)
print(os.getcwd())

# 출력: /Users/hwa-kim/Dropbox/lab/book12
```

위의 경우는, 바로 상위의 폴더('..')로 이동하라는 명령인 os.chdir('..')를 os.chdir(cwd) 대신 사용해도 된다.

파이썬은 파일이나 폴더의 생성, 이동, 변경, 삭제 등을 처리하는 매우 다양한 기능을 제공한다. 자세한 내용은 os 패키지와 shutil 패키지의 함수들을 참조하기 바란다(shutil은 shell utility의 약자로 shell은 운영체제에 직접 명령을 내리는 명령문 실행 환경을 의미한다).

3.2 데이터 탐색과 시각화

데이터 탐색이란 머신러닝 모델 구축 등 본격적인 데이터 분석을 수행하기에 앞서, 확보한 데이터의 전체적인 특성을 살펴보는 것을 말한다. 또한 수집한 데이터가 분석 목적에 적절한지, 얼마나 유용할지를 알아보는 과정이다.

데이터 탐색만으로도 데이터에 대한 많은 정보를 얻을 수 있으며 이 과정도 데이터 분석이라고 보는 관점도 있다. 이렇게 탐색만으로 데이터의 전체적인 특성을 파악하는 것을 탐색적 데이터 분석(exploratory data analysis: EDA)이라고 부른다.

데이터 탐색에는 시각화 기술이 기본적으로 사용된다. 시각화는 데이터 탐색에도 사용되지만, 데이터 분석을 수행한 이후에 분석 결과가 얼마나 의미가 있는지를 보여주는 데에도 사용된다. 즉, 실험 결과를 그래프로 보는 것과 같다. 시각화의 목적은 크게 다음과 같이 나누어진다.

- 데이터 분석 전 - 데이터의 전체적인 특성 파악
- 데이터 분석 후 - 분석 결과가 의미 있는지 파악

시각화에 사용되는 그래프의 종류는 매우 많다. 그러나 가장 널리 사용되는 그래프는 플롯, 히스토그램, 스캐터 플롯, 박스플롯, 바차트(막대 그래프) 등이다. 여기서는 시각화에 자주 사용되는 그래프의 기본적인 사용법을 알아보겠다.

■ 플롯

플롯(plot)은 2차원 공간의 좌표값들을 직선으로 연결하는 함수이다. 플롯은 시간에 따른 값의 변화, 생산량 변화, 데이터의 일부 샘플 보기 등에 사용된다.

plot() 함수는 matplotlib 패키지가 제공하는 pyplot 객체가 제공하므로 이를 import해야 한다. matplotlib.pyplot 객체의 긴 이름을 줄여서 plt로 약칭해서 사용하겠다.

아래는 numpy 패키지의 random 모듈이 제공하는 랜덤 숫자 발생 함수 rand()를 사용하여 0~1 사이의 랜덤 숫자를 30개 생성하고 이들을 선으로 연결하는 코드이다. x에는 0~30 사이의 정수가 들어가 있고, y에는 0~1 사이의 랜덤 숫자가 30개 들어있다. 이 30개의 x, y 값을 (x, y) 좌표로 보고 연결하는 것이 plot()이 수행하는 작업이다.

0~1사이의 랜덤 숫자 30개를 선으로 연결하기 (plot)

```
import numpy as np
import matplotlib.pyplot as plt

N = 30
x = range(N)
y = np.random.rand(N)
plt.plot(x, y)

# 출력:
```

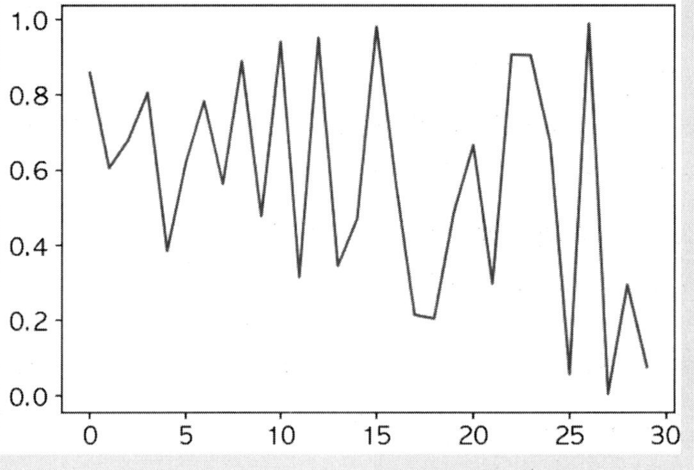

plot()을 실행하면 기본적으로 파란색의 실선을 사용하여 점들을 연결한다. 선의 색을 검정색으로 바꾸고, 점선으로 그리며, (x, y) 위치의 점을 원형 마커로 표시하는 방법을 아래에 소개했다.

검정색, 점선, 마커 표시하기

```
plt.plot(y,'--', c='k', marker='o')

# 출력:
```

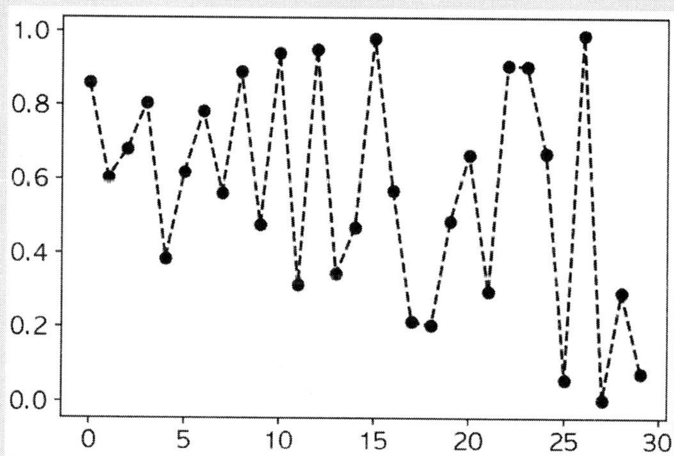

위에서는 마커로 큰 원형 점을 사용하도록 했는데 마커로 별표, 삼각형 등 수십 가지 모양을 선택할 수 있다. 인터넷에서 'python marker'를 검색하면 사용할 수 있는 마커의 종류를 찾아 볼 수 있다.

■ **히스토그램**

hist() 함수는 데이터의 히스토그램, 즉 발생 빈도수를 보여준다. 아래는 정규 분포를 따르는 랜덤 숫자 10000개를 생성하고 이의 발생빈도를 그린 것이다. hist() 함수의 인자 bins는 몇 개의 칸(bin)으로 데이터 값의 구간을 나눌 것인지를 정하는 옵션이고 (아래는 25개로 정함), rwidth는 막대 그래프의 폭의 비율 조정한다.

정규분포(0,1)를 갖는 랜덤 숫자의 확률분포 보기

```
N = 10000
x = np.random.randn(N)
plt.hist(x, bins=25, rwidth=0.5)
plt.show()

# 출력:
```

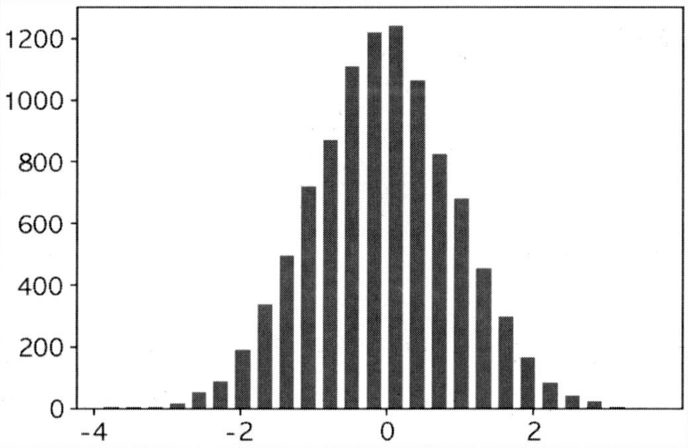

■ 스캐터 플롯

scatter() 함수를 사용하면 두 변수의 관계를 산포도(scatter plot)로 그려준다. 아래는 0~1사이의 랜덤 숫자 30개를 두 세트 만들고 이를 각각 x, y 좌표로 사용하여 산포도를 그린 것이다. 두 변수의 관계를 파악하는데 산포도는 가장 유용한 시각화 도구이다.

0~1사이의 랜덤 숫자 30개를 두 세트 만들어 산포도 그리기

```
N = 30
x = np.random.rand(N)
y = np.random.rand(N)
plt.figure(figsize=(5,5))
plt.scatter(x,y,c='k')
plt.show()
```

\# 출력:

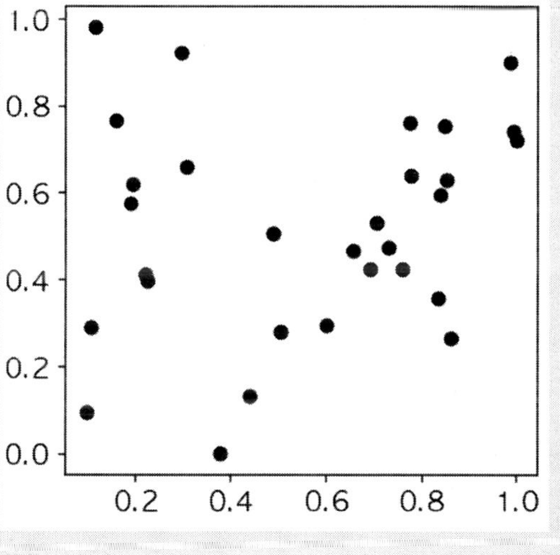

■ 박스 플롯

여러 수치형 데이터들의 분포를 한눈에 파악할 때 박스 플롯이 편리하다. 아래는 키의 분포가 평균이 170cm이고 표준편차가 4cm이고, 몸무게의 분포가 평균 65kg이고 표준편차가 5kg가 되도록 임의로 200명의 샘플을 만들고 박스 플롯으로 그린 것이다. 박스플롯은 boxplot() 함수를 이용하여 그린다.

키(170,4)와 몸무게(65,5)를 박스플롯으로 그리기

```
N=200
x = np.random.randn(N)*4 + 170
y = np.random.randn(N)*5 + 65
plt.boxplot([x,y], labels=['키', '몸무게'])
plt.show()

# 출력:
```

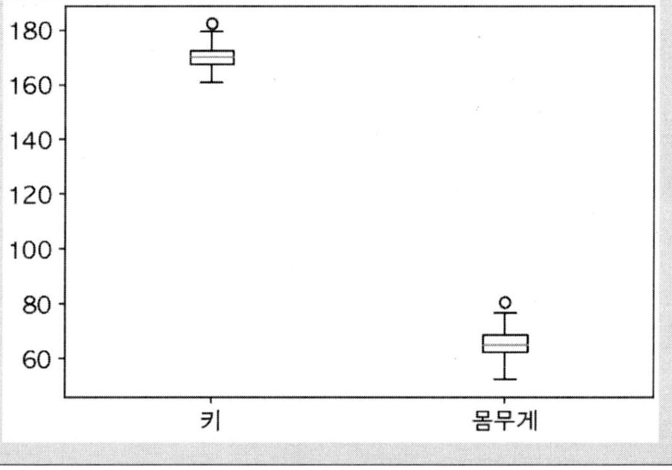

박스 플롯에서 가로방향 실선의 의미는 위에서부터 최대치, 3사분위 값(75%), 평균값, 1사분위 값(25%), 그리고 최소치를 나타낸다. 3사분위 값과 1사분위 값의 차이를 IQR(InterQuartile Range)이라고 부른다. 최대치는 3사분위 값 보다 1.5xIQR 이상 더 큰 값으로, 최소치는 1사분위 값보다 1.5xIQR 이상 더 작은 값으로 정한다. 최대치보다 크거나 최소치보다 작은 값은 이상치(outlier)로 취급하며 'o'으로 표시해준다.

그런데 박스 플롯이 기본적으로 표시해주는 이상치는 이상치를 찾는 한 가지 방법일 뿐이며 이상치의 정의는 각 데이터 분석 목적에 따라서 다르게 정의될 수 있다. 예를 들면 표준편차(시그마)를 기준으로 3 시그마 이상 떨어진 데이터를 이상치로 처리할 수도 있다.

■ **바플롯**

수치들의 량을 표시하고 상대적인 비교를 하는데 막대(bar) 그래프가 널리 사용된다. 아래는 0~1 사이의 랜덤 숫자 10개를 생성하고 막대 그래프로 그린 것이다.

수직 막대 그래프(bar) 그리기

```
N = 10
x = range(N)
y = np.random.rand(N)
plt.bar(x, y, width=0.5)

# 출력:
```

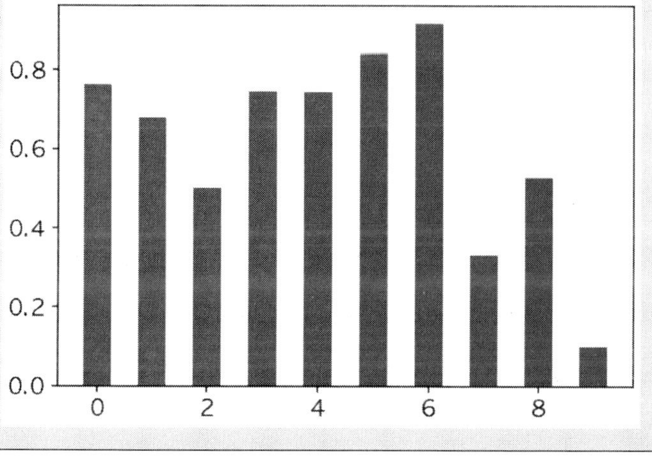

막대 그래프를 수평 방향으로 그리려면 barh() 함수를 사용하면 된다.

수평 막대 그래프(horizontal bar) 그리기

```
plt.barh(x, y)

# 출력:
```

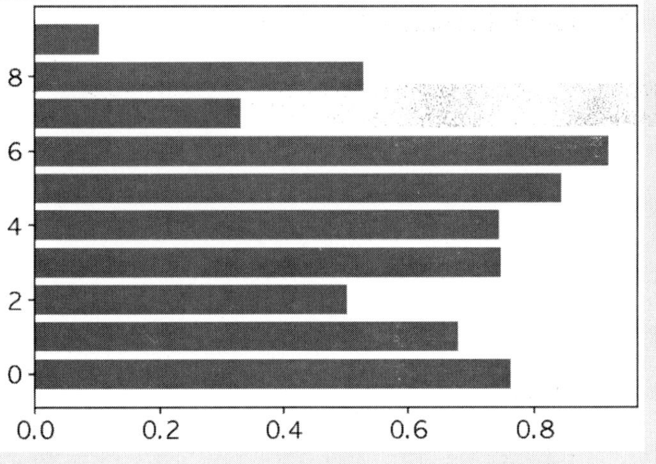

데이터프레임 시각화

앞에서 소개한 시각화 프로그램에서 입력으로 사용한 x, y 등은 모두 어레이(nrarray) 타입이었다. 즉, plot(), hist() 등의 함수 인자로 어레이를 입력해서 그래프를 그렸다.

파이썬은 데이터프레임을 바로 그래프를 그리는 편리한 기능을 제공한다. 아래는 도시 인구와 20년간 인구증가분을 임의로 만든 데이터프레임 df를 만드는 코드이다.

인구, 인구증가분 데이터프레임 만들기

```
x = {'city': ['서울', '부산', '대구', '대전', '광주','인천', '울산'],
        '인구': [990, 350, 250, 154, 150, 290, 120],
        '20년증가': [188, 53, 40, 38, 23, 62, 21]}

df = pd.DataFrame(x)
df

# 출력:
```

	city	인구	20년증가
0	서울	990	188
1	부산	350	53
2	대구	250	40
3	대전	154	38
4	광주	150	23
5	인천	290	62
6	울산	120	21

데이터프레임에 들어 있는 모든 수치형 데이터를 한번에 그래프로 그리려면 아래와 같이 (matplotlib가 아니라) 데이터프레임이 제공하는 함수 plot()을 바로 호출하면 된다.

데이터프레임에 있는 모든 수치형 데이터를 그리기

```
df.plot(marker='o')

# 출력:
```

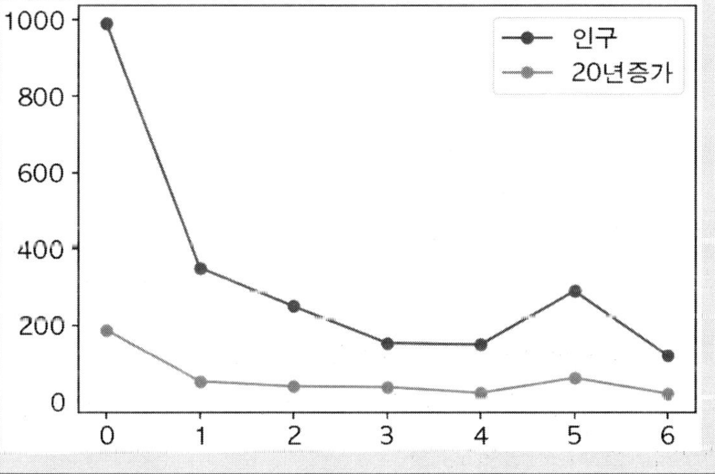

위 결과를 보면 데이터프레임 df 중에 수치형 데이터인 '인구'와 '20년증가' 컬럼만 그래프로 그리고 'city' 컬럼은 제외된 것을 알 수 있다. 또한 컬럼명을 사용하여 자동으로 색인(legend)도 만

들었다.

위의 그래프에는 x축에 0,1,2 등 데이터프레임의 인덱스가 표시되는데 이를 도시명을 바꾸어 표시할 수 있다. plot() 함수는 axes 타입의 객체를 리턴하는데 이 객체는 현재 그리는 그림을 가리키는 객체이다. 아래 코드에서는 axes 객체가 제공하는 set_xticks() 함수로 글자를 쓸 위치(xtick)를 정한 다음에 set_xticklabels()를 사용하여 city 컬럼의 내용을 xtick으로 사용하였다. 또한 y축 라벨을 표시하기 위해서 ylabel() 함수를 사용했다.

x축, y축 레이블 만들기

```
ax = df.plot(marker='o')
ax.set_xticks(df.index)
ax.set_xticklabels(df.city)
plt.ylabel('인구(만명)')
plt.show()

# 출력:
```

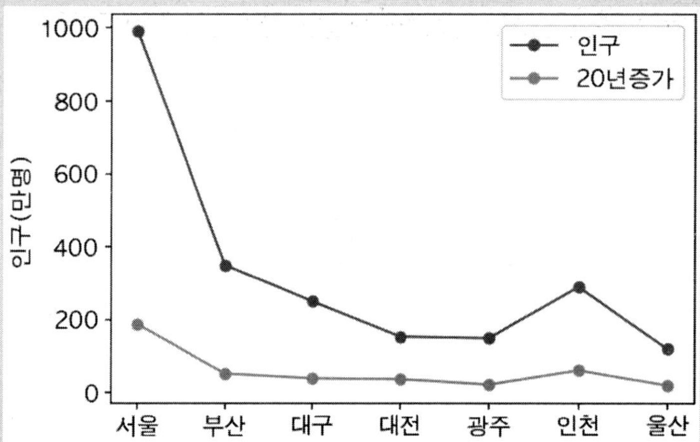

참고로 y축 라벨을 지정하기 위해서 plt.ylabel('인구(만명)')를 사용할 수도 있고 ax.set_ylabel('인구(만명)')를 호출해도 동일한 작업을 한다. 파이썬에서는 그림을 그리는데 다양한 방법을 제공하므로 본인의 취향에 맞는 방법을 사용하면 된다.

데이터프레임의 모든 컬럼을 그리지 않고 일부 컬럼만 그리려면 원하는 컬럼을 먼저 리스트로 선택하면 된다. 아래에서는 '인구' 컬럼만 선택하여 그렸다. 그래프에 제목을 붙이려면 title()을 사용하며 제목과 폰트 크기를 조절할 수 있다.

일부 컬럼만 그리기

```
plt.figure()
ax = df['인구'].plot(c='k',marker='o')
ax.set_xticks(df.index)
ax.set_xticklabels(df.city)
plt.title('도시별 인구수', fontsize=20)
plt.xlabel('도시명')
plt.ylabel('인구(만명)')
plt.show()

# 출력:
```

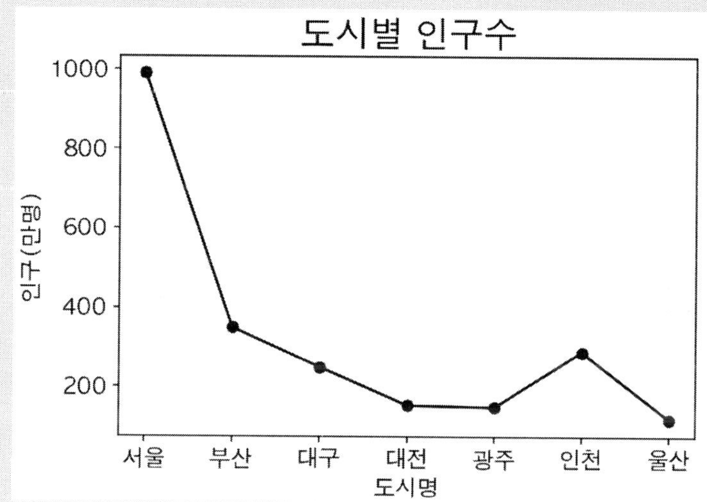

데이터프레임에 있는 수치형 데이터를 박스플롯으로 그리려면 아래와 같이 boxplot()을 사용하면 된다.

데이터프레임에 있는 모든 수치형 데이터를 박스플롯으로 그리기

```
df.boxplot()
plt.ylabel('인구(만명)')

# 출력:
```

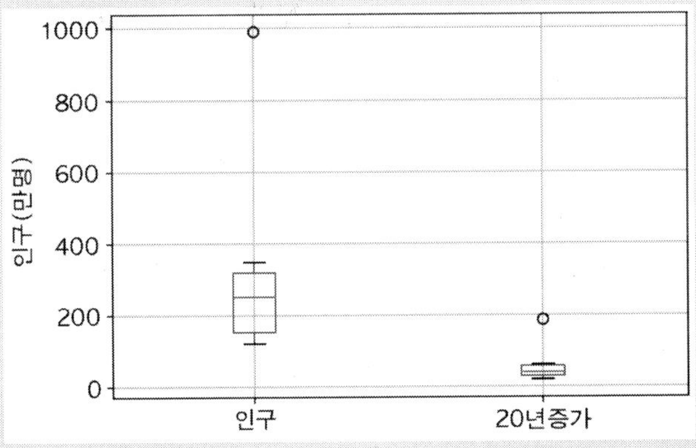

■ plot()을 사용한 시각화

그래프를 그리는 일반 함수인 plot()을 사용하면서 kind 옵션을 지정하여 다양한 종류의 그래프를 그리는 방법이 있다. 아래는 막대그래프를 그리는 다른 방법으로 plot(kind='bar')를 사용하는 예를 보였다.

plot()에서 kind 사용하기 (수직 막대그래프)

```
ax = df.plot(kind='bar')
ax.set_xticks(df.index)
ax.set_xticklabels(df.city)
plt.ylabel('인구(만명)')
plt.show()
```

```
# 출력:
```

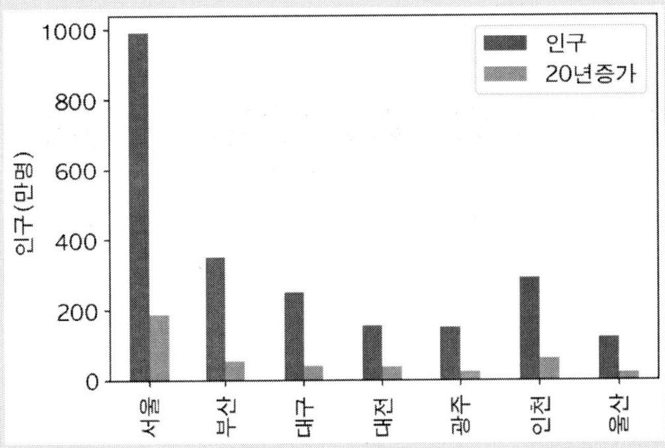

아래는 plot()에서 kind='barh'를 사용하여 수평 막대그래프를 그린 예이다. 여기서 옵션으로 stacked=True를 지정하면 쌓은 막대 그래프를 그린다.

plot()에서 kind 사용하기 (수평, 누적 막대그래프)

```
ax = df.plot(kind='barh', stacked=True)
ax.set_yticks(df.index)
ax.set_yticklabels(df.city)
plt.xlabel('인구(만명)')
plt.show()

# 출력:
```

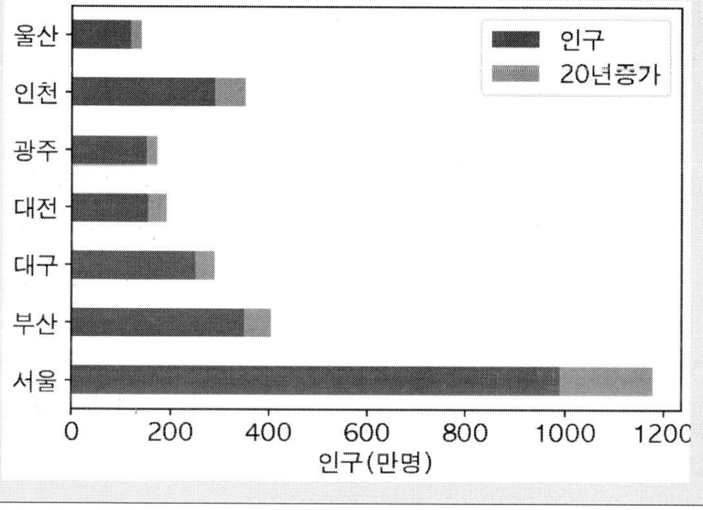

아래는 plot()에서 kind='area' 옵션을 사용하여 면적그래프를 그린 예이다. 면적 위에 다른 면적을 쌓아서 그리려면 stacked=True 옵션을 사용하고 면적그래프를 겹쳐서 그리려면 옵션으로 stacked=False를 선택한다. alpha는 그래프의 투명도를 지정한다.

plot()에서 kind 사용하기 (면적그래프)

```
ax = df.plot(kind='area', stacked=False, alpha=0.5)
ax.set_xticks(df.index)
ax.set_xticklabels(df.city)
plt.ylabel('인구(만명)')
plt.show()
```

```
# 출력:
```

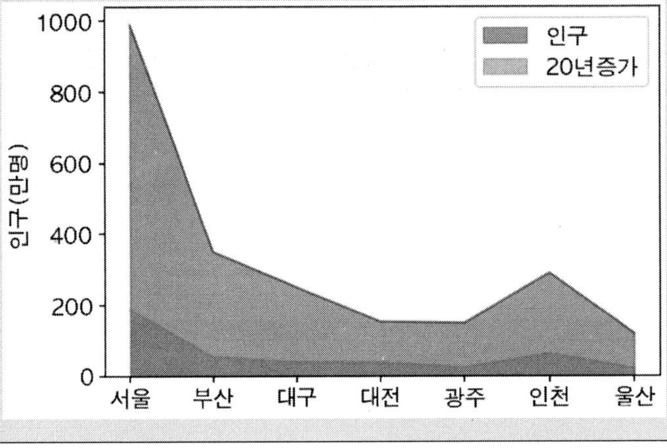

■ **임의의 x-y 관계 그리기**

x와 y의 관계가 임의의 수식으로 주어졌을 때 이를 그래프로 그리는 방법을 소개하겠다. 먼저 그래프를 그릴 x 좌표값의 범위를 등간격으로 샘플링하는 것이 필요하다. 예를 들어 0~10 사이를 20개의 등간격으로 나누려면 아래와 같이 넘파이가 제공하는 linspace() 함수를 사용하면 된다.

두 숫자 사이를 등간격으로 나눈 값 얻기

```
xs=np.linspace(0,10,21)
print(xs)

# 출력:
[ 0.   0.5  1.   1.5  2.   2.5  3.   3.5  4.   4.5  5.   5.5  6.
  6.5  7.   7.5  8.   8.5  9.   9.5 10. ]
```

위의 결과를 보면 양 끝점을 포함해서 0~10 사이를 21개의 점으로 나누어 0., 0.5, 0.1, ... , 10. 등의 샘플을 얻었다. 이제 이 샘플값에 해당하는 y 값들을 계산하여 plot(x, y) 로 점들을 연결하면 원하는 그래프를 그릴 수 있다.

아래는 y = 5*x -1의 수식과 y = x**2 의 수식을 그래프로 그리는 것을 보였다. plot()에서 'k--' 옵션은 검정색 점선으로 그리라는 것을 지정한다.

임의의 x-y 관계식을 그래프로 그리기

```
plt.plot(xs, 5*xs-1, c='r') # y = 5 * x - 1
plt.plot(xs, xs**2, 'k--')  # y = x^2
```

\# 출력:

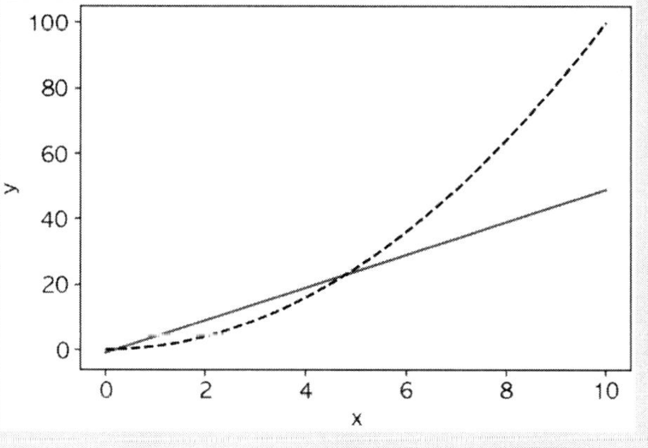

3.3 통계 분석과 머신러닝

통계학(statistics)의 목적은 데이터로부터 의미 있는 결과를 얻는 것이다. 머신러닝도 데이터로부터 의미 있는 결과를 얻는 것이므로 통계 분석과 머신러닝은 같은 것이 아닌가 하는 질문을 할 수 있다. 통계 분석과 머신러닝의 목적은 같지만 이들을 구현하고 이용하는 방법에는 큰 차이가 있다.

여기서는 통계 분석과 머신러닝의 차이에 대해서 알아보겠다.

통계 분석의 특징

통계 분석의 기본적인 목적은 전체 데이터(이를 모집단이라고 한다)를 가지고 있지 않을 때 일부 샘플 데이터만 보고 모집단의 성격을 추정하는 것이다. 선거 결과를 예측하거나 신약개발에서 약효를 예측할 때 통계 분석이 필요하다. 통계 분석은 과학이므로 논리적으로 설명이 가능한 또는 수학적으로 증명이 가능한 범위를 다룬다. 따라서 어떤 값을 예측할 때 가설, 오차범위, 신뢰구간 등을 고려하는 것이 특징이다.

이에 비해 머신러닝 모델에서는 논리적이거나 수학적인 설명을 요구하는 것이 아니라 성능이 우수한 예측 모델을 소프트웨어로 만드는 것을 중요시한다. 머신러닝에서는 가설, 오차범위, 신뢰구간 등을 따지지 않는다.

데이터 분석의 목적에 따라 통계 분석이 더 필요한 경우가 있고, 머신러닝으로 모델을 만드는 것이 필요한 경우가 있다. 여기서는 통계 분석의 범위를 간단히 살펴보겠다.

통계 유형

통계 분석의 유형은 크게 기술 통계, 추정, 가설 검정 등 세 가지 영역으로 나눌 수 있다.

■ 기술 통계

데이터의 특성을 파악하고 설명하는 것이 목적인 통계 분석을 기술(descriptive) 통계라고 한다. 데이터를 보고 데이터를 생성한 시스템의 상태 등을 설명하는 것을 말한다.

기술 통계는 데이터의 기초 통계값을 계산하는 것에서 출발한다. 단변수의 대표적인 기초 통계값에는 평균, 표준편차, 중앙값, 최대값, 최소값 등이 있으며, 파이썬에서는 이들을 각각

mean(), std(), median(), max(), min() 함수로 계산할 수 있다. 이 함수들을 어레이나 시리즈에 적용하면 된다. 두 개 변수의 관계를 파악할 때는 상관계수를 주로 보며 corr() 함수로 계산할 수 있다.

■ 추정

샘플(표본) 데이터를 보고 모집단(전체 데이터)의 특성을 예측하는 것을 추정(estimation)이라고 한다. 추정에는 평균, 표준편차 등 단변수 값을 추정하는 점추정과, 신뢰구간을 추정하는 구간 추정이 있다.

■ 가설 검정

데이터를 보고, 주장하고자 하는 가설(hypothsis)이 맞는지를 검정(testing)하는 것을 말한다. 예를 들어 새로운 약을 개발했는데 이 약이 정말 효과가 있는지 아니면 실제로는 효과는 거의 없는데 약이 좋을 것이라고 믿는 플라시보 효과로 우연히 효과가 있는 것처럼 보인 것인지 등을 데이터를 보고 검증하는 것을 말한다.

검정의 기본적인 접근 방법은 다음과 같다. 검증하고자 하는 가설(이를 대립(alternative) 가설이라고 한다)이 맞다는 것을 직접 확인할 방법이 없으므로 간접적인 방법을 사용한다. 먼저 대립 가설이 틀리다는 가설 즉, 신약이 아무 효과가 없다는 가설(이를 영(null)가설이라고 한다)을 설정한 후 주어진 샘플 데이터를 보고 영가설이 맞다고 보기에는(즉, 약효가 없다고 보기에는) 확률이 얼마나 작은지를 확인한다. 이 확률이 너무 작으면 (보통 0.05 이하) 영가설이 틀리다고 판단한다. 즉, 약효가 없다고 하기는 어렵다고 판단하여, 약효가 있다고 하는 대립 가설이 맞다고 결정한다.

파이썬에서는 가설 검증을 수행하기 위해서 ttest_ind() 함수를 제공한다.

검정의 다른 예로 A/B 테스트가 있다. 예를 들어 상품을 판매하는 방식이 A, B 두 가지가 있는데 두 가지 방식의 매출 결과를 보고 판매 방식의 차이가 매출의 차이와 관계가 있는지 아닌지를 확인(검정)하는 것을 A/B 테스트라고 한다.

A/B 테스트는 독립성 검정(test for independence)이라고 하는데, 두 개의 사건(예를 들면 판매방법)에서 얻은 샘플이 서로 독립적인지(무관한지) 아닌지를 검정하는 것을 말한다. 즉, 판매방식 A와 B가 정말 매출에 차이를 준다고 판단할지 아니면 별 차이가 없고 우연히 조금 차이가 난 것이라고 해야 할지를 판단하는 것이다.

파이썬에서는 독립성 검증을 위해서 chi2_contingency() 함수를 제공한다.

참고로 검정은 수학적인 증명(proof)은 아니며 의사결정을 위한 근거를 제시하는 것이다.

심슨 패러독스

통계 분석은 해석 방법에 따라 같은 데이터에 대해서도 매우 다른 결과를 얻기도 한다. 예를 들어 두 회사가 각각 자사 제품의 불량률이 더 낮다고 주장한 예를 보자. A사와 B사가 서울과 춘천에서 판매한 전체 제품 1100개를 조사해보니, A사 제품의 불량률은 3%, B사의 불량률은 8%였다. 즉, A사 제품의 불량률이 전체적으로 낮았다. A사는 이를 대대적으로 홍보했다. 두 회사의 불량률 데이터를 아래 표에 비교했다.

▼ 표 3-1 두 도시에서 A사와 B사의 불량률 비교와 전체 불량률 비교

도시	A 사	B 사
서울	판매량 90, 불량품 10 (불량률 = 10/100 = 10%)	판매량 920, 불량품 80 (불량률 = 80/1000 = 8%)
춘천	판매량 980, 불량품 20 (불량률 = 20/1000 = 2%)	판매량 99, 불량품 1 (불량률 = 1/100 = 1%)
	A사 총 불량률 30/1100= 3%	B사 총 불량률 81/1100 = 8%

그런데, 같은 데이터를 가지고 B사에서 다시 분석을 해보았는데, 서울과 춘천에서의 통계를 나누어서 각각의 통계치를 보았다. 서울에서의 불량률이 A사가 10%, B사는 8%로 B사의 실적이 더 좋았고, 춘천에서도 A사의 불량률은 2%, B사의 불량률은 1%로 B사의 실적이 역시 좋았다.

즉, 서울과 춘천 두 도시에서 모두 B사가 앞섰으니 B사의 제품이 우수하다고 볼 수 있고 이를 홍보했다. 이들은 모두 같은 데이터를 가지고 분석을 했는데 어떻게 정 반대의 결과를 얻었을까?

이렇게 언뜻 이해가 잘 되지 않는 결과를 얻게 된 원인은 A사는 춘천에서 제품을 많이 팔았고 (1000개) B사는 서울에서 물건을 더 많이 팔았기 때문이다. 그리고 제품을 많이 판매한 곳의 불량률이 각각 2%와 8%로 큰 차이가 났기 때문에 전체적으로 이것이 결정적인 영향을 준 것이다.

각자의 주장에 틀린 점은 없다. 단지 데이터의 해석 방법이 달랐을 뿐이다.

이렇게 같은 데이터를 가지고도 분석 방법에 따라 해석이 달라질 수 있는 것을 심슨(Simpson)

파라독스라고 하며 이러한 일은 종종 벌어진다. 데이터 분석은 결과 수치만 보아서는 정확한 판단을 할 수 없다.

통계 분석과 머신러닝의 차이

통계 분석의 기본적인 목적은 샘플 데이터로부터 모집단의 특성을 추정하는 것이다. 통계 분석은 수학적인, 논리적인 설명을 필요로 하며 적은 샘플만으로 모집단의 특성을 파악하기 위해서 노력한다. 전 국민대상 앙케이트를 조사할 때에도 1천명을 대상으로 조사하는 이유는 적어도 1천명의 샘플이 있어야 연령대별, 성별, 지역별 특성을 골고루 포함하는 샘플을 얻을 수 있기 때문이다.

1천명 보다 적은 샘플을 사용하면 신뢰도가 너무 떨어지고, 1천명 보다 많은 샘플을 사용하려면 조사비용이 많이 들기 때문에 최적의 수를 1천명으로 정한 것이다. 이는 인구통계학적으로 남녀노소 등 여러 집단을 골고루 포함하고 각 집단별로 수 십 명씩의 샘플을 확보하기 위한 최소 인원이라고 볼 수 있다.

통계 분석의 기본 가정이었던 '적은 수의 샘플'에 비해 머신러닝 모델 구현에서는 이미 많은 샘플을 확보하고 있는 경우가 많다. 분석에 필요한 최소한의 샘플수 확보가 문제가 아니라 오히려 데이터가 너무 많아서 필요한 데이터를 잘 추출하는 것이 문제가 되기도 한다.

흔히 데이터가 많을수록 머신러닝 모델의 성능이 좋아진다고 하는데 이는 통계적으로 잘 분포된, 가능한 여러 가지 경우의 수를 포함하는 다양한 데이터가 많은 것이 중요하다는 뜻이다. 중복적인 데이터가 많이 쌓여있는 것은 분석에 도움이 되지 않는다. 메모리나 컴퓨팅 시간을 소비하여 오히려 효율이 떨어지기도 한다.

한편, 수집한 데이터가 머신러닝 모델을 구축하는데 얼마나 유용한지를 파악하는데 통계적인 지식이 필요하다. 또한 머신러닝이 예측한 결과가 의미가 있는지를 확인하는 데에도 통계적인 해석이 필요하다.

데이터 수집 전략

머신러닝 모델을 구현하는데 데이터가 많을수록 좋은가? 실제로 중요한 것은 데이터의 양보다 데이터의 다양성과 대표성이다.

■ 데이터의 대표성

머신러닝 모델 구현에 필요한 데이터를 준비할 때에는 미래에 나타날 가능성이 있는 모든 경우를 반영하고 구성비도 유사하도록 해야 한다. 예를 들어 투표 결과를 예측하는 것이라면 실제 인구구성에 비례한 남녀구성비, 지역적인 구성비를 고려하여 데이터를 확보해야 한다.

이렇게 실제 데이터 분포를 고려하여 데이터를 준비하는 것을 데이터의 대표성(representative)을 고려한다고 한다. 대표성 있는 데이터를 확보하는 것은 매우 중요하며 잘못된 데이터를 입력하면 잘못 동작하는 모델을 만들게 된다.

데이터의 대표성을 고려하여 데이터를 수집하는 것을 계층적 샘플링(stratified sampling)이라고 한다.

■ 목적지향 데이터 수집

어떤 데이터를 수집해야 할지를 판단하려면 우선 동작하는 머신러닝 모델을 먼저 만들어 봐야 한다. 성능이 높지 않더라도 머신러닝 모델을 만들어서 동작을 시켜봐야 비로소 어떤 데이터가 필요한지를 알게 된다.

처음부터 무조건 많은 양의 데이터를 수집하려고 노력하기 보다는 데이터 분석의 목적, 최종 이용 형태 등을 고려하여 데이터를 수집해야 한다. 데이터 수집에는 항상 비용이 많이 들게 되므로 수집 비용과 시간, 소유권 문제, 데이터의 품질 관리도 고려해야 한다. 일회성 수집인지 지속적으로 반복 수집을 해야 하는지도 고려해야 한다.

CHAPTER 04 데이터를 가공하는 방법

처음 수집한 원시 데이터(raw data)를 머신러닝에 바로 사용하는 경우는 거의 없다. 결측치나 틀린값을 처리해야 하고, 비정상적인 이상치가 있으면 이를 처리해야 한다. 원래 값에 로그를 취해주거나 역수를 택하기도 하고 국가명, 이름 등 범주형(categorical) 데이터는 수치형으로 변경해 주어야 컴퓨터가 처리할 수 있다.

이렇게 본격적인 머신러닝 모델 구현에 앞서, 모델의 성능이 좋아지도록 데이터를 적절하게 가공하는 작업을 데이터 전처리(preprocessing)라고 한다.

데이터 전처리는 다음과 같이 네 가지 영역이 있으며 각각에 대해 설명하겠다.

- 데이터 클리닝
- 이상치 처리
- 데이터 변환
- 스케일링

4.1 데이터 클리닝

수집한 데이터에 값이 빠졌거나, 틀린 값이 들어 있을 수 있다. 결측치나 틀린값을 처리하여 데이터를 깨끗하게 만드는 작업을 데이터 클리닝(cleaning)이라고 한다. 데이터 전처리의 첫 단계는 데이터 클리닝에서 시작한다.

결측치 처리

결측치를 처리하는 방법에는 크게 세 가지가 있다. 결측치가 포함되어 있는 샘플(행)을 분석에 사용하지 않고 버리거나, 결측치를 적절한 다른 값으로 대체하거나, 아니면 결측치를 그대로 두고 결측치에 대한 처리를 다음 단계로 넘기는 방법이 있다.

- 결측치가 포함된 샘플을 버리는 방법
- 결측치를 적절한 값으로 대체하는 방법
- 다음 분석 단계로 결측치를 그대로 넘기는 방법

■ 샘플 버리기

결측치가 들어 있는 샘플을 삭제하더라도 분석에 크게 문제가 되지 않으면 결측치를 버리는 방법이 가장 처리하기가 쉽다. 그런데 결측치가 들어 있는 샘플수의 비중이 크면 이들을 버릴 수 없다. 예를 들어 전체 데이터가 1만 건이 있는데 이중 100건 정도에서 결측치가 발생했다면 이들을 제거해도 분석에 큰 영향이 없을 것이다. 그런데 1000개 샘플 중에 100개 샘플에서 결측치가 발생했다면 이를 버리기에는 버리는 데이터의 비중이 크다. 특히 시계열 데이터의 경우는 중간의 결측치를 버리면 분석이 안 되는 경우도 있다.

■ 결측치 대체하기

결측치를 다른 값으로 대체하는 경우에는 어떤 값으로 대체할지를 선택해야 한다. 대체값으로 평균값을 사용할 수도 있고, 0을 사용할 수도 있고, 인접한 값들을 사용할 수도 있다. 또는 결측치의 예상되는 실제 추정값을 어떤 방법으로 계산해서 대체하는 방법도 있다. 예를 들어 어느 학생이 한 과목 시험을 치루지 않았다면, 예전의 성적을 보고 석차를 계산해서 이번 시험을 치뤘다면 받았을 점수를 예측하여 대체하는 것도 가능하다.

한편, 결측치를 다른 값으로 대체한 경우 어떤 샘플이 결측치였는지를 별도의 컬럼에 표시해두면 나중에 추적하기가 용이하다. 일단 값을 변경하고 나면 어떤 값이 결측치를 대체한 값인지를 구분할 수 없기 때문이다.

■ 결측치 그대로 두기

결측치를 처리하지 않고 그대로 두는 방법도 있다. 즉, 결측치 처리를 다음 단계로 넘기는 방법이다. 예를 들어 직업을 쓰는 칸이 비어 있다면 이는 직업이 없는 것을 표현한 것일 수도 있고, 본인이 공개하기 싫은 경우도 있을 것이다. 이러한 경우는 결측치를 미리 처리할 것이 아니라, 다음 단계로 넘겨서 다른 정보들을 추가로 고려해서 판단하는 것이 더 나을 수 있다. 다른 컬럼들을 보면 직업이 없는 것인지 또는 어떤 종류의 직업인지를 추정하는 것이 가능할 수도 있기 때문이다.

■ 결측치 처리 실습

여기서는 결측치를 대체하는 실습을 해보겠다. 먼저 100명의 키와 몸무게 데이터를 생성하고 임의로 두 번째 사람의 키와 세 번째 사람의 몸무게를 결측치로 변경했다. 파이썬에서는 결측치를 표시하려면 즉, 기존의 있던 데이터를 없애려면 np.nan을 배정하면 된다. nan은 not a number의 약자이다.

100명의 키(170.4), 몸무게(65.5) 데이터 생성 후 결측치 삽입

```
N = 100
height = 4*np.random.randn(N).round(2) + 170
weight = 5*np.random.randn(N).round(2) + 65
df = pd.DataFrame({'height': height, 'weight': weight})
df['height'][2] = np.nan
df['weight'][3] = np.nan
df[:5]

# 출력:
```

	height	weight
0	172.24	65.20
1	171.32	66.90
2	NaN	64.80
3	171.04	NaN
4	171.48	62.85

위 결과를 보면 결측치들이 NaN으로 표시된 것을 알 수 있다. 데이터프레임에서 컬럼별로 들어있는 총 결측치의 수를 알려면 isnull().sum()을 호출하면 된다. isnull()은 결측치가 있는 곳을 모두 True로 리턴하므로 이값의 컬럼별 합을 구하면 컬럼별 결측치의 총 개수를 알 수 있다.

컬럼별 결측치 총 개수 보기

```
df.isnull().sum()

# 출력:
height    1
weight    1
```

위 결과를 보면 키와 몸무게에 각각 결측치가 하나 있는 것을 알 수 있다. 결측치가 하나라도 들어 있는 행을 모두 제거하려면 dropna()를 사용하면 된다.

결측치가 하나라도 있는 행(샘플) 삭제하기

```
df2 = df.dropna()
print(df2.shape)
df2[:5]

# 출력:
(98, 2)
```

	height	weight
0	172.24	65.20
1	171.32	66.90
4	171.48	62.85
5	174.84	67.40
6	168.12	68.95

위 결과를 보면 전체 데이터프레임의 행이 두개 줄어서 98개인 것을 알 수 있다. 이번에는 결측치를 fillna()를 사용해서 다른 값으로 대체해 보겠다. 키의 결측치는 170으로 대체하고, 몸무게의 결측치는 몸무게의 평균치로 대체하는 코드를 아래에 보였다.

결측치 대체하기 (키는 170으로 몸무게는 평균치로 대체)

```
df3 = df.copy()
df['height'].fillna(170, inplace=True)
df['weight'].fillna(df['weight'].mean(), inplace=True)
print(df3.shape)
df3[:5]

# 출력:
(100, 2)
```

	height	weight
0	172.24	65.200000
1	171.32	66.900000
2	170.00	64.800000
3	171.04	65.019192
4	171.48	62.850000

결측치를 대체하는 다른 옵션으로, 결측치를 바로 앞(forward)에 있는 샘플의 값을 복사해서 사용할 수 있다. 이때는 fillna() 함수의 method 인자를 'ffill'로 설정하면 된다. ffill은 forward fill의 약자이다.

결측치를 바로 이전 값으로 대체하는 경우 (forward fill)

```
df.fillna(method='ffill')[:5]

# 출력:
```

	height	weight
0	172.24	65.20
1	171.32	66.90
2	171.32	64.80
3	171.04	64.80
4	171.48	62.85

위 결과를 보면 df의 키와 몸무게에 있던 결측치들이 바로 앞 샘플의 값을 복사하여 대체된 것을 알 수 있다. 키는 두 번째, 몸무게는 세 번째 값을 각각 사용했다.

■ **컬럼 버리기**

결측치가 들어 있는 샘플을 행단위로 버리는 방법도 있고, 결측치가 많이 들어있는 컬럼(특성) 자체를 모두 분석에 사용하지 않는 방법도 있다. 아래 그림에서 컬럼 삭제를 먼저 수행하면 샘플(행) 삭제는 4건이 아니라 2건만 해도 된다. 물론 이 컬럼을 통째로 분석에 사용하지 않아도 되는지는 먼저 신중하게 판단해야 한다.

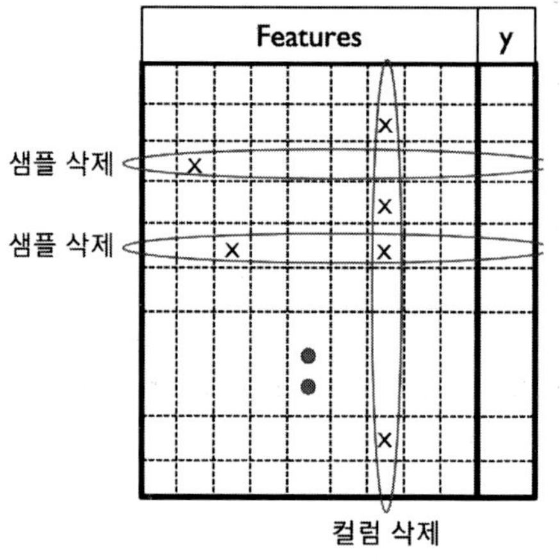

그림 4-1 샘플(행) 삭제 방법과 컬럼(열) 삭제 방법의 차이

틀린값 처리

틀린값이란 잘못된 값이 들어있는 것을 말한다. 양수여야 하는데 음수가 있거나, 키를 나타내는데 3.7m가 입력되었다면 이는 틀린 데이터이다. 틀린값을 처리하는 방법도 결측치를 처리하는 방법과 같이 세가지가 있다.

- 틀린값이 포함된 샘플을 버리는 방법
- 틀린값을 적절한 값으로 대체하는 방법
- 다음 분석 단계로 틀린값을 그대로 넘기는 방법

결측치는 값이 없는 것이므로 명백하게 발견할 수가 있다. 그러나 틀린값은 명백하게 구분되는 것이 아니라 어떤 기준에 의해서 찾아내야 한다.

결측치나 틀린값들이 발생했을 때 이것이 잡음이나 센서 오류와 같은 단순 실수에 의해서 발생한 것인지 아니면 데이터를 수집하는데 어떤 구조적인 문제가 있는 것인지를 구분하는 것이 필요하다. 만일 구조적인 문제가 있어 오류가 지속적으로 발행한다면 원인을 찾아서 해결해야 한다.

4.2 이상치 처리

이상치(outlier)란 틀린값은 아니나, 값의 범위가 일반적인 범위를 벗어나는 것을 말한다. 예를 들어 키를 측정했는데 3.7m가 나오면 틀린 값이지만, 2.0m가 나왔다면 이상치이다. 2.0m는 드물지만 있을 수 있는 값이기 때문이다.

이상치를 처리하는 목적은 두 가지 인데, 이상치를 찾는 것 자체가 목적인 이상치 검출(detection)과, 이상치를 샘플에서 제거하여 데이터 분석에 사용하지 않는 것이 목적인 이상치 제거가 있다.

- 이상치 검출 – 이상치의 발생을 찾는 것이 목적
- 이상치 제거 – 이상치를 제거하는 것이 목적

이상치 검출

이상치 검출은 예를 들어 도난당한 카드의 사용을 찾아내거나, 불법으로 보험료를 청구하는 것을 찾거나, 기계가 이상한 동작을 하는 것을 찾는데 사용된다. 이상치 검출은 데이터 전처리라기보다는 이 자체가 데이터 분석의 목적인 경우도 있다. 이상치를 찾는 방법은 여러 가지 기법이 있는데 기본적으로 다음과 같이 두 가지로 나눌 수 있다.

- 통계 분포를 보고 예를 들어 표준편차의 3배 이상 떨어진 샘플 찾기
- 이상치 샘플들을 목적 변수로 사용하여 머신러닝으로 찾는 방법

표준편차의 몇 배 이상 떨어진 샘플을 이상치로 찾는 방법은 단변 수일 때는 구현이 간단하다. 그러나 여러 가지 특성을 동시에 고려해야 하는 경우에는 적용하기가 어렵다. 예를 들어 농구선수의 키가 160cm이면 이상치로 볼 수 있다. 일반적으로 농구선수의 키는 190cm를 넘기 때문이다. 그런데 몸무게를 보니 43kg였다면 어린이 농구선수였을 가능성이 있다. 또한 남녀, 국적 등 다른 특성을 동시에 고려해야하는 경우도 있다. 이런 경우는 이상치의 샘플들을 목적변수로 설정하고 머신러닝 모델을 만들어서 어떤 조건이면 이상지 인시를 찾는 분류 예측 문제로 풀어야 한다. 즉, 단순한 통계 분석으로는 찾기 어렵고 머신러닝 모델을 만들어야 한다.

이상치 제거

이상치 제거는 이상치를 찾아서 데이터 분석에 사용하지 않는 것을 말한다. 머신러닝 모델은 현재 확보된 학습 데이터에 대해서 잘 동작하는 것 보다 미래에 나타날 새로운 샘플에 대해서 좋은 성능을 내는 것이 중요한데, 이상한 샘플을 학습 데이터로 사용하면 모델의 동작이 일반화하지 못하고 성능이 떨어지게 된다.

예를 들어 어른이면서 키가 160cm인 농구선수가 전세계에 단 5명 뿐이었다고 하면 이런 샘플은 학습에 사용하지 않아야 더 일반적인 (보편적인) 모델을 만들 수 있다. 사진 판독의 경우도 판단이 애매한 사진은 학습에 혼란만 주며 도움이 되지 않으므로 제거하는 것이 좋다. 즉, 학습 데이터에서 이상치를 제거하는 것이 모델을 더 잘 만들 수 있는 경우에는 이상치를 찾아서 제거한 후 모델 학습에 사용해야 한다.

4.3 데이터 변환

데이터 변환(transformation)이란 데이터의 형태 자체를 변경하는 것을 말한다. 데이터 변환의 종류는 매우 많다. 여기서는 그 중 가장 기본이 되는 카테고리 인코딩, 카테고리 변환, 로그변환, 역수변환을 소개하겠다.

카테고리 인코딩

데이터는 크게 나누어 연속형(continuous)과 범주형(categorical)으로 나눌 수 있다. 연속형 데이터는 무게, 길이, 온도, 압력, 속도, 매출량 등 어떤 양을 나타내는 데이터이다. 연속형 데이터의 덧셈과 뺄셈의 결과는 같은 의미를 갖는 연속형 값이 된다. 예를 들어 온도 3도에 4도를 더한 7도는 여전히 온도로서 의미가 있다.

범주형 데이터는 양을 나타내는 것이 아니라 범주(클래스)를 구분하는 데이터로 예를 들어 성별, 이름, 국가명, 장비명, 요일 등을 구분하는데 사용된다. 범주형 데이터는 문자열로 표현되는 경우도 있고 숫자로 표시하기도 한다. 예를 들어 한국인=1, 중국인=2, 일본인=3 등으로 표현할 수도 있다. 범주형 데이터는 클래스를 지칭하는 것이므로 덧셈이나 뺄셈이 의미가 없다.

범주형 데이터는 원핫 인코딩(one-hot encoding) 같은 카테고리 인코딩을 하여 컴퓨터가 연산에 사용할 수 있도록 변경해주어야 한다. 먼저 범주형 변수를 원핫 인코딩하는 방법을 소개하겠다.

앞에서 만든 키, 몸무게 데이터에서 앞의 5명을 선택하고 국적을 임의로 배정해서 human이라는 데이터프레임을 만들었다.

카테고리 인코딩을 위한 데이터 생성 (국적 컬럼을 추가)

```
human = df3[['height','weight']][:5]
human['nation'] = ['한국', '중국', '일본', '한국', '일본']
human

# 출력:
```

	height	weight	nation
0	172.24	65.200000	한국
1	171.32	66.900000	중국
2	170.00	64.800000	일본
3	171.04	65.019192	한국
4	171.48	62.850000	일본

데이터프레임 human에서 nation 컬럼은 문자열로 되어있어서 컴퓨터가 연산을 할 수 없다. 범주형 특성인 nation에 대해 원핫 인코딩을 수행하려면 판다스가 제공하는 get_dummies()를 사용하면 된다. 첫 번째 인자에는 대상 데이터프레임을 쓰고, 두 번째 인자에는 원핫 인코딩을 수행할 컬럼들을 리스트로 주면 된다.

humna 에서 nation 컬럼을 원핫 인코딩하는 방법

```
pd.get_dummies(human, ['nation'])

# 출력:
```

	height	weight	nation_일본	nation_중국	nation_한국
0	172.24	65.200000	0	0	1
1	171.32	66.900000	0	1	0
2	170.00	64.800000	1	0	0
3	171.04	65.019192	0	0	1
4	171.48	62.850000	1	0	0

위 결과를 보면 'nation_한국', 'nation_일본', 'nation_중국' 등의 더미 컬럼이 자동으로 만들어졌고 해당 국적의 컬럼 값만 1이고 다른 컬럼의 값은 0인 것을 알 수 있다. 이렇게 한 행에서 한 개의 값만 1로 코딩하는 방식을 원핫 인코딩이라고 한다. 범주형 변수를 컴퓨터가 연산에 사용할 수 있도록 코딩하는 방법은 여러 가지가 있는데 원핫 인코딩이 가장 기본적으로 사용된다.

카테고리 변환

카테고리 변환이란 연속형 데이터를 범주형 데이터로 변환하여 사용하는 것을 말한다. 예를 들어 나이를 표현하는데 37년 5개월 등과 같이 연속형 숫자를 사용하지 않고 '30대'라는 카테고리 변수로 사용하는 것을 말한다. 데이터 분석에서는 구제적인 나이보다, 20대, 30대, 40대 등의 범주형 데이터로 바꾸어 사용하는 것이 분석에도 편리하고 분석 결과를 활용하기에도 더 편리하기 때문이다. 학생의 성적을 표현하는데 점수를 사용하는 것보다 A, B, C 등 학점을 사용하는 것도 같은 이유이다.

카테고리 변환을 하는 다른 이유는 연속형 데이터를 사용하는 것보다 범주형 데이터를 사용하면 분석 성능이 더 높아지는 경우가 많기 때문이다. 데이터를 너무 세세하게 구분하면 해당 데이터가 충분치 않아 통계적인 특성을 갖기 어려운 경우가 있다. 예를 들어 연간 소득을 너무 세밀하게 나누지 않고 고소득층, 중간층, 저소득층으로 크게 나누는 것도 같은 이유이다.

연속형 데이터를 범주형으로 변화할 때 범주를 구분하는 구간의 크기를 적절하게 정하는 것이 중요하다. 나이의 구간을 10세 단위로 정할 수도 있고 5세 단위로 정할 수도 있다. 또는 범주별로 구간의 크기를 다르게 정할 수도 있다. 예를 들어 고등학교 내신 성적을 9등급으로 나누는 경우 1등급과 9등급은 각각 4%, 2등급과 8등급은 15% 등으로 등급의 범위가 다르다 (아래 그림 참조). 이렇게 구간의 크기를 다르게 나누는 이유는 등급의 차이가 학생 실력의 차이를 '선형적(linear)'으로 나타내도록 하기 위해서이다.

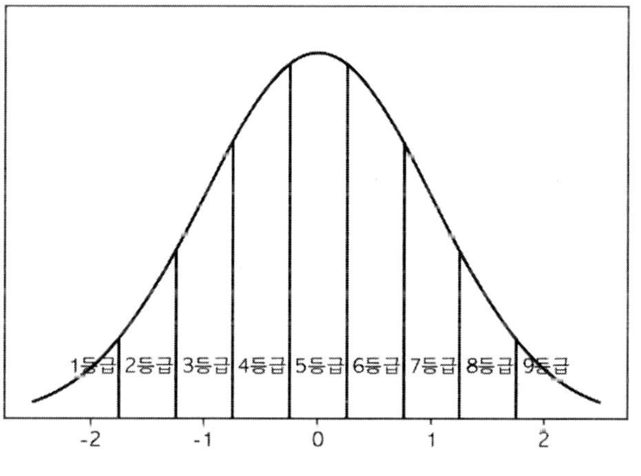

그림 4-2 고등학교 내신 성적의 1~9 등급과 히스토그램

■ 선형적 입출력 관계

여기서 '선형적'이란 입력의 변화가 출력에 직선형으로 비례하는 효과를 주는 관계를 말한다. 선형적 입출력 관계란 무슨 의미가 있는지 알아보겠다.

학생의 성적 차이를 나타내기 위해서 시험성적이나 등수를 사용하면 실력의 차이를 선형적으로 표현하기가 어렵다. 예를 들어 이번 시험에서 10점이 올랐다고 하면 실제로 실력이 얼마나 늘었는지를 확인하기에는 정보가 부족하다. 다른 학생들은 몇 점을 받았는지 평균, 표준편차 등도 추가로 알아야만 실력 증가를 파악할 수 있다. 다른 예로 이번 시험에서 10등 올라갔다고 해도 이 정보만으로는 얼마나 실력이 향상되었는지 선형적으로 판단하기 어렵다. 200등에서 190등으로 오른 것과, 11등에서 1등으로 오른 것은 큰 차이가 있으므로 10등 올랐다는 정보 외에 몇 등에서 올랐는지 추가 정보를 더 받아야만 실력 향상을 파악할 수 있다.

즉, 점수와 등수의 변화를 머신러닝의 입력으로 사용하면 실력을 예측하는 모델이 제대로 동작하지 않는다. 이런 현상을 피하려면 점수와 등수 대신 등급의 변화를 입력 데이터로 사용해야 한다. 등급을 사용하면 등급의 차이가 선형적으로 학생의 실력 변화를 나타낸다고 할 수 있기 때문이다.

등급의 변화와 실제 실력의 변화는 '직선형 비례관계'라고 할 수 있으며, 예를 들어 6등급과 4등급 학생의 실력 차이와 3등급과 1등급 학생의 실력 차이가 같다고 보는 것이다.

이와 같이 입력과 출력의 관계를 선형적으로 나타내려고 하는 이유는 머신러닝의 성능은 입출력이 선형적일 때 가장 성능이 좋기 때문이다.

■ 최적의 범주 개수

카테고리 변환을 할 때 범주의 개수를 몇 개로 정하는지가 중요하다. 범주형 변수의 가지수가 너무 적으면 정보가 뭉쳐지고, 너무 많으면 각 변수 데이터가 적어서 분석이 잘 안될 수가 있다. 최적의 범주형 클래스의 개수를 정하는 기준은 어떤 범주형 데이터를 사용할 때 머신러닝 모델의 성능이 개선되는 지를 실제로 구현해보고 판단해야 한다.

카테고리 변환을 하여 연속형 데이터를 범주형 데이터로 변환한 후에는 앞에서 소개한 원핫 인코딩과 같은 카테고리 인코딩을 수행해야 한다.

로그 변환

로그(log) 변환이란 원래 값에 로그를 취한 값을 사용하는 것을 말한다. 데이터 분석에서 로그 변환을 하는 이유도 입력과 출력의 관계를 선형적으로 만들기 위해서이다.

로그 변환이 필요한 대표적인 경우는 사람이 느끼는 감각의 경우이다. 소리, 빛, 압력, 냄새, 금전적인 수입 등 생물학적인 자극에 대해서는 로그를 취한 값에 대해서 사람들이 느끼는 변화량이 선형적이라는 특성이 있다.

예를 들어 스피커 소리를 들을 때 소리가 2배, 3배, 4배 등 선형적으로 크게 들리게 하려면 실제 소리의 크기는 4배, 9배, 16배 등 지수 함수로 키워야 한다. 사람의 귀는 로그함수를 취하는 효과를 갖기 때문이다. 아래 그래프에서 소리의 크기와 사람이 실제로 느끼는 소리의 크기를 나타냈는데 이 관계가 일반적으로 로그 관계라고 알려져 있다. 큰 소리를 듣고 있을수록 더 큰 소리의 변화에 대해서 동일하게 느낀다는 생물학적 관계를 수식으로 표현한 것이 로그 함수이다.

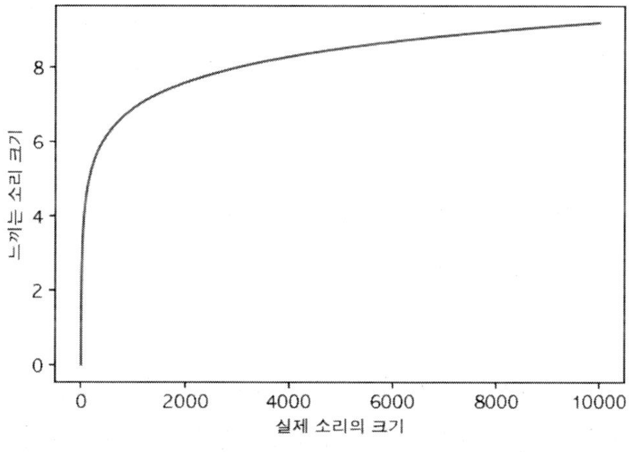

그림 4-3 실제 소리의 크기와 느낌의 차이는 로그 관계이다

위의 입출력 관계에서 입력인 x축은 자극의 세기를 나타내는데 x를 로그 스케일로 그리면 입출력 관계가 선형적으로 변경된다.

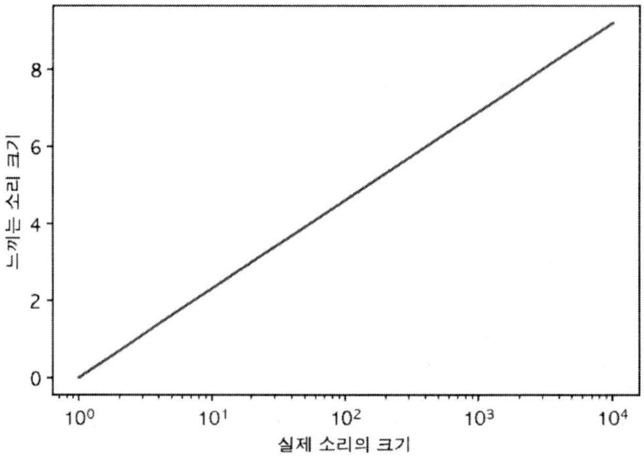

그림 4-4 x축을 로그 스케일로 그린 경우 소리의 크기와 느낌의 차이는 선형적이 된다

금전의 변화나 생물학적 신호 변환에 로그함수를 택한 이유를 다르게 설명해보겠다. log(x)를 미분하면 1/x이 된다. 이것의 의미는 입력 신호의 변화 대 출력의 변화량(미분)은 현재의 양에 반비례한다는 것을 나타낸다. 예를 들어 가지고 있는 돈이 많으면 많을수록 같은 양의 수입이 늘어도 이에 따른 기쁨의 증가분은 1/x이 되어 현재 보유량에 반비례하는 것을 나타낸다.

■ **로그-정규 분포**

어떤 데이터는 로그를 취하면 그 분포가 정규 분포에 가깝게 분포하는 경우가 있다. 이러한 분포를 로그정규분포(log-normal distribution)를 갖는다고 한다. 예를 들어 국가별 수출액 분포는 로그정규분포를 갖는다.

아래 그림에 x축은 연간 수출액이고 y축은 해당 국가수를 나타낸다. 수출액이 많은 국가는 미국, 중국, 일본 등 숫자가 적고(그래프의 우측 부분), 수출액이 적은 국가의 수는 많다(그래프의 좌측 부분).

그림 4-5에서는 x축을 일반 스케일로 그렸고, 그림 4-6에서는 x축을 로그 스케일로 그렸다.

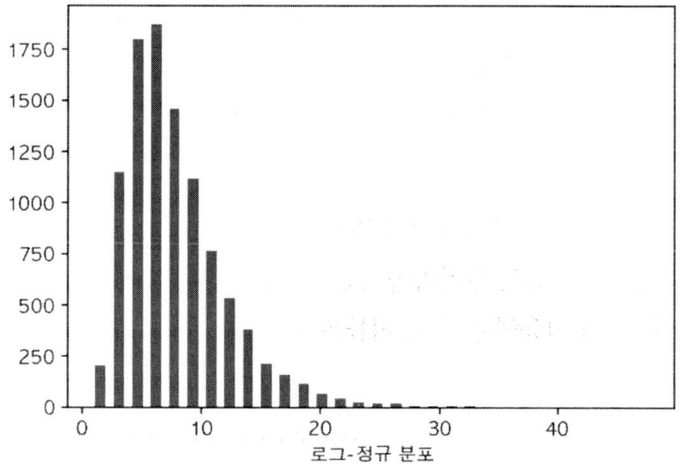

그림 4-5 국가별 수출액의 빈도수 분포

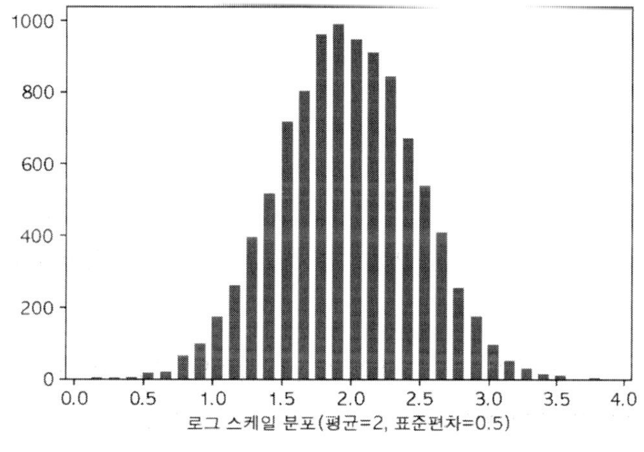

그림 4-6 로그 정규 분포는 로그를 취하면 결과가 정규 분포를 갖는다

데이터 분석에서 어떤 데이터의 확률 분포가 정규 분포인지를 자주 확인하는데 그 이유는 데이터가 정규분포를 따르면 평균이나 표준편차 등을 적은 수의 샘플로부터 예측하기가 쉽기 때문이다.

역수 변환

어떤 수치를 그대로 사용하지 않고 역수를 사용하면 입출력 관계가 선형적이 되어 모델 성능이 향상되는 경우가 있다.

예를 들어 우리나라에서 자동차의 마일리지(연비)는 연료 1리터로 몇 km를 가는 지를 나타낸다. 한편, 미국에서는 자동차 연비를 표현하는데 자동차가 100km를 가는데 몇 리터의 연료가 필요한지를 수치로 나타낸다. 분석하려는 목적에 따라 어떤 방식의 연비를 사용하는 것이 좋을지를 선택해야 한다.

예를 들어 같은 비용으로 자동차가 얼마나 멀리 갈 수 있는지 성능을 측정하는 것이 필요하면 한국형 마일리지를 사용하고, 같은 거리를 가는데 비용이 얼마나 드는지를 파악하는 것이 필요하면 미국식 마일리지를 사용해야 한다. 이들은 역수 관계이므로 필요에 따라서 역수 변환이 필요하다.

한편, 속도와 시간의 관계도 역수 관계이다. 예를 들어 동영상 재생 속도와 전체 플레이 시간은 역수관계이다. 데이터 분석에서 속도 또는 시간 중 어떤 값이 목적 변수와 선형관계인지에 따라 둘 중에 한 가지를 선택해야 한다.

기타 데이터 변환

앞에서 소개한 카테고리 변환, 로그변환, 역수 변환 외에도 다양한 데이터 변환이 사용된다.

예를 들어 장비의 구매 연도를 특성으로 사용하는 경우에 2018, 2019, 2020, 2021, ... 과 같이 구매 연도를 직접 사용하면 이 값들의 차이는 별로 없는 것으로 반영된다. 이 방법보다는 2022년도를 기준으로 경과한 기간을 사용하여 4, 3, 2, 1 등을 사용하는 것이 모델의 성능을 높일 수 있다.

다른 예로, 비만 정도를 표현하기 위해서 BMI (Body Mass Index) 지수를 자주 사용하는데 BMI 지수는 몸무게를 키의 자승으로 나눈 값이다. 키와 몸무게 두 특성을 각각 이용하면 될텐데 BMI를 정의한 이유는 BMI를 보면 비만의 변화를 선형적으로 설명할 수 있기 때문이다. 예를 들어 BMI가 22에서 24로 증가한 것과 25에서 27로 증가한 변화는 각자의 키와 몸무게를 알 필요 없이, 거의 같은 비만의 변화를 나타낸다고 볼 수 있다.

지금까지 소개한 데이터 변환은 데이터 전처리 단계에서 비교적 단순하게 처리하는 내용이다. 이외에도 주어진 특성의 수를 줄이거나, 특성들을 서로 곱하여 새로운 특성을 만들거나 특성의 자승 값을 사용하는 등 특성을 다양하게 바꾸는 작업이 가능하며 이를 특성 공학(feature engineering)이라고 한다. 이에 대해서는 6장에서 소개하겠다.

4.4 스케일링

스케일링(scaling)은 원래 데이터의 수치의 범위를 다른 범위의 값으로 조정하는 작업을 말한다. 스케일링을 하는 이유는 여러 가지 특성 변수를 동시에 사용하여 연산을 할 때 각 특성의 비중을 동일한 조건으로 반영시키기 위해서이다.

예를 들어 모든 시험은 100점 만점으로 환산해야 동일한 비중으로 취급되며, 어떤 과목은 50점 만점, 어떤 과목을 10점 만점으로 처리하면 동일한 조건으로 점수가 반영되지 않는다.

스케일링 방법에는 여러 가지가 있지만 최소-최대(mini-max) 스케일링과 표준(standard) 스케일링이 주로 사용된다.

최소-최대 스케일링

주어진 데이터 중 최소값을 0으로 최대값을 1로 조정하는 것을 최소-최대 스케일링이라고 한다. 최소-최대 스케일링의 장점은 상대적인 값의 크기를 한 번에 알아볼 수 있고 나중에 다른 샘플에 대해서도 동일한 물리적인 양을 표현할 수 있다는 것이다. 또한 모두 양수만 입력신호로 사용해야 하는 경우에 편리하다. 최소-최대 스케일링의 단점은 스케일링을 처음 수행할 때 사용한 최소 또는 최대치를 벗어나는 값을 갖는 새로운 데이터가 발생하면 이 값은 0~1 범위를 벗어난다는 것이다.

파이썬에서는 최소-최대 스케일링을 수행하기 위해서 MinMaxScaler() 함수를 사용한다.

표준 스케일링

표준 스케일링은 주어진 데이터의 평균치가 0, 표준편차가 1이 되도록 값의 범위를 변환하는 방법이다. 아래는 표준 스케일링을 수행하는 수식인데 x는 원 데이터 값이고, σ는 표준편자, u는 평균이다.

$$z = \frac{x - u}{\sigma}$$

최소-최대 스케일링의 결과는 모두 0~1 사이의 값을 얻지만, 표준 스케일링을 수행하면 1이상의 큰 값도 발생하며 음수도 발생한다. 주의할 것은 표준 스케일링을 수행한다고 해서 데이터의 확률분포가 정규분포 형태로 바뀌는 것은 아니라는 것이다. 데이터의 확률 분포 형태는 그대로 유지하면서 값의 범위만 바뀌는 것이다.

표준 스케일링을 하려면 StandardScaler() 함수를 사용한다. 아래는 앞에서 만든 키, 몸무게 데이터를 각각 최소-최대 스케일링 및 표준 스케일링을 수행하는 코드이다. 데이터는 결측치를 처리한 df3를 사용하였다.

키, 몸무게 데이터를 최소-최대 및 표준 스케일링한 결과 보기

```
from sklearn.preprocessing import StandardScaler, MinMaxScaler
scaler = StandardScaler()
minmax = MinMaxScaler()

df3[['h_sc','w_sc']]=scaler.fit_transform(df3[['height','weight']])
df3[['h_mima','w_mima']]=minmax.fit_transform(df3[['height','weight']])
df3[:5]

# 출력:
```

	height	weight	h_sc	w_sc	h_mima	w_mima
0	172.24	65.200000	0.468110	0.033777	0.641176	0.479070
1	171.32	66.900000	0.222131	0.351358	0.596078	0.531783
2	170.00	64.800000	-0.130797	-0.040948	0.531373	0.466667
3	171.04	65.019192	0.147267	0.000000	0.582353	0.473463
4	171.48	62.850000	0.264910	-0.405232	0.603922	0.406202

위의 코드에서 scaler는 표준 스케일링을 수행하는 객체인데 scaler의 내부 변수 mean_과 scale_에는 키와 몸무게의 평균과 표준편차 값이 각각 들어 있다. 이를 확인해보면 아래와 같다.

```
print(scaler.mean_, scaler.scale_)
# 출력: [170.4892  65.01919192] [3.74014269 5.3529651 ]
```

inverse_transform()을 사용하면 스케일링 된 값들로부터 스케일링 이전의 원래 값들을 구할 수 있다.

스케일링 이전의 값으로 환원하기

```
scaler.inverse_transform(df3[['h_sc','w_sc']])[:5]

# 출력:
array([[172.24      , 65.2       ],
       [171.32      , 66.9       ],
       [170.        , 64.8       ],
       [171.04      , 65.01919192],
       [171.48      , 62.85      ]])
```

■ fit과 transform

스케일링을 할 때 주의할 것은 스케일링을 할 때마다 사용하는 데이터셋의 평균와 표준편치(또는 최대값과 최소값)이 달라질 수 있다는 것이다. 예를 들어 서로 다른 데이터셋으로 표준 스케일링을 하면 스케일링한 결과 값이 달라지므로 어느 데이터의 평균과 표준편차를 기준으로 사용할지를 정하는 것이 필요하다.

이러한 문제를 피하려면 초기에 충분히 많은 데이터를 가지고 평균과 표준편차를 구하고, 이후의 새로운 샘플에 대한 스케일링은 이 평균과 표준편차(또는 최대값과 최소값)를 사용하는 방법이 있다.

스케일링에서 fit()을 수행할 때 평균과 표준 편차를 계산하므로(또는 최대값과 최소값을 찾으므로) fit() 또는 fit_transform() 수행시에 만든 객체를 저장해두었다가 다른 새로운 데이터에 대해서는 transform()만 실행하면 된다. fit() 또는 fit_transform() 수행시에 만든 객체에(위에서 scaler) 평균, 표준편차가 저장되어 있다.

4.5 데이터 전처리 예

이번 절에서는 데이터 전처리 과정을 종합적으로 실습해보겠다. 사용할 데이터는 타이타닉 생존자 예측 데이터이다. 이 데이터는 타이타닉 탑승자들의 나이, 성별, 승선항구명 등의 개인별 데이터와 생존여부 정보를 포함하고 있다.

이 데이터를 사용하여 결측치 처리, 이상치 처리, 카테고리 인코딩, 스케일링 등의 전처리 과정을 자세히 설명하겠다.

데이터 받기

사용할 데이터를 다운로드 받고 상위 3개의 행 내용을 보면 아래와 같다. 보기 편하도록 행과 열을 바꾸어서 보았다(데이터프레임에 .T를 수행하면 트랜스포즈 즉 행과 열을 바꾼다).

환경설정과 데이터 다운로드하기

```
import pandas as pd
import numpy as np
import matplotlib.pyplot as plt
import matplotlib

# 맥에서 레티나 디스플레이 사용 설정
%config InlineBackend.figure_format = 'retina'

# 그림 크기와 폰트 설정
matplotlib.rcParams['figure.figsize'] = (6,4)
plt.rc('font', size=13)

data = pd.read_csv('https://raw.githubusercontent.com/StillWork/data
    /master/titanic_train.csv')
print(data.shape)
data[:3].T

# 출력:
(891, 12)
```

	0	1	2
PassengerId	1	2	3
Survived	0	1	1
Pclass	3	1	3
Name	Braund, Mr. Owen Harris	Cumings, Mrs. John Bradley (Florence Briggs Th...	Heikkinen, Miss. Laina
Sex	male	female	female
Age	22.0	38.0	26.0
SibSp	1	1	0
Parch	0	0	0
Ticket	A/5 21171	PC 17599	STON/O2. 3101282
Fare	7.25	71.2833	7.925
Cabin	NaN	C85	NaN
Embarked	S	C	S

■ 데이터 컬럼

다운로드한 데이터의 구조는 (891, 12)이며 891개의 샘플이 있고 12개의 컬럼이 있다. 각 컬럼의 이름과 의미는 다음과 같이 알려져 있다(자세한 내용은 '타이타닉 생존자 데이터'로 검색해 보기 바란다).

- Survival – 생존여부: 0 = No, 1 = Yes
- Pclass – 티켓 등급: 1 = 1st, 2 = 2nd, 3 = 3rd
- Sex – 성별: male, female
- Age – 나이
- SibSp – 동승한 형제, 배우자 수
- Parch – 부모와 자녀의 수
- Ticket – 티켓 번호
- Fare – 승선 요금
- Cabin – 캐빈(객실) 번호
- Embarked – 승선한 항구명: C = Cherbourg, Q = Queenstown, S = Southampton

결측치 처리

먼저 isnull().sum()를 이용해서 데이터 전체에 결측치가 얼마나 있는지를 확인해보겠다.

컬럼별 결측치 수 확인

```
# data의 사본 사용
df = data.copy()
df.isnull().sum()

# 출력:

PassengerId     0
Survived        0
Pclass          0
Name            0
Sex             0
Age             177
SibSp           0
Parch           0
Ticket          0
Fare            0
Cabin           687
Embarked        2
```

위 결과를 보면 Age, Cabin, Embarked 컬럼에 결측치들이 각각 177, 687, 2개씩 있는 것을 알 수 있다. 이 세 컬럼에 대한 결측치 처리 방법을 설명하겠다.

■ Age (나이)

나이 컬럼은 결측치가 177개이며 전체 샘플 수 891중에 꽤 많은 편이다. 그러나 생존 여부에서 나이 정보는 중요할 것으로 예상되므로, 결측치가 많더라도 버리지 말고 활용하는 것이 좋을 것이다. 먼저 나이의 분포를 hist()로 확인해보겠다.

Age (나이) 분포 보기

```
plt.hist(df.Age, bins=25, width=2)
plt.xlabel('Age')
plt.show()
```

```
# 출력:
```

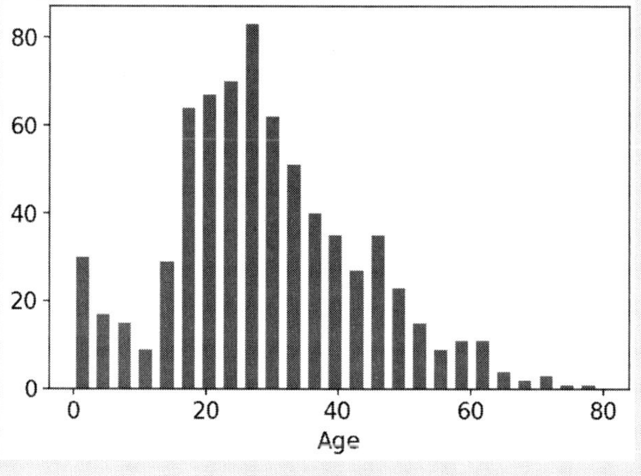

위 결과를 보면 0세부터 80세까지 나이가 분포하며 30세 근처의 빈도수가 가장 많다. 나이의 결측치는 전체의 평균 나이로 대체하는 것이 타당할 것이다. 결측치를 평균 나이로 대체한 후의 나이 분포를 보면 아래와 같다.

결측치를 평균 나이로 대체 (대체한 것을 즉시 반영했다)

```
df.Age.fillna(df.Age.mean(), inplace=True)
plt.hist(df.Age, bins=25, width=2)
plt.xlabel('Age')
plt.show()

# 출력:
```

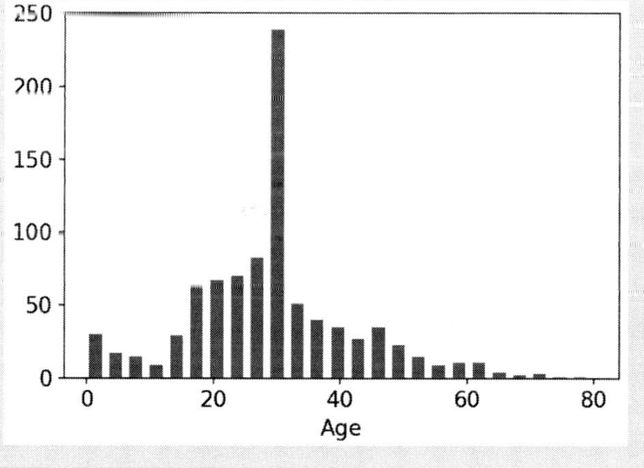

■ Cabin (객실)

객실명은 결측치가 687개나 되어 매우 많은 편이다. 또한 아래 코드에서 nunique()로 확인해보면 객실명의 종류도 147개나 되고 객실명이 'C23 C25 C27', 'B96 B98' 등 생존 여부와 관련이 없어 보인다. 객실명은 분석에서 사용하지 않는 것이 타당할 것으로 보인다. 즉, 컬럼 자체를 이용하지 않고 삭제하겠다.

Cabin(객실명) 보기

```
print('Cabin 종류:', df.Cabin.nunique())
df.Cabin.value_counts()[:5]

# 출력:

Cabin 종류: 147

C23 C25 C27   4
B96 B98       4
G6            4
F2            3
E101          3
```

■ Embarked (항구명)

항구명은 결측치가 2개 뿐이고 다른 값으로 대체하기가 어려우므로 해당 샘플을 삭제하겠다. 아래에서 df['Embarked'].isnull()을 수행하면 항구명에 결측치가 있는 경우는 True를, 항구명이 있으면 False를 얻는다. 파이썬에서 '~' 기호를 불리언 변수 앞에 붙이면 True와 False가 반대로 바뀐다. 즉 항구명이 있는 행이 True가 된다. 이제 이 결과를 df[ ]의 인자로 사용하면 인자가 True인 행만, 즉 항구명이 있는 행만 얻게 된다.

Embarked (항구명) 결측치가 있는 두 샘플은 삭제한다

```
print(df.shape)
df = df[~df['Embarked'].isnull()]
print(df.shape)

# 출력:
```

```
(891, 12)
(889, 12)
```

위 코드의 실행 결과로 항구명이 결측치인 두 샘플은 삭제되고 데이터프레임 df의 샘플수는 891에서 889개로 줄어든 것을 알 수 있다.

이제 결측치가 있는 세 개 컬럼에 대한 처리를 마쳤는데 정리해보면 Age는 결측치가 많지만 결측치를 평균 나이로 대체하여 사용하기로 했고, Cabin은 결측치도 많고 분석 목적에 거의 영향이 없을 것으로 보여 컬럼을 이용하지 않기로 했으며, Embarked (항구명) 결측치가 있는 두 샘플만 삭제하기로 했다.

틀린값 처리

틀린 값을 찾으려면 모든 데이터를 자세히 들여다봐야 한다. 어디에 틀린 값이 있을지 모르기 때문이다. 일단은 다운받은 데이터에 틀린값은 없다고 가정하고 이상치 처리 과정에서 값들의 범위가 타당한지 확인해 보겠다.

■ 컬럼 삭제

틀린값은 아니지만 분석에 사용하지 않을 컬럼들을 찾아보겠다. 즉, 분석의 목적인 생존여부를 예측하는데 아무 도움이 되지 않을 컬럼은 틀린값은 아니지만 필요 없는 데이터이기 때문에 컬럼를 삭제하는 것이다.

데이터의 속성상 다음의 세 가지 데이터는 사용하지 않아도 될 것으로 보인다.

- PassengerId – 각 개인의 일렬번호이므로 의미가 없다
- Name – 이름과 생존여부는 관계가 없을 것이다
- Ticket – 티켓번호와 생존여부는 관계가 없을 것이다

티켓번호의 내용을 확인해 보면 아래와 같이 Ticket의 종류는 680개나 되고 '347082', 'CA. 2343' 등 의미 없는 숫자인을 확인했다.

Ticket(티켓번호) 보기

```
print('Ticket 종류:', df.Ticket.nunique())
df.Ticket.value_counts()[:5]

# 출력:

Ticket 종류: 680

347082      7
CA. 2343    7
1601        7
347088      6
3101295     6
```

이제 사용하지 않을 컬럼 4개를 제외하고 데이터프레임을 만들겠다. df의 전체 컬럼명에서 difference(['PassengerId','Name','Ticket','Cabin'])를 사용하여 4개 컬럼을 제외한 컬럼명들을 인덱스로 하여 새로운 데이터프레임을 만들고 이를 df_clean으로 백업했다.

사용하지 않을 컬럼 4개를 삭제한 데이터프레임을 만들고 백업한다

```
df = df[df.columns.difference(['PassengerId','Name','Ticket','Cabin'])]
df_clean = df.copy()
df[:5]

# 출력:
```

	Age	Embarked	Fare	Parch	Pclass	Sex	SibSp	Survived
0	22.0	S	7.2500	0	3	male	1	0
1	38.0	C	71.2833	0	1	female	1	1
2	26.0	S	7.9250	0	3	female	0	1
3	35.0	S	53.1000	0	1	female	1	1
4	35.0	S	8.0500	0	3	male	0	0

이상치 찾기

수치형 데이터 전체를 박스플롯으로 그려보면 데이터 값의 범위를 한 번에 볼 수 있다. 데이터프레임의 모든 수치형 데이터의 박스플롯을 그리면 아래와 같다.

박스 플롯으로 데이터의 전체적인 값의 범위를 파악할 수 있다

```
plt.figure(figsize=(8,5))
df.boxplot()

# 출력:
```

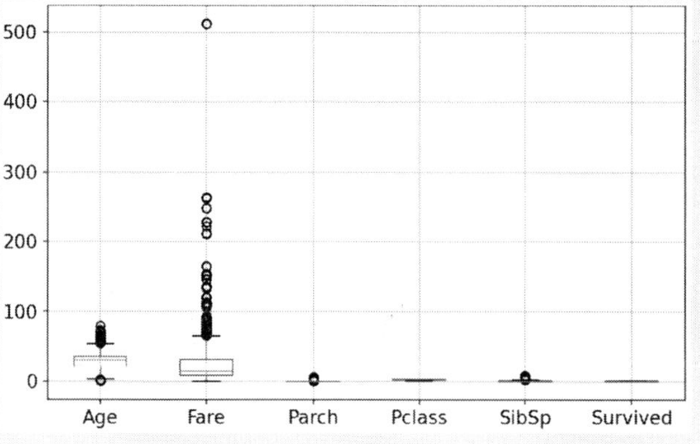

나이는 0~80에 분포되고 요금(Fare)은 0~500 의 분포인 것을 알 수 있다. 특별히 이상치로서 제거할 데이터는 없는 것으로 판단된다. Survived는 목적 변수로 0, 1로만 구성된다. 다른 입력 특성 세 가지 'Pclass','SibSp','Parch' 의 박스 플롯만 그려보겠다.

'Pclass','SibSp','Parch' 의 범위 보기

```
plt.figure(figsize=(6,4))
df[['Pclass','SibSp','Parch']].boxplot()

# 출력:
```

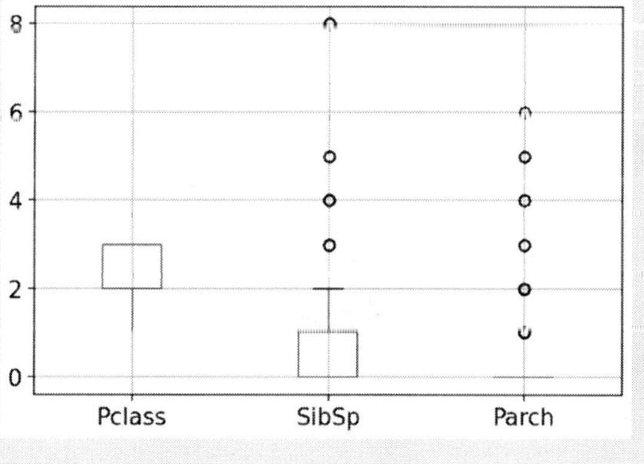

위에서 SibSp은 형제, 배우자 동승자 수를 나타내는데 0~8의 값을 갖고 있고, Parch는 부모, 자녀수를 나타내는데 0~7의 값을 갖는다. 이 값들은 그대로 사용해도 될 것으로 보인다.

데이터 변환

이제 범주형 변수에 대해서 카테고리 인코딩을 수행하고, 수치형 데이터에 로그변환 등이 필요한지를 알아보겠다.

■ 카테고리 인코딩

데이터의 기본 정보를 info()로 보면 아래와 같다. 범주형 변수명은 문자열(object)로 표시된다.

데이터프레임의 기본 정보 보기

```
df.info()

# 출력:

<class 'pandas.core.frame.DataFrame'>
Int64Index: 889 entries, 0 to 890
Data columns (total 8 columns):
 #   Column    Non-Null Count  Dtype
---  ------    --------------  -----
 0   Age       889 non-null    float64
 1   Embarked  889 non-null    object
 2   Fare      889 non-null    float64
 3   Parch     889 non-null    int64
 4   Pclass    889 non-null    int64
 5   Sex       889 non-null    object
 6   SibSp     889 non-null    int64
 7   Survived  889 non-null    int64
```

위 결과를 보면 문자열 타입의 특성은 Embarked와 Sex이다. 한편 선실 등급 Pclass는 정수 타입이지만 아래와 같이 1, 2, 3의 값을 가지며 이는 범주형 변수로 취급해야 한다.

선실 등급(Pclass)은 3가지 등급을 나타내는 범주형 변수임

```
df.Pclass.value_counts()

# 출력:
3    491
1    214
2    184
```

위의 Pclass의 경우처럼 범주형 변수를 구분하기 위해서 정수도 자주 사용된다. 항구명(Embarked)은 세 가지 항구 이름을 구분하는 범주형 변수이며 구성비를 아래와 같다.

항구명은 세가지 항구를 구분하는 범주형 변수이다

```
df['Embarked'].value_counts()

# 출력:
S    644
C    168
Q     77
```

이제 선실등급, 성별, 항구명을 get_dummies()를 이용하여 원핫 인코딩하겠다. 아래에서 범주형 변수 세 가지가 모두 원한 인코딩된 것을 확인할 수 있다. 편의상 .T를 사용하여 행과 열을 바꾸어서 보였다.

선실등급, 성별, 항구명을 원핫 인코딩한다

```
df = pd.get_dummies(df, columns=['Pclass','Sex','Embarked'])
df[:5].T

# 출력:
```

	0	1	2	3	4
Age	22.00	38.0000	26.000	35.0	35.00
Fare	7.25	71.2833	7.925	53.1	8.05
Parch	0.00	0.0000	0.000	0.0	0.00
SibSp	1.00	1.0000	0.000	1.0	0.00
Survived	0.00	1.0000	1.000	1.0	0.00

Pclass_1	0.00	1.0000	0.000	1.0	0.00
Pclass_2	0.00	0.0000	0.000	0.0	0.00
Pclass_3	1.00	0.0000	1.000	0.0	1.00
Sex_female	0.00	1.0000	1.000	1.0	0.00
Sex_male	1.00	0.0000	0.000	0.0	1.00
Embarked_C	0.00	1.0000	0.000	0.0	0.00
Embarked_Q	0.00	0.0000	0.000	0.0	0.00
Embarked_S	1.00	0.0000	1.000	1.0	1.00

범주형 변수는 이제 모두 원핫 인코딩하였고 수치형 데이터로 Age, Fare, Parch, SibSp이 남아 있다. Survived는 생존여부를 가리키는 목적변수이다.

■ 로그 변환

연속형 변수중에 요금(Fare)은 돈과 관련된 값이므로 로그변환이 필요한지를 살펴보겠다. 아래 그래프에는 Fare의 확률 분포와 Fare에 로그를 취한 후의 확률 분포를 그렸다.

돈과 관련된 데이터는 로그를 취하면 정규 분포처럼 보인다

```
plt.figure(figsize=(6,3))
plt.hist(df.Fare, bins=15)
plt.xlabel('Fare')
plt.show()
plt.figure(figsize=(6,3))
plt.hist(np.log(df.Fare+1), bins=15)
plt.xlabel('Fare (Log Scale)')
plt.show()

# 출력:
```

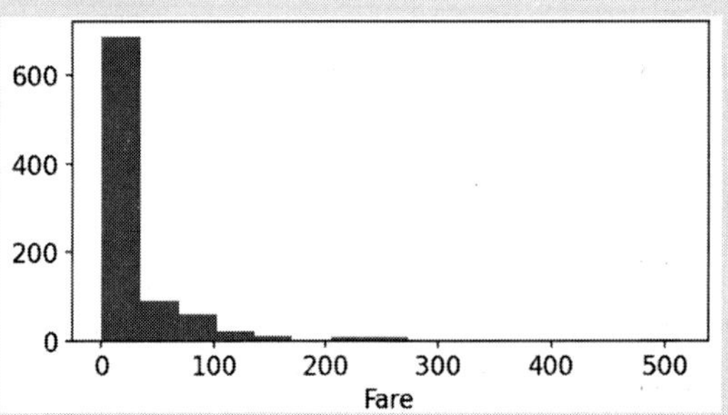

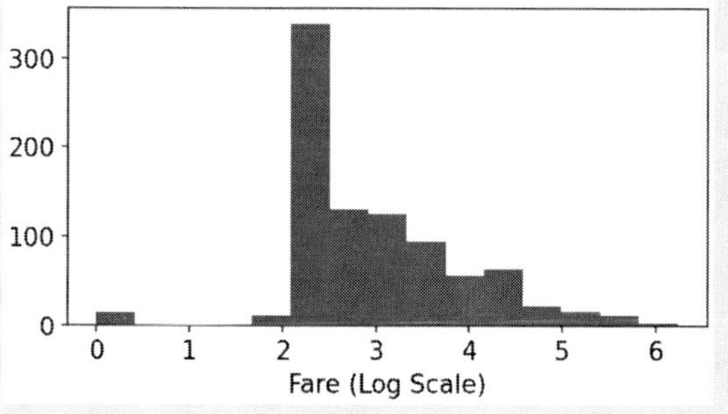

위에서 Fare에 로그를 취하면 정규 분포처럼 보이는 것을 알 수 있다. log()를 계산할 때 1을 더한 이유는 log()의 인자가 0이면 오류가 나기 때문이다. 실제 요금이 0인 경우는 log(0+1)은 0이므로 로그를 취하면 0으로 나타난다. 이제 Fare 특성은 로그를 취한 값으로 대체하겠다.

요금(Fare)은 로그를 취한 값을 사용한다

```
df['Fare'] = np.log(df.Fare +1)
df[:5].T

# 출력:
```

	0	1	2	3	4
Age	22.000000	38.000000	26.000000	35.000000	35.000000
Fare	2.110213	4.280593	2.188856	3.990834	2.202765
Parch	0.000000	0.000000	0.000000	0.000000	0.000000
SibSp	1.000000	1.000000	0.000000	1.000000	0.000000
Survived	0.000000	1.000000	1.000000	1.000000	0.000000
Pclass_1	0.000000	1.000000	0.000000	1.000000	0.000000

스케일링

이제 4개의 연속형 변수 Age, Fare, Parch, SibSp에 표준 스케일링을 적용하고 값을 확인하겠다.

연속형 변수에 표준 스케일링을 적용한다

```
from sklearn.preprocessing import StandardScaler
scaler = StandardScaler()
df.loc[:][['Age','Fare','Parch','SibSp']] =
   scaler.fit_transform(df[['Age','Fare','Parch','SibSp']])
df[:5.T

# 출력:
```

	0	1	2	3	4
Age	-0.590495	0.643971	-0.281878	0.412509	0.412509
Fare	-0.877591	1.366380	-0.796281	1.066796	-0.781901
Parch	0.000000	0.000000	0.000000	0.000000	0.000000
SibSp	1.000000	1.000000	0.000000	1.000000	0.000000
Survived	0.000000	1.000000	1.000000	1.000000	0.000000
Pclass_1	0.000000	1.000000	0.000000	1.000000	0.000000
Pclass_2	0.000000	0.000000	0.000000	0.000000	0.000000
Pclass_3	1.000000	0.000000	1.000000	0.000000	1.000000
Sex_female	0.000000	1.000000	1.000000	1.000000	0.000000
Sex_male	1.000000	0.000000	0.000000	0.000000	1.000000
Embarked_C	0.000000	1.000000	0.000000	0.000000	0.000000
Embarked_Q	0.000000	0.000000	0.000000	0.000000	0.000000
Embarked_S	1.000000	0.000000	1.000000	1.000000	1.000000

지금까지 데이터 전처리를 모두 수행하였고 이 데이터를 이용해서 데이터 분석을 수행하면 된다. 머신러닝에 사용하는 X와 y는 다음과 같이 df로부터 필요한 컬럼을 선택하여 사용하면 된다. 입력으로 사용할 X에는 목적변수인 Survived를 제외해야 한다.

데이터분석에 사용할 X와 y 얻기

```
X = df[df.columns.difference(['Survived'])]
y = df.Survived

print('X 구조와 특성:',X.shape)
print(list(X.columns))
y.value_counts()

# 출력:
X 구조와 특성: (889, 12)
['Age', 'Embarked_C', 'Embarked_Q', 'Embarked_S', 'Fare', 'Parch',
 'Pclass_1', 'Pclass_2', 'Pclass_3', 'Sex_female', 'Sex_male', 'SibSp']

Out[142]:
0    549
1    340
```

X의 특성(컬럼)으로는 Age, Embarked_C 등 12개가 있고, 목적 변수 y의 구성을 보면 889명 중에 사망자(0)가 549명, 생존자(1)가 340명인 것을 알 수 있다.

CHAPTER 05

머신러닝을 구현하는 방법

5장에서는 먼저 머신러닝 모델을 구현하는 일반적인 절차를 설명하고 여러 가지 모델 구조(알고리즘)를 소개하겠다. 각 모델의 장단점을 비교하고 머신러닝 모델의 성능을 평가하는 방법, 회귀와 분류 모델의 선택 방법, 그리고 모델의 성능을 최적화하는 방법을 소개한다.

5.1 모델 구현 개요

먼저 머신러닝 모델을 구현하는 일반적인 절차를 설명하고 4장에서 소개한 타이타닉 생존자 예측 데이터를 사용해서 실제 생존자 예측이 얼마나 잘 이루어지는지 확인해 보겠다.

모델 동작 개념

1장에서 소개한 머신러닝 모델의 전체적인 동작을 아래 그림으로 설명하겠다.

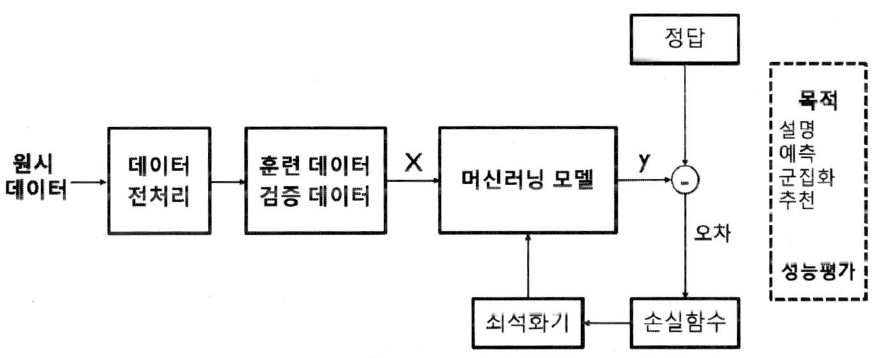

그림 5-1 머신러닝의 전체적인 동작 개요

먼저 수집된 원시(raw) 데이터를 분석에 사용하기 좋게 전처리하는 과정이 필요하다. 전처리를 수행한 후 훈련 데이터와 검증 데이터로 나눈 후에 훈련 데이터로 모델을 학습시킨다. 모델은 입력(X)를 받아서 출력(y)을 만들어 내는 컴퓨터 프로그램이다. 예측값과 실제값(레이블)과의 차이를 오차라고 한다. 오차를 줄이기 위해서 정의된 손실함수를 사용하여 모델이 학습을 잘 수행하고 있는지를 측정하는 기준으로 삼는다. 모델이 최상의 성능을 내도록 파라미터를 업데이트하는 작업은 최적화기가 수행한다.

머신러닝 모델의 구조 즉, 알고리즘의 종류에는 선형모델, 로지스틱 회귀, SVM, 결정트리, 랜덤 포레스트, 딥러닝 모델 등이 있으며 이 책에서는 딥러닝을 제외한 모델에 대해서 다룬다.

머신러닝의 목적은 설명, 회귀, 분류, 클러스터링, 추천 등의 작업을 수행하는 것이다. 모델이 원하는 성능을 내고 있는지를 평가하는 것을 성능 평가라고 한다.

모델 구현 절차

머신러닝 모델을 구현하는 절차는 다음과 같이 4 단계로 나눌 수 있다. 먼저 해결할 문제에 적합한 머신러닝 모델 구조(알고리즘)를 선택한다. 다음에 입력 데이터(X)를 사용하여 모델을 학습시키고 모델의 성능을 평가한다. 다음에는 모델의 성능을 최적화 한다. 이후 이 모델을 실제로 현장에서 사용하는 것을 고려하여 모델을 재구성한다.

① 모델 선택: 머신러닝 구조(알고리즘) 선택
② 모델 학습과 성능평가: 훈련 데이터를 이용하여 모델을 학습시키고 성능을 평가한다.
③ 모델 최적화: 가장 좋은 성능이 나오도록 하이퍼파라미터를 최적화한다
④ 모델 적용: 현장 적용을 고려하여 모델을 수정한다

1) 모델 선택

주어진 문제를 해결하기에 가장 적합한 머신러닝 모델을 선택해야 하는데 대표적인 머신러닝 모델 구조(또는 알고리즘이라고도 한다)에는 선형 모델, 로지스틱회귀, 결정트리, 랜덤포레스트, SVM, 신경망(딥러닝) 모델 등이 있다.

주어진 목적 (회귀, 분류, 추천 등)에 따라 최적의 머신러닝 모델 구조를 선택해야 하는데 최적의 모델이 무엇일지는 미리 알기 어렵다. 각 모델마다 장단점이 있고 문제의 성격에 따라 더 잘 동작하는 모델이 있기 때문이다. 더욱이 같은 문제라도 실제 사용하는 데이터에 따라서 모델의 성능이 달라진다. 따라서 최적의 모델을 선택하려면 주어진 데이터를 사용해서 여러 가지 모델을 실제로 구현해보고 비교해봐야 한다.

최적의 모델을 선택하려면 먼저 각 모델의 특징을 이해해야 한다. 각 모델의 특징은 5.2~5.6 절에서 소개하며 최적의 모델을 선택하는 방법은 5.7 절에서 소개하겠다.

2) 모델 학습과 성능평가

모델을 선택한 후에는 주어진 데이터를 사용해서 모델을 학습(learning)시킨다. 모델을 학습시킨다는 것은 구체적으로 모델을 구성하는 파라미터의 최적치를 구하는 것을 말한다. 학습은 "모델을 데이터에 맞추는(fitting) 작업"이라고 하겠다. 모델을 학습시킬 때에는 학습용으로 준비한 데이터를 사용하고, 모델을 만든 후 동작을 검증할 때는데 학습에서는 사용하지 않았던 검증용 데이터를 사용해서 성능을 평가해야 한다.

머신러닝 모델은 회귀와 분류 예측에 따라 측정하는 평가 척도가 다음과 같이 다르다. 이에 대한 자세한 내용은 뒤에서 설명한다.

- 회귀 모델에서는 R-squared 등을 사용한다
- 분류 모델에서는 정확도(accuracy), 정밀도(precision), 리콜(recall) 등을 사용한다.

3) 모델 최적화

최적의 모델은 한 번에 완성하기 어렵다. 모델의 성능은 반복적인 실험을 통해서 개선해야 하는데 성능을 개선하려면 모델 구조(알고리즘)를 바꾸거나, 모델의 동작을 설정하는 환경변수(이를 하이퍼파라미터라고 한다)를 바꾸어 가면서 최적을 모델과 동작 조건을 찾아야 한다.

4) 모델 적용

만든 모델을 실제로 어떻게 사용할지 이용 시나리오를 따져보고 모델을 변경할 필요가 있다. 단순히 성능이 좋다고 현장에서 머신러닝을 도입하는 것이 아니다. 실제 사용이 편리하고, 데이터 확보가 가능하고, 사용법에 익숙해져야 현장에서 이를 채택하게 된다.

머신러닝 예제

머신러닝의 구현방법과 동작을 이해하기 위해서 머신러닝 모델을 하나 만들어보겠다. 4장에서 소개한 타이타닉 생존자 예측 데이터를 사용해서 실제 생존자를 예측하는 모델을 만들어 보겠다.

■ 타이타닉 데이터 전처리

4.5절에서 배운 타이타닉 데이터의 전처리 과정을 정리하면 아래와 같다. 데이터 다운로드, 결측치 처리, 컬럼 삭제, 카테고리 인코딩, 로그변환, 스케일링을 차례로 수행한 후에 머신러닝 모델의 입력으로 사용할 X와 목적변수 y를 만들었고 이의 내용을 확인하였다.

데이터 전처리 전과정 실행

```
# 데이터 다운로드하기
df = pd.read_csv('https://raw.githubusercontent.com/StillWork/data/master
    /titanic_train.csv')

# 나이 결측치를 평균 나이로 대체 (대체한 것을 즉시 반영했다)
df.Age.fillna(df.Age.mean(), inplace=True)

# Embarked (항구명) 결측치가 있는 두 샘플은 삭제한다
df = df[~df['Embarked'].isnull()]

# 사용하지 않을 컬럼 4개를 삭제한 데이터프레임을 만든다
df = df[df.columns.difference(['PassengerId','Name','Ticket','Cabin'])]

# 선실등급, 성별, 항구명을 원핫 인코딩한다
df = pd.get_dummies(df, columns=['Pclass','Sex','Embarked'])

# 요금(Fare)은 로그를 취한 값을 사용한다
df['Fare'] = np.log(df.Fare +1)

# 연속형 변수에 표준 스케일링을 적용한다
from sklearn.preprocessing import StandardScaler
scaler = StandardScaler()
df.loc[:][['Age','Fare','SibSp','Parch']] =
    scaler.fit_transform(df[['Age','Fare','SibSp','Parch']])

# 데이터분석에 사용할 X와 y 얻기
X = df[df.columns.difference(['Survived'])]
y = df.Survived

# X, y 확인하기
print(y[:5])
```

```
X[:5].T

# 출력:

0    0
1    1
2    1
3    1
4    0
```

	0	1	2	3	4
Age	-0.527669	0.577094	-0.251478	0.369951	0.369951
Embarked_C	0.000000	1.000000	0.000000	0.000000	0.000000
Embarked_Q	0.000000	0.000000	0.000000	0.000000	0.000000
Embarked_S	1.000000	0.000000	1.000000	1.000000	1.000000
Fare	-0.877591	1.366380	-0.796281	1.066796	-0.781901
Parch	0.000000	0.000000	0.000000	0.000000	0.000000
Pclass_1	0.000000	1.000000	0.000000	1.000000	0.000000
Pclass_2	0.000000	0.000000	0.000000	0.000000	0.000000
Pclass_3	1.000000	0.000000	1.000000	0.000000	1.000000
Sex_female	0.000000	1.000000	1.000000	1.000000	0.000000
Sex_male	1.000000	0.000000	0.000000	0.000000	1.000000
SibSp	1.000000	1.000000	0.000000	1.000000	0.000000

5명의 샘플을 확인한 내용은 y 값이 [0,1,1,1,0]으로 생존 여부를 나타냈고 5명 샘플의 입력 데이터 X를 확인하였다. 이 전처리된 데이터를 사용해서 모델을 훈련하고 검증하겠다.

■ 모델 선택

여기서는 가장 간단한 선형 모델을 사용하겠다. 선형 모델은 입력변수들의 가중합으로 점수를 구한 후 이 점수를 보고 회귀나 분류를 수행하는 모델이다. 여기서는 선형 모델을 타이타닉 탑승자의 생존여부를 예측하는 이진분류에 적용하겠다. 가중합 점수를 보고 어떻게 분류를 수행하는지 이진 분류의 원리를 먼저 소개하겠다.

■ 선형 분류 모델

예를 들어 키와 몸무게를 보고 농구선수인지 축구선수인지를 구분하는 모델을 생각해 보자 아래 그림에서 x축은 키를 나타내는 특성 x_1이고, y축은 몸무게를 나타내는 특성 x_2이며 삼각형은 농구선수, 원은 축구선수였다고 하자. 그림 (a)의 경우는 키만 보면 운동 종목을 알 수 있으며 예를 들어 키가 190 이상이면 농구선수라고 판단하는 모델을 만들면 된다.

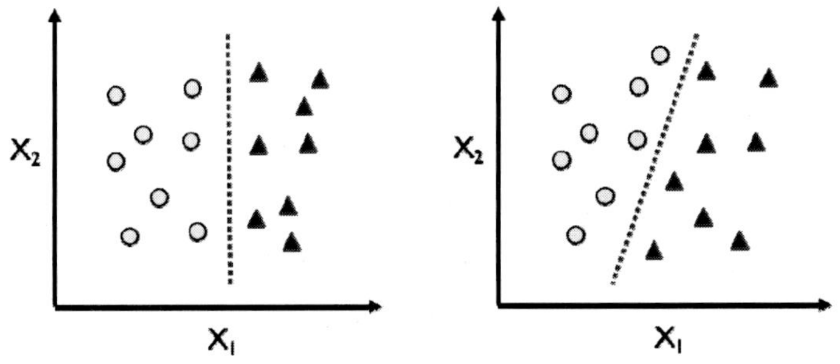

(a) (b)

그림 5-2 이진 분류와 결정 경계의 개념

이 (a) 모델을 수식으로 표현하면 아래와 같다.

$$x_1 > 190$$

$$1x_1 - 190 > 0$$

이 식을 아래와 같이 일반식으로 쓰면 가중치 a_1은 1이 되고, 절편 (bias) b는 −190을 찾으면 선형 분류 모델을 완성하게 된다.

$$a_1 x_1 + b > 0$$

위의 모델은 아마도 세상에서 가장 간단한 선형 분류 모델일 것이다. 만일 다른 나라의 운동선수의 데이터를 입력해보면 b값이 −180일수도 있고 또 다른 지역에서는 −195일 수도 있을 것이며 이는 학습에 사용하는 데이터에 따라 다르게 된다.

이제 위 그림 5-2의 (b)를 보자. 이 경우는 키가 작은 농구선수도 있고 키가 큰 축구선수도 있어서 $a_1 x_1 + b > 0$과 같이 특성을 하나만 사용해서는 분류를 할 수 없고 두 특성값 x_1(키)와 x_2(몸무게)을 모두 사용하는 아래와 같은 식으로 분류가 가능할 것이다.

$$a_1x_1 + a_2x_2 + b > 0$$

위의 식을 x_2에 대해서 정리하면(x_2가 세로방향 축이므로), 그림 5-2(b)에서 두 클래스를 나누는 결정경계(decision boundary) 직선의 식은 아래와 같이 표현할 수 있다.

$$x_2 > -\frac{a_1}{a_2}x_1 - \frac{b}{a_2}$$

위의 내용을 정리하면, 선형 모델을 이용한 분류 모델은 $a_1x_1 + a_2x_2 + b$와 같은 입력 특성의 가중합(weighted sum)으로 점수(score)를 먼저 구하고 이것이 양수이면 농구선수, 음수이면 축구선수와 같은 판별식에 사용하는 방법이다.

참고로 가중합을 구할 때 상수항목 바이어스(bias)를 더하는 이유는 만일 바이어스가 없다면 위의 (b) 그래프에서 결정 경계로 원점을 지나가는 직선만 구할 수밖에 없게 되어 일반적인 결정경계 직선을 만들 수가 없기 때문이다.

위의 예는 특성이 2개만 있는 경우를 설명했으며 2차원 특성 공간을 나누는 결정 경계는 1차원 직선이 된다. 만일 특성이 3개였다면 3차원 공간을 이진 분류하는 결정 경계는 2차원 평면이 될 것이다. 4차원 이상은 눈으로 볼 수는 없지만 수학적으로는 확대가 가능해서 임의의 n차원 특성 공간상의 점(샘플)들에 대해서도 가중합 방식으로 결정 경계를 구하는 것이 가능할 것이다. 이 원리가 바로 선형 모델(가중합)을 이용하여 이진분류를 수행할 수 있는 원리이다.

선형분류 모델을 타이타닉 데이터에 대해서 적용해보겠다. 다행히 머신러닝 모델을 다시 구현할 필요는 거의 없다. 전 세계 고수 개발자들이 이미 모든 머신러닝 모델을 구현해 두었고 우리는 파이썬으로 이들을 쉽게 불러서 사용할 수 있다.

■ **훈련 데이터와 검증 데이터**

머신러닝 모델은 훈련 데이터로 모델을 학습시키고 검증 데이터로 학습시킨 모델의 성능을 검증해야 한다. sklearn 패키지에는 임의의 데이터를 훈련 데이터와 검증 데이터로 나누어 주는 함수 train_test_split()를 제공하며 이 함수를 이용하여 앞에서 준비된 입력 데이터 X와 목적변수(레이블) y를 아래와 같이 나누어 사용할 수 있다.

X와 y를 훈련 데이터와 검증 데이터로 나눈다 (디폴트 비율은 75%: 25%)

```
from sklearn.model_selection import train_test_split
X_train, X_test, y_train, y_test = train_test_split(X, y)

# 훈련 및 검증 데이터 개수 확인
len(X_train), len(X_test)

# 출력: (666, 223)
```

위에서 train_test_split()는 디폴트로 데이터를 랜덤하게 순서를 섞어서 나누며 디폴트로 3:1로 비율로 입력 데이터를 두 세트로 나눈다. 입력으로 X와 y를 주었으므로 총 4개의 데이터 세트를 리턴한다. 이를 각각 X_train, X_test, y_train, y_test 변수로 받아서 사용하려고 한다. 위 코드의 결과를 보면 학습용 데이터의 수는 889개의 75%인 666개이고 검증용 데이터의 수는 25%인 223개이다. 앞에서 설명한 X, y 데이터셋을 나누는 개념을 아래의 그림에 나타냈다.

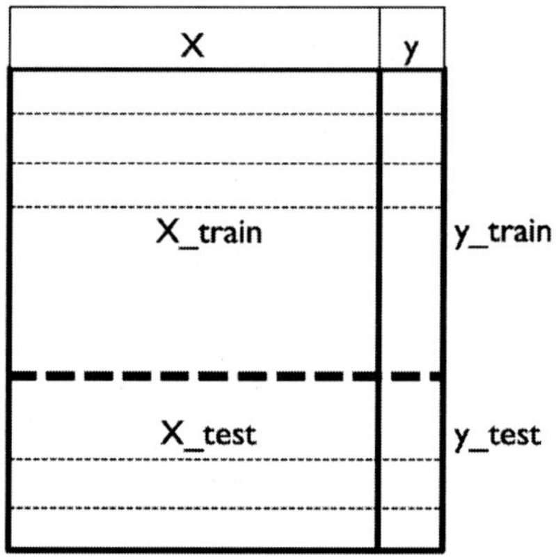

그림 5-3 데이터셋 X와 y를 훈련 데이터와 검증 데이터로 나누는 개념

위 그림에서 X_train과 y_train은 훈련용 데이터셋으로, X_test과 y_test은 검증용 데이터 세트로 사용하면 된다. 주의할 것은 주어진 X와 y 데이터의 순서가 디폴트로 랜덤하게 섞인다는 것이다. 만일 데이터의 순서를 섞지 않고 순서를 유지하면서 나누려면 shuffle = False 인자를 사용하면 된다. 또한 훈련 데이터와 검증 데이터로 나누는 비율을 3:1이 아니라 임의의 비율로 나눌 수 있다. 예를 들어 test_size=0.2와 같이 옵션을 주면 훈련용 대 검증용 데이터 비율을 8:2로 나눈다.

■ 선형 모델 학습

선형 분류 모델은 sklearn 패키지에서 제공하며 linear_model 모듈에 들어있는 SGDClassifier 객체를 사용하면 된다. 여기서 SGD는 stochastic gradient descent의 약자로 모델을 학습시키 알고리즘 이름이다.

이제 선형 분류 모델 SGDClassifier()로 모델 객체 model을 만든 후에 모델이 제공하는 학습 함수인 fit()을 호출하여 모델을 학습시키는 코드를 아래에 소개했다. 학습시에는 X_train과 y_train를 사용한다.

선형 분류 모델로 SGDClassifier를 사용

```
# 모델 생성
from sklearn.linear_model import SGDClassifier
model = SGDClassifier()

# 학습 데이터를 사용하여 학습을 수행한다
model.fit(X_train, y_train)

# 검증 데이터를 사용하여 모델의 성능을 확인한다 (정확도를 알려준다)
model.score(X_test, y_test)

# 출력: 0.7668161434977578
```

학습이 종료되면 검증 데이터를 사용하여 모델의 성능을 확인할 수 있는데 모델이 제공하는 score() 함수를 사용하면 검증 데이터에 대해서 얼마나 정확하게 정답을 맞추었는지 정확도(accuracy, 맞춘 비율)를 알려준다. 즉, 223개 검증 샘플에 대해서 생존여부 (1 또는 0)를 맞춘 비율을 알려준다. 위의 선형 분류 모델의 성능은 0.767였다. 즉, 76.7% 정답을 맞추었다. 참고로 이 성능 값은 프로그램을 수행할 때마다 다르게 나올 수 있는데 그 이유는 train_test_split() 수행시에 훈련과 검증 데이터를 랜덤하게 나누기 때문이다. 데이터를 랜덤하게 나누되 나누는 순서를 고정시키는 방법도 있는데 인자로 random_state=99와 같이 임의의 상수를 배정하면 랜덤한 순서가 항상 동일한 패턴으로 발생한다.

■ 가중치 확인하기

모델의 가중치를 보면 각 특성이 얼마나 중요하게 반영되었는지를 알 수 있으며 가중치가 양수이면 생존에 기여하는 특성이고 음수이면 사망에 기여하는 것이며 가중치의 크기는 반영 정도를 나타낸다. 선형 모델이 제공하는 coef_라는 내부 변수에 가중치가 담겨있다. 특성별 가중치 값을 확인하기 위해서 model.coef_을 데이터프레임으로 만들고 인덱스로 특성명인 X.columns을 지정했다.

각 특성이 얼마나 중요하게 반영되었는지를 본다

```
W = pd.DataFrame(model.coef_[0].round(4),
      index=X.columns, columns=['weight'])
W.sort_values('weight')

# 출력:
```

	weight
Sex_male	-2.1643
Pclass_3	-1.3527
Age	-1.2879
Embarked_S	-1.0822
SibSp	-1.0822
Pclass_2	-0.5411
Embarked_C	-0.2705
Parch	-0.2705
Embarked_Q	0.0000
Fare	0.0636
Pclass_1	0.5411
Sex_female	0.8116

위 결과의 의미는 Sex_male에 곱해지는 가중치는 -2.1643이고, Pclass_3에 곱해지는 가중치는 -1.3527 등인 것을 나타낸다 (보기 좋게 round(4)를 사용해서 소수점 네째자리까지만 표시했다). model.coef_[0]로 0으로 인덱싱한 이유는 coef_이 2차원 어레이이므로 첫 번째 행만 가져와서 1차원 어레이로 만들기 위해서이다. 위의 결과를 막대 그래프로 그리면 아래와 같다.

각 특성이 얼마나 중요하게 반영되었는지를 그래프로 보기

```
W.sort_values('weight').plot(kind='barh')

# 출력
```

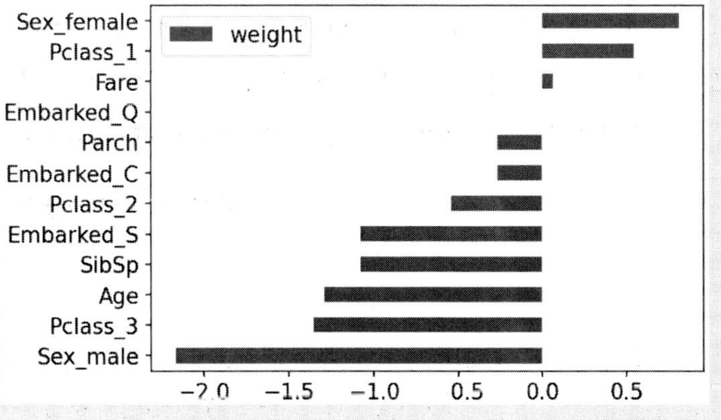

위 모델의 가중치를 보면 생존하는데 기여한 특성은 여성, 1등석, 요금, 등이고 (양의 가중치를 가지므로), 사망에 가장 많이 기여한 특성은 남성, 3등석, 나이, 형제수, S항구 탑승자 등인 것을 알 수 있다 (음의 가중치를 가지므로).

위에서 만든 선형 모델은 다음과 같이 동작한다. 새로운 샘플이 들어오면 각 특성에 해당 가중치를 곱해서 가중합을 구하고 이 값이 양수이면 생존한 것으로 판단하고 (모델은 기본적으로 레이블 1을 찾는데 양수를 사용한다), 음수면 사망한 것으로 판단한다.

지금까지 타이타닉 데이터를 이용한 이진분류 모델을 만드는 과정을 설명했다. 모델은 선형 모델을 사용했지만 머신러닝 모델을 만드는 전체 개념은 나중에 다른 모델을 사용할 때에도 거의 동일하게 적용할 수 있다.

5장의 나머지 부분에서는 회귀 예측과 분류 예측을 설명하고 결정 트리, 랜덤 포레스트 등 여러 가지 모델들의 특징에 대해서 배우겠다.

5.2 회귀 모델

5.1절에서 소개한 타이타닉 생존자 예측 문제는 분류 예측 모델이었다. 각 승선자의 정보인 샘플 데이터를 보고 그 사람이 생존과 사망의 두 클래스 중 어디에 속할지를 예측하는 분류 문제였다. 회귀 예측 모델은 클래스가 아니라 숫자를 예측하는 모델이다. 여기서는 선형 모델을 이용하여 회귀 분석을 하는 예를 소개하겠다. 또한 회귀 모델이 얼마나 잘 동작하는지 성능을 평가하는 방법을 설명하겠다.

선형 회귀 모델

선형 회귀 모델이란 특성 값들에 계수를 곱하여 더한 값, 즉 가중합 자체를 어떤 목적 변수 y를 예측하는데 사용하는 모델이다. 수식으로는 입력 특성 X의 가중합으로 목적변수 y를 예측하는 것으로 다음과 같이 표현할 수 있다.

$$y = aX + b$$

머신러닝 모델이 해야 할 작업은 위와 같은 선형 예측 값(y)이 가능하면 실제값과 가깝게 되도록 가중치 a와 b를 훈련 데이터를 사용하여 찾는 것이다. 가중치(weight)를 모델 파라미터(parameter)라고도 부른다.

파라미터는 입력 특성 X의 컬럼 수만큼 필요하며 이 숫자는 모델이 자동으로 찾아준다.

먼저 머신러닝 모델의 구체적인 동작 방식을 설명하겠다.

머신러닝 학습 과정

머신러닝 모델이 최적의 파라미터를 찾는 과정을 '학습(learning)'한다고 표현하고 학습을 수행하는 소프트웨어를 최적화기(optimizer)라고 한다 (그림 5-1 참조). 최적화기가 사용하는 알고리즘으로는 경사하강법 (GD: Gradient Descent)이 기본적으로 사용된다.

경사하강법이란 최적의 파라미터를 한 번에 찾기는 어려우므로 파라미터 값을 조금씩 경사를 따라 업데이트 하는 방식이다. 경사하강법의 동작에 대해서는 뒤에서 자세히 설명하겠다.

최적화기는 손실함수 (loss function)를 최소화 하는 방향으로 동작하는데 손실함수는 최적화기의 동작이 잘 이루어지고 있는지를 모니터링 하는 값이다.

■ 손실함수

모델이 학습을 얼마나 잘하고 있는지를 수치로 표현한 값이 손실함수이며 손실함수는 오차로부터 계산한다. 최적화기는 손실함수를 줄이는 방향으로 모델을 학습시킨다.

손실함수는 한 번 측정한 값으로 계산하기도 하지만 보통 배치(batch) 단위로 측정하고 학습도 배치 단위로 이루어진다. 예를 들어, 키를 예측하는 경우, 한명씩 오차를 측정하고 손실함수를 구하고 학습을 하는 것이 아니라 20명씩 모아서 측정하고 학습을 하는데 이렇게 배치 단위로 학습시키는 것이 더 잘 동작한다. 이를 다르게 표현하면 한 번의 학습(파라미터 업데이트)을 하기 위해서 사용하는 데이터 샘플수를 배치라고 한다.

회귀분석에서 주로 사용하는 손실 함수는 오차 자승의 합의 평균치(MSE: mean squared error)이다. MSE를 수식으로 표현하면 다음과 같다.

$$MSE = \frac{1}{N}\sum_{k=1}^{N}(y-\hat{y})^2$$

위의 식에서는 배치 크기가 N이다. 배치 크기를 얼마로 선택하는 것이 좋은지는 상황에 따라 다르지만 통상 30 내외의 수를 택하며 응용에 따라 20~100을 선택한다. 배치 크기와 같은 환경 설정 변수를 하이퍼 파라미터라고 한다. 하이퍼 파라미터는 모델을 구성할 때 개발자가 선택하는 변수이다.

그런데 오차를 줄인다면 오차 절대치의 합을 줄여도 되는데 오차의 자승의 합을 최소화하는 이유는 무엇일까? 그 이유는 오차가 크게 나는 샘플에게 페널티를 더 많이 주어 빠르게 학습시키기 위해서이다.

■ 성능 평가

학습이 종료된 후 모델이 얼마나 잘 동작하는지 성능을 평가해야 한다. 여기서는 회귀 모델의 성능을 평가하기 위해서 어떤 값을 측정하는지를 설명하겠다.

회귀 모델에서 손실함수로 MSE를 주로 사용한다고 하였다. 혹시 MSE를 성능 지표로 사용하면 안될까? MSE가 적을수록 예측을 잘 한 것이므로 MSE를 성능 지표로 사용하는 것도 가능할 것으로 생각할 수 있다. 그러나 MSE를 일반적인 성능 지표로 사용하기에는 부족하다. 예를 들어 키를 예측하였는데 MSE 값이 5.7이 나왔다고 하면 이 수치만 보고 성능이 얼마나 우수한지 다른 경우와 비교하기 어렵다.

예를 들어 국군 의장대의 멤버들은 모두 키가 180 근처라고 하면 국군 의장대 멤버의 키를 예측할 때는 오차가 매우 적을 것이고, 키가 160부터 190까지 섞어 있는 고등학생을 대상으로 키를 예측할 때는 오차가 클 수 밖에 없다. 따라서 측정 대상의 키의 분포 정도 즉, 분산을 고려한 성능 지표를 사용해야 상대적인 회귀 모델의 성능을 측정할 수 있을 것이다.

이를 위해서 MSE 값을 분산(variance)으로 정규화 한 값을 성능 지표로 사용한다. 즉 MSE/Var를 보고 얼마나 회귀 예측을 잘 수행했는지를 평가하면 분산이 큰 집단과 분산이 적은 집단을 고려한 상대적인 평가가 가능해진다.

통상 성능 지표는 클수록 성능이 좋은 것으로 설정하며 성능이 최고일 때 1이 되도록 정의한다. 따라서 MSE/Var 대신 (1-MSE/Var)을 성능지표로 사용하는 것이 편리하며 이를 R^2라고 하며 R-Squared로 읽는다.

■ R Squared

R^2의 정의는 아래와 같으며 우측 분수식의 분자, 분모에 각각 1/N을 곱하면 MSE/Var 정의와 같다.

$$R^2 = 1 - \frac{\sum_{i=1}^{n}(y_i - \hat{y}_i)^2}{\sum_{i=1}^{n}(y_i - \bar{y}_i)^2}$$

위에서 y_i는 실제 값, $\hat{y}_i$는 예측한 값, $\bar{y}$는 샘플의 평균 값을 나타낸다.

만일 모델이 매우 정확해서 모든 예측치 $\hat{y}_i$가 실제값 y_i와 완전히 일치하는 경우는 MSE가 0이 되고 따라서 R^2 값은 1이 된다.

이와는 달리, 모델이 모든 예측치를 평균치로 예측하는 단순한 모델로 동작한다면 모든 예측치 $\hat{y}_i$가 평균치 $\bar{y}$가 되므로 MSE/Var 값이 1이 되고(분자 분모가 같으므로), 이때는 R^2가 0이 된다. 즉, 평균치로 예측하는 기본적인 모델의 경우 R^2값이 0이 된다.

만일 평균치 예측보다도 성능이 떨어지는 모델을 만들면 (즉, 오차가 표준편차 보다 평균적으로 크게 발생하면) MSE/Var의 분자가 분모보다 커질 수 있고 이때는 R^2가 음수가 된다.

회귀분석의 성능 평가로 R^2을 사용하면 측정하는 데이터의 종류와 값의 크기 범위와 관계없이 성능 평가를 상대적으로 할 수 있게 된다.

손실함수는 모델이 학습할 때 줄이는 대상 값이며 작을수록 학습을 잘 수행하고 있다고 볼 수 있고, 성능 지표는 클수록 좋은 값으로 1에 수렴할수록 모델이 완벽한 결과를 내고 있다고 볼 수 있다.

아래에 회귀 모델의 손실함수와 성능평가 지표의 차이를 정리했다.

- 손실함수 (MSE): 손실함수를 줄이는 방향으로 모델을 학습시킴
- 성능평가지표(R^2): 머신러닝 모델을 사용하는 목적은 성능을 높이는 것임

■ 경사하강법 동작

앞에서 모델의 학습을 수행하는 최적화 알고리즘으로 경사하강법(GD)이 널리 사용된다고 했다. 경사하강법은 파라미터를 업데이트 할 때 기울기(미분값)에 비례하여 반대방향으로 이동하는 방식을 말한다.

아래 그림은 가중치에 대해서 손실함수를 간단히 2차원으로 가정하고 그린 것이다(실제로는 특성의 수만큼 높은 고차원의 공간에서 이루어진다). 현재 계수의 값의 위치가 W_1이라고 하자. 여기서 기울기가 현재 (+)값이고 기울기가 큰 편이다. 이때는 음의 방향(좌측)으로 이동하여 다음번 계수를 선택해야 한다. 다음 위치 W_2에서는 기울기가 아직 (+)지만 크기는 조금 감소했다.

따라서 좌측으로 다음 계수를 조정하되 이동하는 폭을 좁혀야 한다. 손실함수가 최저점에 도달하면 기울기가 0이 되며 더 이상 이동할 필요가 없다.

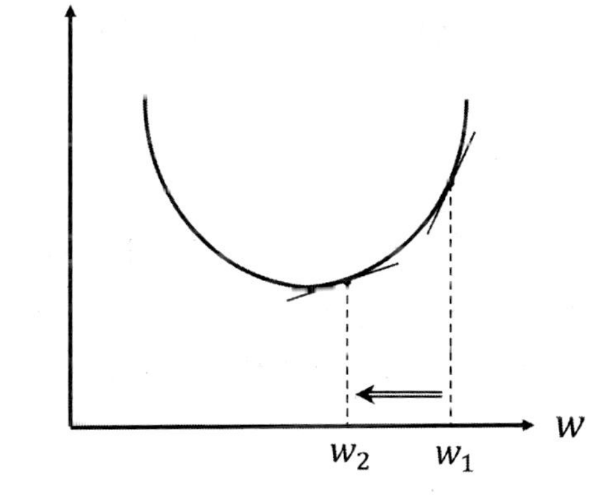

그림 5-4 경사강하법의 동작원리. 가중치는 W_1에서 출발하여 최적의 값에 도달한다.

경사하강법의 동작을 수식으로 표현하며 다음과 같다.

$$W_i = W_{i-1} - \eta Grad(i)$$

위에서 $Grad(i)$는 시점 i에서 손실함수의 기울기이고 η는 학습 속도를 조절하는 변수로 학습률(learning rate)이라고 한다. 계수 W의 초기 값은 보통 랜덤하게 준다.

경사하강법의 원리를 비유하면, 예를 들어 산에서 낮은 곳으로 내려오려면 경사의 반대 방향(즉 내려가는 방향)으로 이동하되 기울기의 크기에 비례하여 움직이는 것과 같다.

기울기가 크다면 산 정상에 있는 셈이니 빨리 움직이고, 기울기가 거의 없다면 평지에 거의 다 내려 온 것이라고 보는 것과 같다.

가중치를 업데이트 하는 속도를 조정하는 학습률이 너무 작으면 수렴하는데 시간이 오래 걸리지만 최저점에 도달했을 때 흔들림 없이 안정적인 값을 얻게 되고, 반대로 학습률을 너무 크게 정하면 학습하는 속도는 빠르나 자칫하면 최저점으로 수렴하지 못하고 지나치거나 (발산하거나) 수렴하더라도 흔들리는 오차가 남아있을 수 있다. 학습 스케줄(learning schedule) 기법을 사용하면 초기에는 학습률을 크게 정하고 (학습률을 빠르게 학고) 오차가 줄어들면 학습률을 줄여서 안정상태(steady state)의 오차를 줄이는 방법을 사용할 수 있다.

주의할 것은 경사하강법을 적용하려면 특성 변수들을 모두 스케일링해야 한다는 것이다. 특성 값마다 크기와 편차가 다르면 크기와 편차가 특정 변수에 너무 종속되어 제대로 동작하지 않는다.

경사하강법은 대부분 배치형으로 동작하는데 이는 적절한 크기의 배치단위로 샘플을 묶어 경사하강법을 적용하는 방식이다. 배치 크기는 보통 30, 50, 100을 사용한다.

확률적 경사하강법(stochastic GD)도 있는데 이 방법은 한 번에 한 샘플씩 랜덤하게 골라서 훈련에 사용하는 방법이다. 앞에 설명한 배치형 경사하강법과 성능에서 큰 차이가 나지는 않는다.

선형회귀 예제

남녀의 성별, 키, 몸무게 데이터를 사용해서 회귀모델을 구현해보겠다. 먼저 남녀 성별 정보는 사용하지 않고 키만 보고 몸무게를 예측하는 모델을 만들어 보겠다. 다음에는 성별과 키, 두 개의 특성을 사용해서 몸무게를 예측하면 성능이 개선되는 것을 확인하겠다.

■ 데이터 다운로드

아래는 키, 몸무게, 성별 데이터를 다운로드 받는 코드이다. 남녀 각각 500 명씩 총 1000명의 데이터이다.

키, 몸무게, 성별 데이터 다운로드

```
df = pd.read_csv('https://github.com/data-labs/data/raw/main/weight-
    height500.csv')
print(df.shape)
df[:5]

# 출력:

(1000, 3)
```

	Gender	Height	Weight
0	Male	187.571423	109.720985
1	Male	174.706036	73.622732
2	Male	188.239668	96.497550
3	Male	182.196685	99.809504
4	Male	177.499761	93.598619

키와 몸무게의 분포를 seaborn 패키지가 제공하는 시각화 함수 histplot()를 이용하여 그려보겠다. seaborn 패키지는 파이썬의 기본 그래프 라이브러리인 matplotlib를 이용하여 좀 더 멋진 그림을 그리는 함수들을 제공한다. histplot()의 인자로 hue를 사용하면 그림을 그릴 때 hue 인자값들로 나누어서 그림을 그린다. 아래는 성별을 hue 인자로 사용하여 키와 몸무게를 성별로 나누어 그렸다.

남녀별 키와 몸무게 분포 보기

```
import seaborn as sns
sns.histplot(data=df, x='Height',hue='Gender')
plt.show()
sns.histplot(data=df, x='Weight',hue='Gender')

# 출력:
```

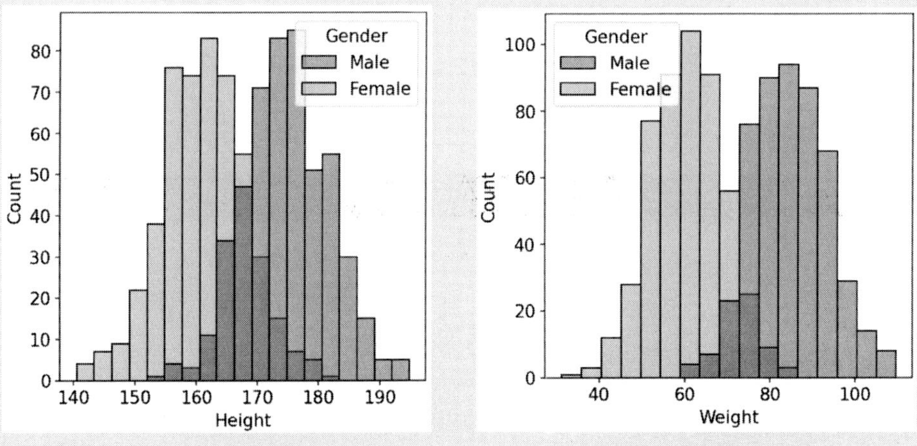

seaborn이 제공하는 산포도 그리는 함수 scatterplot()를 사용하면 좀 예쁜 산포도를 그려주며 hue 인자를 사용할 수 있다. 아래는 남녀를 구분하여 키-몸무게의 산포도를 그렸다.

남녀별 키와 몸무게 산포도

```
sns.scatterplot(data=df, x='Height', y='Weight', hue='Gender')

# 출력:
```

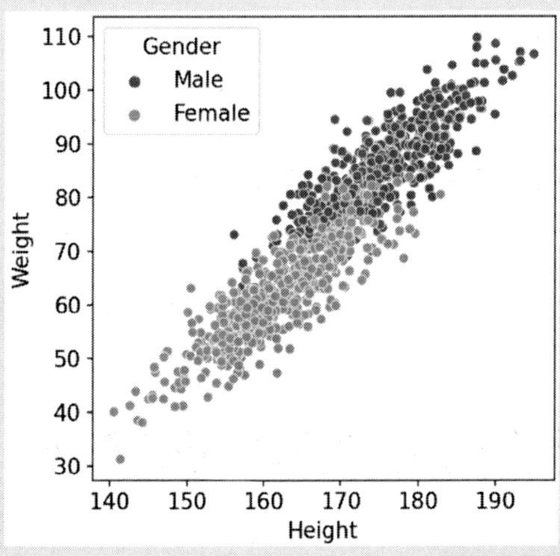

■ **키로부터 몸무게 추정하기**

키로부터 몸무게를 예측하는 선형회귀 모델을 만들어보겠다. 먼저 Male과 Female을 각각 0과

1로 인코딩하겠다. 어떤 범주형 변수가 두 가지 종류만 구분할 때에는 굳이 원핫 인코딩을 하여 두 개의 컬럼을 만들지 않아도 되며 하나의 컬럼만 만들고 0과 1로 인코딩하는 것이 편리하다(두 방법 모두 성능은 같다).

아래는 성별을 구분하기 위해서 하나의 컬럼만 사용하는 예이다. map() 함수를 이용하면 Male과 Female을 각각 0과 1로 인코딩할 수 있다.

다음에 입력변수(X)에는 키(Height) 값만 넣고, 목적변수(y)에는 몸무게(Weight) 정보를 넣은 후, X와 y를 훈련용 및 검증용 데이터로 나눈 다음 선형회귀 모델을 훈련 데이터로 학습시키고 검증 데이터로 평가를 하였다.

키로부터 몸무게 예측하는 선형 모델

```
df.Gender = df.Gender.map({'Male':0, 'Female':1})

# X에 성별 정보는 사용하지 않음. 즉, 남여를 구분하지 않는다
X = df[['Height']]
y = df['Weight']

from sklearn.model_selection import train_test_split
X_train, X_test, y_train, y_test = train_test_split(X, y)

# 모델 생성, 학습, 사용 후 성능 보기 (R-Squared)
from sklearn.linear_model import LinearRegression
model = LinearRegression()    # (1) 모델 생성
model.fit(X_train, y_train)  # (2) 학습
model.score(X_test, y_test).round(4) # (3) 성능 평가

# 출력: 0.8607
```

위 결과를 보면 R^2 값이 0.86이 나왔다.

■ **회귀직선 그리기**

앞에서 만든 선형 모델을 나타내는 회귀 직선을 그려보겠다. 회귀직선은 $y = ax + b$가 되는데, 학습을 통해서 얻는 a와 b 값을 이용해서 그리면 된다. 직선은 두 개의 점을 연결하면 되므로 키의 양 끝점을 임의로 140과 200으로 잡고 이 키로부터 모델이 예측하는 몸무게를 구한 다음 두 점을 plot()으로 연결하였다. 아래는 회귀 직선과 훈련 데이터의 키-몸무게 산포도를 같이 그렸다.

선형 회귀 직선 그리기

```
# 학습된 가중치(파라미터) 보기
a, b = model.coef_, model.intercept_
print('a=',a, ', b=',b)

# 회귀 직선 보기 (양 끝점 두개를 연결)
xs = np.linspace(140,200,2)  # 키의 양 끝점 선택
ys = a*xs + b                # 모델이 예측하는 몸무게
plt.plot(xs,ys, c='r')       # 회귀직선 그리디

# 훈련 데이터의 산포도 보기
plt.xlabel('Height')
plt.ylabel('Weight')
plt.scatter(X_train.values, y_train, s=2)

# 출력:
a= [1.41931043] , b= -165.88634957216186
```

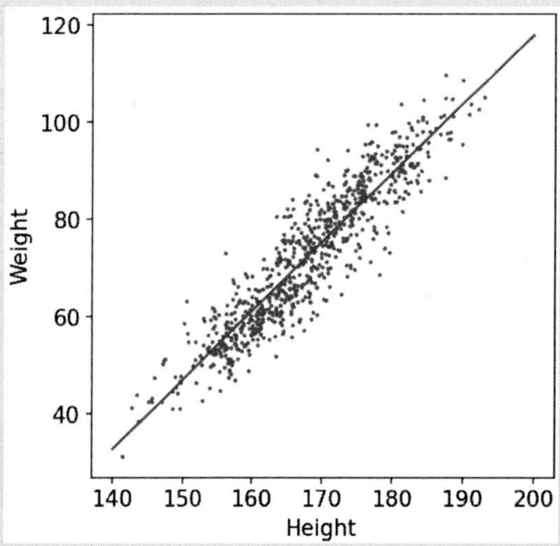

위에서 가중치 a는 1.42 정도가 되는데 이것의 의미는 키가 1cm 증가하면 몸무게는 1.42kg 정도 증가하는 선형 예측 모델인 것을 나타낸다.

■ **회귀 성능**

회귀 모델의 성능은 기본적으로 R^2를 본다. 그러나 R^2는 분산으로 정규화한 상대적인 성능 평

가만 하므로 실제 수치 (여기서는 몸무게)에서 오차가 얼마나 되는지를 파악하기는 어렵다. 실제 값에서의 오차를 보기 위해서 오차 절대값의 평균(MAE), 오차 자승의 평균(MSE), MSE의 루트값(RMSE)들을 추가로 보기도 한다. 이들의 정의는 아래에 나타냈다.

- MAE: mean absolute error
- MSE: mean squared error
- RMSE: root MSE

$$MAE = \frac{1}{N}\sum|y_i - \hat{y}|$$

$$MSE = \frac{1}{N}\sum(y_i - \hat{y})^2$$

$$RMSE = \sqrt{MSE}$$

$$R^2 = 1 - \frac{\sum(y_i - \hat{y})^2}{\sum(y_i - \bar{y})^2} = 1 - \frac{MSE}{Variance}$$

y : 실제값, $\hat{y}$: 예측치, $\bar{y}$: 평균치

아래에 함수 show_reg_result()를 정의했는데 회귀 모델에서 자주 사용되는 성능 평가 지표들을 출력하며, 오차중의 최대값도 출력한다.

회귀모델의 여러가지 성능 평가 지표

```
def show_reg_result(y_test,y_pred):
    print('R-Squared: ',
      r2_score(y_test, y_pred).round(3))
    print('Max Error: ',
      round(np.abs(y_test - y_pred).max(),3))
    print('Mean Absolute Error: ',
      round(np.abs(y_test-y_pred).mean(),3))
    print('Root Mean Squared Error: ',
      mean_squared_error(y_test,y_pred, squared=False).round(3))

# 예측값을 구한 후에 여러 성능 보기
y_pred = model.predict(X_test)
show_reg_result(y_test,y_pred)

# 출력:
```

```
R-Squared:  0.861
Max Error:  16.433
Mean Absolute Error:  4.548
Root Mean Squared Error:  5.73
```

위 결과를 보면 R^2는 0.861이고, 오차 최대값은 16.4kg, 오차 절대값의 평균치는 4.548kg, RMSE는 5.73kg 임을 알 수 있다(편의상 소수점 셋째자리까지만 출력했다). RMSE는 항상 MAE 보다 크게 나오는데 그 이유는 큰 값은 자승을 취하면 더 커지는 효과로 인해 데이터의 변동폭이 클수록 산술 평균보다 자승 후 합의 평균이 더 커지기 때문이다.

■ **성별 정보 이용하기**

이번에는 몸무게를 예측하는 회귀모델에서 입력으로 키 뿐 아니라 성별도 같이 사용하고 성능이 어떻게 달라지는지 비교해 보겠다. 즉 범주형 변수를 추가할 때 어떻게 성능이 개선되는지를 확인해보겠다.

아래 코드는 입력으로 성별과 키 두개의 컬럼을 사용하여 모델을 학습시키고 성능을 평가하는 코드이다.

입력으로 성별과 키 두개의 컬럼을 사용하는 경우

```
X = df[['Gender', 'Height']]
y = df.Weight.values

X_train, X_test, y_train, y_test = train_test_split(X, y)
model = LinearRegression()
model.fit(X_train, y_train)
model.score(X_test, y_test).round(4)

# 출력: 0.9019
```

위 결과 R^2를 보면 성별 정보를 추가로 사용하여 성능이 개선된 것을 알 수 있다.

■ 회귀 직선 그리기

이제 남녀 데이터를 나누어서 각각에 대한 회귀 직선을 그려볼 수가 있다. 성별(Gender) 값이 남성이면 0, 여성이면 1이므로 이 값을 고정하여 남녀별 회귀 직선을 나누어 그려보았다.

아래 그래프에는 세 가지 회귀 직선을 그렸는데, 남녀를 구분하지 않는 경우(Male+Female), 남성 데이터에 대한 회귀 모델(Male), 여성 데이터에 대한 회귀 모델(Female) 등 세가지 경우의 회귀 직선을 그렸다.

선형 회귀 직선 그리기 (성별을 추가한 경우)

```
# 학습된 가중치(파라미터) 보기
a1, a2 = model.coef_[0], model.coef_[1]
b1 = model.intercept_
print('a1, a2, b1 =',np.array((a1, a2, b)).round(3))

# 훈련 데이터의 산포도 보기
plt.scatter(df.Height[df.Gender==0],df.Weight[df.Gender==0],marker='+',
    s=13, color='b')
plt.scatter(df.Height[df.Gender==1],df.Weight[df.Gender==1],marker='.',
    s=9, color='r')
plt.xlabel('Height')
plt.ylabel('Weight')

# 남녀 구분 없는 경우 회귀 직선 (a, b 파라미터 사용)
xs = np.linspace(140,200,2)  # 양 끝점
ys = a*xs + b
plt.plot(xs, ys, c='k', label='Male+Female') # 검정색

# 남성의 경우 회귀 직선 (Gender=0 으로 고정)
ys = a1*0 + a2*xs + b1
plt.plot(xs, ys, 'b--', label='Male')          # 파란색

# 여성의 경우 회귀 직선 (Gender=1 로 고정)
ys = a1*1 + a2*xs + b1
plt.plot(xs, ys, c='r', label='Female')        # 붉은색
plt.legend()

# 출력:
```

```
a1, a2, b1 = [  -9.63     1.056 -165.886]
```

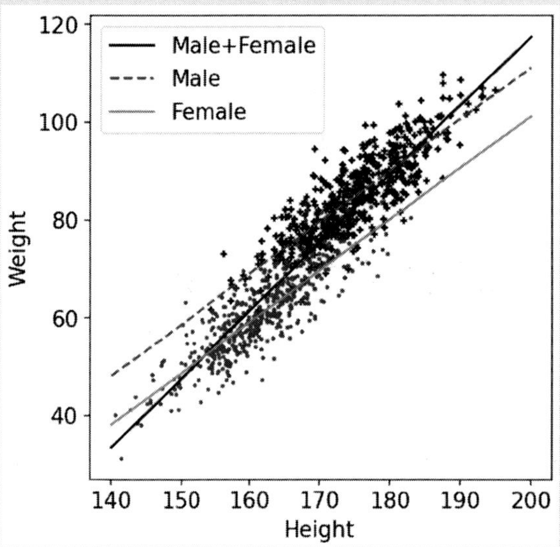

위에서 모델 가중치 a1, a2가 각각 -9.63, 1.056을 얻었는데 이 가중치의 의미는 다음과 같다. 남녀 구분없이 키가 1cm 커지면 몸무게가 1.056kg 늘어난다고 예측하고, 성별이 여성(1)이면 남성(0)에 비해서 평균 9.63kg 적다는 것을 나타낸다. 위의 그래프에서 여성용 회귀직선에 남성용 회귀직선에 비해 평균 9.63 적게 그려진 것을 알 수 있다.

선형 모델의 특징

선형 회귀 모델은 간단하면서도 성능이 우수하여 오랫동안 널리 사용된 모델이다. 선형 모델의 장점은 X와 y의 관계가 선형적이면 모델의 성능이 매우 우수하다는 것이다. 앞의 예와 같이 키가 클수록 전반적으로 몸무게도 늘어나는 선형성이 만족되는 경우는 선형 모델이 충분히 우수한 성능을 낸다.

그러나 만일 키가 어느 이상 커지면 오히려 몸무게가 줄어든다면 키-몸무게 예측에 선형모델의 성능은 나쁘게 나올 것이다. 즉, 입출력 관계가 비선형적인 경우는 선형 모델이 아닌 다른 모델을 사용해야 한다.

선형 모델의 장점은 동작이 직관적이어서 결과를 설명하기가 편리하다. 특히 가중치를 보면 어떤 특성이 플러스 또는 마이너스 효과를 주는지, 효과의 크기가 얼마나 다른지를 바로 파악할 수가 있다.

주의할 것은 선형 모델을 사용하려면 입력 특성중에 연속형 변수들은 반드시 스케일링을 해주어야 한다는 것이다. 앞에서 소개한 키-몸무게 예측의 경우는 입력에 연속형 변수가 키 하나 뿐이라 스케일링을 하지 않은 것이다.

5.3 분류 모델

이번 절에서는 분류 모델을 구현하고 성능을 평가하는 방법을 설명하겠다. 회귀 모델에서는 응용 분야와 목적에 관계없이 R^2 평가 지표만 사용해도 모델의 성능을 평가하는 것이 가능했다 그러나 분류 모델은 평가 지표에 정확도, 정밀도, 재현율 등 여러 가지가 있고 각각 다른 의미를 가지고 있어 모델의 사용 목적에 따라 다른 평가 지표를 사용해야 한다.

여기서는 분류 모델의 다양한 평가 지표들을 소개하고 왜 다양한 지표가 필요한지를 설명하겠다.

분류의 성능 평가

분류 모델의 성능을 측정하는 데는 기본적으로 정확도(accuracy)를 사용한다. 예측한 것이 몇 %나 정답을 맞추는지 보는 것이 정확도이다. 그런데 문제에 따라서는 정확도만 측정해서는 모델의 성능을 제대로 평가하기 어려운 경우가 있다. 예를 들어 발생할 확률이 0.1%인 암(1천명 중 한 명 발생 빈도)을 검진하는 예를 생각해 보자. 만일 정확도만 중요시 한다면 의사는 모든 환자 샘플을 '정상'이라고 판정하려고 할 것이다. 그러면 높은 정확도 99.9%를 확실히 얻기 때문이다 (평균적으로 99.9%는 정상이므로). 그러나 이렇게 진단하면 정확도는 99.9%로 높지만 정작 병원을 찾는 목적인, 병을 찾아낼 확률은 0%가 된다.

이렇게 발생 빈도가 비대칭적인 경우는 정확도만 평가해서는 분류 모델을 제대로 평가할 수가 없다. 이러한 문제를 피하기 위해서 정확도 외에 다른 평가 척도가 필요하다.

분류 모델의 결과를 해석하려면 먼저 혼돈 매트릭스(confusion matrix)를 이해해야 한다.

■ 혼돈 매트릭스

혼돈 매트릭스(confusion matrix)란 분류의 결과가 잘 맞았는지를 평가하는 채점표와 같다. 혼돈 매트릭스에는 맞춘 것 뿐 아니라 잘못 맞춘 것도 같이 표현한다. 이진 분류 즉, 두 가지 카테고리를 분류하는 경우 예측한 것과 실제 값(타겟 또는 레이블)이 맞는지를 조합하면 총 네 가지 경우의 수가 존재한다.

예를 들어 암환자를 예측하는 예를 들어보겠다. 의사가 환자를 진찰한 후 암 또는 정상이라고 예측하는 경우 실제로 암, 정상 여부 사실과의 관계는 다음과 같이 네 가지 경우가 발생한다.

- 암이라고 예측했는데 실제로도 암인 경우
- 암이라고 예측했는데 실제는 정상인 경우
- 정상이라고 예측했는데 실제도 정상인 경우
- 정상이라고 예측했는데 실제는 암인 경우

이 네 가지 경우를 매트릭스로 그린 것을 혼돈 매트릭스라고 한다. 예를 들어 다음과 같은 상황을 가정해보겠다.

어떤 의사가 총 100명의 환자를 진단했는데, 암이라고 진단(즉, 예측)한 환자가 9명이고, 암이라고 진단한 9명 중에 실제로는 6명이 암이었고 나머지 3명은 암이 아니었다고 하자. 한편 암이 아니라 정상이라고 진단한 환자가 총 91명인데 이중에 실제로 87명은 정상이었고 4명은 암인 경우의 혼돈 매트릭스를 그리면 아래와 같다.

▼ 표 5-1 혼돈 매트릭스 예시 (100명의 암진단 결과 보기)

실제 \ 예측	암(0)으로 예측	정상(1)으로 예측
실제로 암(0)	True positive (TP) = 6	False negative (FN) = 4
실제로 정상(1)	False positive (FP) = 3	True negative (TN) = 87

네 가지 각 경우의 수를 True positive(TP), False negative(FN) 등으로 표현하는데, 이의 의미는 다음과 같다. 첫 번째 단어인 True나 False는 예측 결과가 맞았는지 아니면 틀렸는지를 나타낸다. True면 결과를 맞춘 것이고, False면 예측이 틀린 경우를 나타낸다.

뒤의 단어는 예측한 대상을 구분한다. positive면 찾고자 하는 카테고리를 지칭한다. 위의 예에서는 암을 찾는 작업을 positive라고 정의했다. negative이면 암이 아닌 경우, 즉 정상인 경우를 나타낸다. 예를 들어 False positive(FP)는 암이라고 예측했으나 틀린 경우를 말한다.

위의 경우 암을 나타내는 positive를 0으로 인코딩했다. positive를 1으로 인코딩하는 경우도 있으므로 positive를 0또는 1중 무엇으로 표현했는지 주의해서 잘 구분해야 한다.

이제 위와 같은 혼돈 매트릭스로부터 정확도, 정밀도, 재현율, F1점수를 계산해보겠다.

■ 정확도(accuracy)

정확도란 positive와 negative 두 가지에 대해서 정확히 예측한 비율을 말한다. 정확도는 혼돈 매트릭스에서 True- 에 해당하는 좌상-우하 방향의 대각선 부분의 전체 샘플에 대한 비율을 말한다. 아래에서 N은 전체 샘플 수다 (여기서는 100).

정확도 = (positive 또는 negative를 맞춘 수) / (전체 샘플 수 N)
= (TP+TF) / N = (6+87)/100 = 0.93

■ **정밀도(precesion)**

정밀도란 positive라고 예측한 샘플 중에서 실제로 positive인 비율을 말한다. 정밀도는 예측한 것 중에 맞춘 비율 즉, 성공률을 나타낸다. 정밀도의 정의는 아래와 같다.

정밀도 = (positive를 맞춘 수) / (positive라고 예측한 수)
= TP/(TP+FP) = 6/(6+3) = 0.67

■ **재현율(recall)**

재현율은 전체 positive 샘플 중에 실제로 positive를 찾아낸 비율을 말한다. 재현율은 관심 있는 대상을 얼마나 찾아내는지, 즉, 원하는 것을 찾아내는 능력을 나타낸다. 재현율을 민감도(sensitivity)라고도 부른다. 재현율의 정의는 아래와 같다.

재현율 = (positve를 맞춘 수) / (positive 전체 수)
= TP / (TP+FN) = 4/(6+4) = 0.4

재현율과 정밀도의 개념을 아래 그림에 나타냈다.

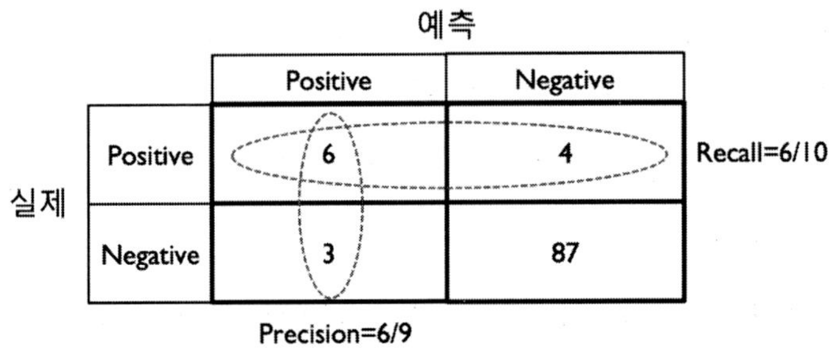

그림 5-5 정밀도와 재현율의 개념과 계산 예

■ 다양한 지표가 필요한 이유

분류의 성능을 측정하는 지표로 정확도 외에 정밀도와 리콜이 필요한 이유를 설명하겠다.

만일 병원의 정책이 암환자를 절대로 놓치지 않는 것이라고 해보자. 이는 재현율(리콜)을 높이라는 것과 같다. 재현율을 높이려면 가능한 암환자로 진단하는 비율을 높이면 되므로, 의사는 조금이라도 암으로 의심이 되는 사람을 모두 암환자로 분류할 것이다. 이를 달리 표현하면 암으로 판단하는 어떤 기준 점수를 낮춘다고 할 수 있다. 이 기준 점수를 경계값(threshold)이라고 부르겠다.

그런데 이렇게 암진단 경계값을 낮추어 가능한 많은 사람을 암환자로 진단하면 정밀도가 떨어지게 된다. 암환자가 아닌 사람을 암이라고 진단할수록 정밀도를 계산하는 분모 값이 커지므로 정밀도가 떨어진다. 우리는 이런 병원을 '과잉진료한다'고 한다. 이런 병원은 암환자를 찾아내는 확률(재현율)은 올라가지만 예측한 진단이 맞을 확률(정밀도)은 떨어지게 되어 과잉진료가 많은 병원으로 신뢰를 잃을 수 있다.

반대로 병원의 정책이 바뀌어 가능한 과잉진료를 줄이고 정밀도를 높이는 것을 중요시한다고 해보자(암진단시 실제로 암일 확률이 높게). 그러면 의사는 암진단의 기준이 되는 점수(경계값)를 높여서 정말 암이 확실시되는 환자만 암으로 진단하게 될 것이다. 이런 경우는 정밀도는 올라가겠지만 재현율 즉, 암환자를 전체적으로 찾아내는 능력은 떨어지게 된다.

의사의 진단 능력이 동일하여도 암진단을 하는 기준 점수(경계값)를 달리 선택하여 재현율을 높이거나, 정밀도를 높이는 선택을 할 수 있으며 이는 병원의 운영 정책에 따라서 결정할 일이다. 병원에서는 가능한 고객 만족이 높고 수익이 많이 발생하도록 재현율과 정밀도를 정하게 된다.

여기서 의사의 진단 능력은 환자의 여러 가지 검사 결과를 보고 진찰을 해서 암일 점수를 만드는 능력을 말한다. 이 점수가 실제 암환자에게는 높게 나오고, 정상인 경우는 적게 나오게 만드는 것이 바로 의사의 능력이라고 하겠다. 머신러닝 모델에서도 이와 유사하게 분류 작업을 수행할 때 내부 점수를 만들어 사용한다. 이 내부 점수에 대해서는 뒤에서 다시 설명하겠다.

■ 경계값(threshold) 선택

재현율을 높이는 것과 정밀도를 높이는 것은 기준점수(경계값)를 조절하여 선택할 수 있다고 하였다. 즉, 의사의 능력이 동일하더라도 경계값을 낮게 선택하면 재현율이 올라가고(이때 정밀도는 떨어진다), 경계값을 높게 선택하면 정밀도가 높아진다(이때 재현율은 떨어진다).

재현율과 정밀도를 동시에 높이려면 의사의 실력이 좋으면 된다. 만일 완벽한 의사가 있어서 실제 암환자만 정확히 구분할 수 있다면 재현율도 1점, 정밀도도 1점을 얻을 것이다. 의사의 실력은 암진단 점수를 얼마나 정확하게 줄 수 있는지로 나타난다. 암환자에게는 높은 점수를, 정상인에게는 낮은 점수를 줄수록 훌륭한 의사이다.

앞의 예에서 의사의 역할을 하는 것을 머신러닝이 구현하는 것이라고 하겠다. 성능이 좋은 분류 모델은 찾고자 하는 positive 클래스에는 가능한 높은 점수를, negative 클래스에는 가능한 낮은 점수를 주어야 한다.

■ 비용 최소화

같은 성능을 갖는 모델을 사용하더라도 재현율과 정밀도 중의 하나의 성능을 높이면 다른 지표의 성능은 악화된다. 이러한 현상을 정밀도-재현율 트레이드오프라고 한다.

그런데 머신러닝 모델을 사용하는 최종 목표는 재현율과 정밀도와 같은 확률 값을 높이는 것이 아니라 고객 만족, 수익 증대, 사망률 감소, 교통사고 감소량 등이라는 것을 알아야 한다. 즉, 재현율이나 정확도를 높이는 것은 모델의 성능을 확인하는 중간 과정일 뿐이며 이것이 최종 목표치를 향상시킨다는 보장은 없다.

예를 들어 암 진단의 경우 분류 결과에 따라 발생할 수 있는 이득 또는 비용은 다음과 같이 생각해볼 수 있다.

- 암이라고 예측했는데 실제로 암에 걸린 경우 – 환자는 치료를 계속 받고 병원은 수익을 낸다
- 암이라고 예측했는데 실제는 암에 걸리지 않은 경우 – 환자는 정밀검사를 받아 비용이 추가로 든다
- 암이 아니라고 예측했는데 실제는 암인 경우 – 환자가 항의를 할 것이고 손해배상을 청구할 수도 있다
- 암이 아니라고 예측했는데 실제로도 암이 아닌 경우 – 환자는 진료가 정확하다고 믿고 다음에도 이 병원을 찾는다

위의 각 경우가 발생하는 확률과 각 경우의 이득 또는 비용을 곱하여 더하면 총 기대치를 구할 수 있다. 이를 기준으로 적절한 재현율이나 정밀도를 선택해야 하며 이러한 점수를 얻는 모델의 경계값을 찾아야 한다.

정밀도와 재현율을 모두 다 개선하면 좋겠으나 그러려면 성능이 더 우수한 머신러닝 모델을 만들어야 하고 더 많은 학습 데이터를 확보해야 한다.

■ F1 점수

정밀도와 재현율 두 지표를 하나의 지표로 평가하기 위해서 F1 점수를 도입하였는데 F1 점수는 정밀도와 재현율의 조화평균(harmonic average)이다. 어떤 두 숫자 a, b의 산술평균과 조화평균의 정의는 아래와 같다.

$$\text{산술평균 c의 정의:} \quad c = (a+b)/2$$

$$\text{조화평균 c의 정의:} \quad \frac{1}{c} = \frac{(\frac{1}{a}+\frac{1}{b})}{2}$$

$$c = \frac{2ab}{a+b}$$

조화평균은 산술 평균과 달리 두 평가 지표(위에서 a와 b)의 차이가 크면 산술평균보다 낮은 값을 갖는 특징이 있다. 조화평균을 사용하는 의미는, 두 점수가 비슷할수록 더 조화롭고, 두 점수의 편차가 클수록 조화롭지 않다고 보아 산술평균보다 작은 값을 갖게 된다. 정밀도나 재현율을 같이 묶어서 평가하기 위한 종합지표가 F1점수이다.

아래에 산술평균과 조화평균의 차이를 그렸는데 (a, b) 두 점수가 (1,99), (2, 98), (3, 97), ... , (99, 1) 등으로 구성된 경우에 a, b의 산술 평균은 모두 50으로 같지만 조화 평균은 두 점수의 차이가 클수록 낮아지고, 50점으로 같을 때만 산술평균과 같은 것을 보였다.

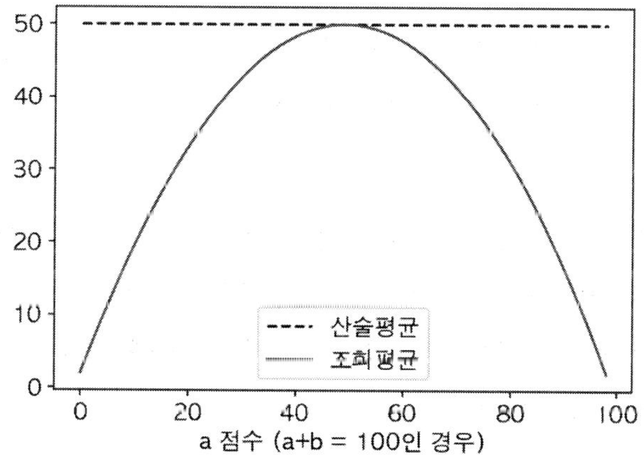

그림 5-6 산술 평균이 50으로 같은 두 지표에 대해 조화 평균의 변화

분류 평가 예시

앞에서 설명한 분류 평가 지표들을 계산하는 예를 들어보겠다. 여기서는 머신러닝 모델을 프로그램으로 구현하지는 않고, 암진단에 필요한 점수를 임의로 배정했다.

아래는 10명 환자에게 암진단 점수를 (30, 99) 범위에서 랜덤하게 10개의 정수를 생성하여 배정했다. 랜덤 숫자를 생성하기 전에 random.seed(19)를 호출하여 랜덤 숫자가 발생하는 패턴이 프로그램을 수행할 때 마다 항상 동일하게 나오도록 했다. 숫자 19는 임의의 숫자이며 이를 바꾸면 랜덤 숫자의 발생 패턴이 달라진다. 아래에서 randint()는 일정 범위에서 정수를 랜덤하게 추출하는 함수이다.

환자의 고유 번호로 0~9 범위의 인덱스 번호를 사용하여 개인별 암진단 점수를 데이터프레임으로 만들었다 (편의상 .T를 수행하여 가로 보기로 나타냈다).

10명 환자에 대한 암진단 점수를 랜덤하게 배정했다

```
# 일정한 랜덤 패턴 발생
np.random.seed(19)
scores_raw = np.random.randint(30,99,10)

# 환자 번호(ID)와 암진단 점수 보기
df = pd.DataFrame({'점수':scores_raw})
df.index.name='ID'
df.T

# 출력:
```

ID	0	1	2	3	4	5	6	7	8	9
점수	70	49	82	61	96	86	52	64	35	40

위에 점수는 의사가 여러 가지 검사를 하고 진찰을 하여 얻은 점수를 임의로 배정한 것으로 이 값이 클수록 암일 가능성이 높다고 가정하자. 머신러닝 모델을 만드는 경우도 분류를 수행하기 위해서 이러한 점수를 계산하게 되는데 선형 분류 모델의 경우 이 점수는 $a_1x_1 + a_2x_2 + b$와 같이 입력 특성의 가중합으로 계산된다.

참고로 선형 모델은 내부 점수를 계산하여 분류에 사용하지만 대부분의 다른 모델에는 점수가 아니라 분류 확률을 계산하여 분류에 사용한다(분류 확률에 대해서는 다음절 로지스틱 회귀에서 설명하겠다).

환자별 점수를 점수 순으로 소팅하면 아래와 같다.

암환자를 판정하기 위해서 점수순으로 소팅 (인덱스도 같이 소팅된다)

```
df = df.sort_values(['점수'], ascending=False)
df.T

# 출력:
```

ID	4	5	2	0	7	3	6	1	9	8
점수	96	86	82	70	64	61	52	49	40	35

4번 환자가 96점, 5번 환자가 86점 등을 받았다. 이제 암으로 진단하는 기준 점수(경계값)를 정하고 그 이상의 점수가 나온 환자는 암이라고 진단하겠다. 예를 들어 경계값을 65점으로 정하고 이 경계값 이상이면 암이라고 진단(예측)한다고 하자. 아래에 각 환자별로 점수를 보고 암진단을 수행한 내용을 데이터프레임으로 만들었다. 여기서는 암을 표시하는데 0을 사용했으므로 True를 False로 바꾸는 '~'를 사용했다. 아래에서 데이터프레임 df['진단'] 컬럼에는 암으로 진단하는 값 즉, 예측하는 값이 들어 있고, df['실제암발생'] 컬럼에는 실제값을 입력했다. 실제값은 나중에 정밀검사 등을 통해서 아는 사실 값을 말하며 이를 ground truth 값 또는 레이블이라고도 한다. 실제값은 임의로 지정했다. 0이면 암이고, 1이면 정상을 나타낸다.

암으로 진단하는 기준 점수(threshold)를 65점이라고 가정한다

```
threshold =  65

# 암진단(positive)를 0으로 인코딩했다 (~ 사용함)
pred_cancer = ~(df['점수'] > threshold)
df['진단'] = pred_cancer.astype(int)

# 실제로 암 발생 결과를 임의로 지정 (암 발생이면 0)
df['실제암발생'] = np.array([0,0,1,0,1,0,1,0,1,1])
df.T

# 출력:
```

ID	4	5	2	0	7	3	6	1	9	8
점수	96	86	82	70	64	61	52	49	40	35
진단	0	0	0	0	1	1	1	1	1	1
실제암발생	0	0	1	0	1	0	1	0	1	1

위 테이블의 의미는 위에서부터 차례대로 설명하면 ID가 4, 5, 2, 0, ... 인 환자 순으로 암일 점수가 높게 나왔고, 65점 이상의 4명을 암이라고 진단(예측)한 것을 표시하였고 (암을 0으로 표시함), 실제로 나중에 확인해 보니 ID가 4, 5, 0, 3, 1인 환자가 암이었다는 것을 나타낸다.

위와 같은 분류 예측과 실제값으로부터 혼돈 매트릭스를 그리고 여러 가지 평가 지표를 구해보겠다. 파이썬에는 이들을 수행하는 함수가 각각 다음과 같이 제공된다.

- confusion_matrix(): 혼돈 매트릭스를 그리는 함수
- classification_report(): 정확도, 정밀도, 재현율 등 점수 보기

이 함수들은 인자로 실제값(레이블)과 예측치 즉, (y_test, y_pred)가 필요한데 위의 10명의 환자의 경우는 이 값은 데이터프레임 df의 '진단'과 '실제암발생' 컬럼에서 가져오면 된다. 아래에 혼돈 매트릭스와 분류 평가 지표들을 보였다.

혼돈 매트릭스와 분류 평가 점수 보기

```
def show_clf_result(y_test, y_pred):
    print(confusion_matrix(y_test, y_pred))
    print(classification_report(y_test, y_pred))

y_pred = df['진단'].values
y_test = df['실제암발생'].values
score_sorted = df['점수'].values

show_clf_result(y_test, y_pred)

# 출력
```

```
[[3 2]
 [1 4]]
              precision    recall  f1-score   support

           0       0.75      0.60      0.67         5
           1       0.67      0.80      0.73         5

    accuracy                           0.70        10
   macro avg       0.71      0.70      0.70        10
weighted avg       0.71      0.70      0.70        10
```

먼저 혼돈 매트릭스를 보는 방법을 설명하겠다. 혼돈 매트릭스의 행은 실제값을 0, 1 순서대로, 컬럼은 예측값을 0, 1 순서를 나타낸다. 즉, 첫 번째 행에 있는 3, 2의 의미는, 0을 0으로 맞게 예측한 경우가 3개, 0을 1로 잘못 예측한 경우가 2개인 것을 나타낸다. 두 번째 행에 있는 1, 4의 의미는, 1을 0으로 잘못 예측한 경우가 1개, 1을 1로 맞게 예측한 경우가 4개인 것을 나타낸다.

이번에는 분류 평가 지표들을 확인해 보겠다. 암발생을 뜻하는 0을 기준으로 평가 지표를 계산해 보면, 정밀도와 재현율이 각각 3/4=0.75, 3/5=0.6인 것이 나와 있다. 이들로부터 f1 점수를 구할 수 있다. 같은 계산을 1을 기준으로(정상을 예측하는 것을 기준으로) 계산한 것이 두 번째 라인에 나타났다.

정확도는 0과 1을 포함해서 총 7개를 맞추었으므로 7/10=0.7이 된다. 우측의 support는 0과 1에 해당하는 샘플수를 표시하는데 각각 5명인 것을 나타낸다. 아래에 있는 average는 0과 1에 대한 각종 지표들의 평균값이다. support 수를 고려하지 않은 0과 1 경우 점수의 단순한 산술 평균 값을 macro avg에 나타냈고 support 수를 고려한 가중 평균 값을 weighted avg에 나타냈다. 위에서는 0과 1의 수가 같으므로 macro avg와 weighted avg 평균치가 같게 나타난다.

■ 경계치를 하나씩 낮추면서 P-R 보기

앞에서 작성한 혼돈 매트릭스와 분류 평가 지표는 상위 4명까지를 암으로 진단했을 때이다. 만일 경계값을 65점이 아니라 50점으로 낮추어 상위 7명을 암으로 진단하면 모든 평가 지표가 달라진다. 예를 들어 경계값을 50으로 바꾸고 위의 코드를 다시 실행하면 정밀도는 0.57, 재현율은 0.8, 정확도는 0.6이 된다.

즉, 경계값을 얼마로 정하는지에 따라 다른 성능 지표를 얻게 되는데 이를 맨 위부터 높은 경계값부터 하나씩 내려오면서 암으로 진단하는 경우의 정밀도와 재현율을 구해보겠다. 아래 코드는 y_pred으로 사용할 리스트들을 만들었는데 점수가 높은 순으로 1명, 2명, 3명, ... 을 암으로 진단하는 것을 가정한 예측값들이다.

암진단 경계값을 하나씩 낮추면서 암진단 예측하기 (y_pred 만들기)

```
y_pred_list = []

# 경계값을 1~10으로 하나씩 낮춘다
for thres in range(1,11):
    tmp = [1]*10
    for i in range(thres):
        tmp[i] = 0
    y_pred_list.append(tmp)

y_pred_list

# 출력:

[[0, 1, 1, 1, 1, 1, 1, 1, 1, 1],
 [0, 0, 1, 1, 1, 1, 1, 1, 1, 1],
 [0, 0, 0, 1, 1, 1, 1, 1, 1, 1],
 [0, 0, 0, 0, 1, 1, 1, 1, 1, 1],
 [0, 0, 0, 0, 0, 1, 1, 1, 1, 1],
 [0, 0, 0, 0, 0, 0, 1, 1, 1, 1],
 [0, 0, 0, 0, 0, 0, 0, 1, 1, 1],
 [0, 0, 0, 0, 0, 0, 0, 0, 1, 1],
 [0, 0, 0, 0, 0, 0, 0, 0, 0, 1],
 [0, 0, 0, 0, 0, 0, 0, 0, 0, 0]]
```

이제 위에서 만든 10가지 경우, 즉 경계값을 하나씩 낮추면서 암으로 진단하는 경우의 정밀도와 재현율을 구하면 아래와 같다.

예측치와 실제값을 주고 혼돈 매트릭스와 평가 점수 보기

```
# 정밀도, 리콜 계산 결과를 담을 리스트
res = []

for y_pred in y_pred_list:
```

```
    res.append((precision_score(y_test, y_pred, pos_label=0).round(2),
        recall_score(y_test, y_pred, pos_label=0)))

PR = np.array(result)
PR

# 출력:

array([[1.  , 0.2 ],
       [1.  , 0.4 ],
       [0.67, 0.4 ],
       [0.75, 0.6 ],
       [0.6 , 0.6 ],
       [0.67, 0.8 ],
       [0.71, 1.  ],
       [0.62, 1.  ],
       [0.56, 1.  ],
       [0.5 , 1.  ]])
```

위에서 구한 정밀도와 재현율을 각 환자의 점수, 실제암발생 컬럼과 함께 나타내면 아래와 같다.

전체 결과 보기

```
df_PR = df.copy()
df_PR[['P(정밀도)','R(재현율)']] = PR
df_PR.drop(['진단'], axis=1, inplace=True)
df_PR

# 출력:
```

ID	점수	실제암발생	P(정밀도)	R(재현율)
4	96	0	1.00	0.2
5	86	0	1.00	0.4
2	82	1	0.67	0.4
0	70	0	0.75	0.6
7	64	1	0.60	0.6

3	61	0	0.67	0.8
6	52	1	0.71	1.0
1	49	0	0.62	1.0
9	40	1	0.56	1.0
8	35	1	0.50	1.0

위 테이블의 의미는 다음과 같다. 경계값을 하나씩 내리면서 평가하면 정밀도는 1에서부터 점차 감소하여 0.5로 수렴한다. 총 5명의 암환자가 있으므로 최종 정밀도는 0.5가 된다. 재현율은 처음에 5개중에 하나 찾았으므로 0.2에서 시작해서 1까지 증가한다. 모두 암환자로 진단하면 모든 암환자를 찾으므로 재현율은 1이 된다.

위에서 구한 재현율과 정밀도를 각각 x축과 y축으로 그래프를 그리는 것을 Precision-Recall 커브라고 하며 머신러닝의 목적에 맞는 최적의 정밀도 또는 재현율을 선택할 때 이 그래프를 자주 이용한다.

Precision-Recall 커브 그리기 (x축이 R(재현율)이다)

```
plt.plot(df_PR['R(재현율)'], df_PR['P(정밀도)'])
plt.xlabel('R(재현율)')
plt.ylabel('P(정밀도)')
plt.xlim([0.0, 1.05])
plt.ylim([0.0, 1.05])

# 출력:
```

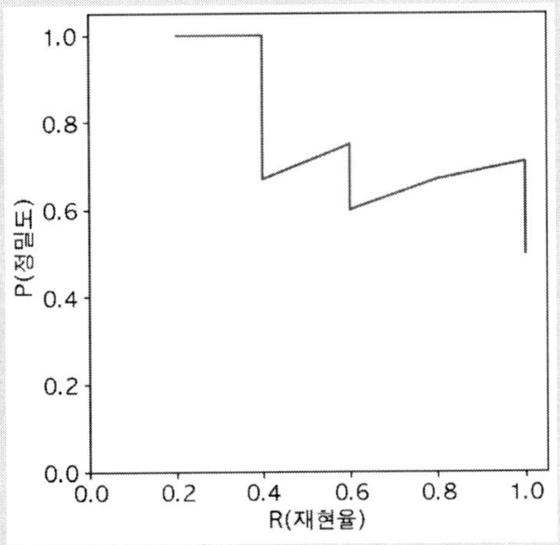

지금까지 설명한 내용은 Precision-Recall(P-R) 커브를 그리는 과정을 자세히 설명한 셈이다. 그런데 P-R 커브를 한 번에 그려주는 함수가 있다. 아래는 precision_recall_curve() 함수를 이용하여 P-R 커브를 그리는 방법을 소개했다.

P-R 커브를 그려주는 함수 사용

```
from sklearn.metrics import precision_recall_curve, average_precision_score

prec,rcl,_ = precision_recall_curve(y_test,score_sorted,pos_label=0)
plt.plot(rcl, prec)
plt.xlabel('R(재현율)')
plt.ylabel('P(정밀도)')
plt.xlim([0.0, 1.05])
plt.ylim([0.0, 1.05])

# 출력:
```

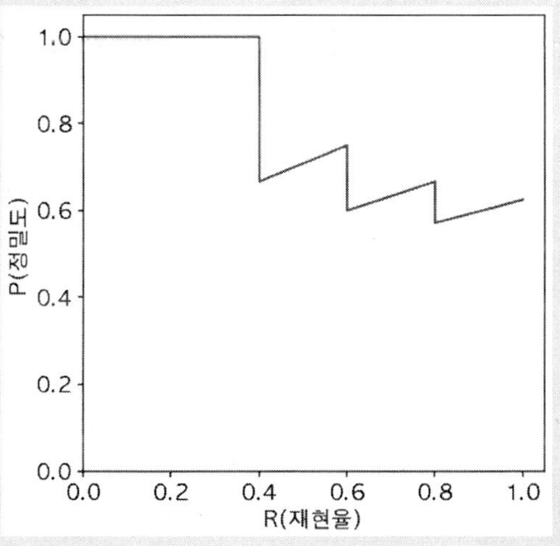

precision_recall_curve() 함수는 P-R 곡선을 나타내는 꼭지점들의 x, y 좌표값들을 리턴해주는데 이 점들을 plot()으로 연결하면 P-R 그래프가 그려진다. precision_recall_curve() 함수의 인자로는 정답 레이블(위에서 y_test)과 점수(위에서 score_sorted)를 입력을 주어야 한다. 한편 옵션으로 pos_label=0을 지정했는데 이것의 의미는 positive를 0으로 인코딩 했다는 것을 알려주는 것이다. 디폴트는 positive를 1으로 인코딩하는 것이다.

순서 평가

선형 모델을 사용하는 머신러닝 모델은 분류를 수행하기 위해서 먼저 내부적으로 점수를 구하고 적절한 경계값을 택해서 이 경계값 이상의 점수를 얻은 샘플은 1로, 이하는 0으로 분류한다. 컴퓨터가 찾아주는 적절한 디폴트 경계값은 F1 점수가 가장 높게 나오는 경계값을 택한다.

우수한 머신러닝 모델은 내부 점수를 잘 찾아주는 모델이다. 즉, 더 positive라고 예측되는 샘플에게 더 높은 점수를 주는 모델이다. 모델이 얼마나 점수를 잘 배정했는지는 점수를 배정한 순서를 평가하면 되는데 이를 '순서(ranking)' 평가라고 한다.

분류를 예측한 순서를 평가하는 방법으로 ROC(receiver operating characteristics) 곡선을 자주 사용한다.

■ ROC 곡선

ROC 곡선은 분류를 예측한 순서(즉, 점수)를 고려하여 분류 모델의 성능을 종합적으로 평가하는 방법이다. ROC를 사용하면 예측 순서가 실제 값과 얼마나 앞 부분에서 잘 맞추는지는 시각적으로 보여줄 수 있다.

ROC 곡선을 그리는 방법은, 예측한 점수 순으로 샘플을 소팅을 한 후 한 행씩 내려오면서 (즉, 경계값을 낮추면서) 정답을 맞추었는지 확인하는 방식으로 그래프를 그린다. ROC 곡선은 (0,0) 점에서 시작하는데, 정답을 맞추었으면 y축 위로 한 칸 이동하고, 정답을 맞추지 못했으면 x축 방향으로 한 칸 이동한다.

여기서 y축으로 한 칸이란 0~1 구간을 positive 레이블 횟수 만큼 이동하는 간격을 말하고, x축으로 한 칸이란 0~1 구간을 negative 레이블 횟수 만큼 이동하는 간격을 말한다. 위의 예에서는 positive와 negative 레이블이 각각 5개씩 있으므로 y, x축으로 각각 5번씩 이동할 기회가 있다. 즉, 5번은 암환자를 맞추고 5번은 틀릴 것이다.

ROC 곡선에서 y축을 true positive rate(예: 암이라고 진단했는데 맞춘 비율), x축을 false positive rate(암이라고 예측했지만 틀린 비율)라고 부른다. 아래는 ROC 커브를 그리는 코드이다. auc() 함수는 ROC 커브의 면적을 계산하는 함수이다.

ROC 커브 그리기 (roc_curve 함수 사용)

```
fpr,tpr,_ = roc_curve(y_test,score_sorted,pos_label=0)

# AUC(면적) 계산하기
roc_auc = auc(fpr, tpr)

plt.plot(fpr, tpr, label='AUC = %0.2f)' % roc_auc)
plt.plot([0, 1], [0, 1], linestyle='--')
plt.xlabel('False Positive Rate')
plt.ylabel('True Positive Rate')
plt.legend(loc='lower right')

# 출력:
```

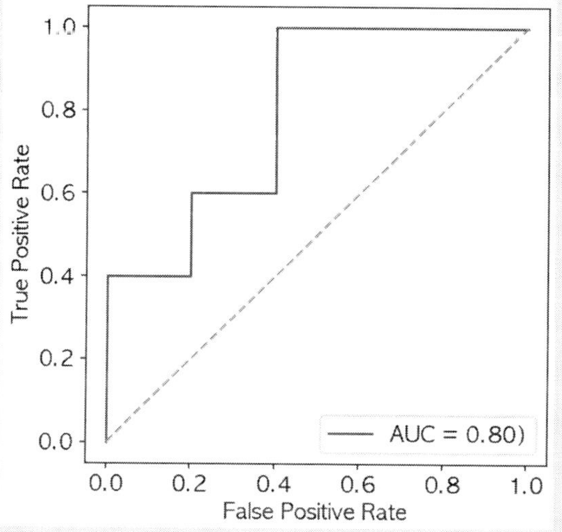

roc_curve() 함수는 ROC 곡선을 그리기 위한 계단형 그래프의 꼭지점들의 좌표를 리턴해주므로 이 점들을 plot()으로 연결하면 ROC 곡선을 그려준다. roc_curve() 함수의 인자로 정답 레이블(위에서 y_test)과 점수(위에서 score_sorted)를 입력을 주어야 한다. 옵션으로 pos_label=0을 지정했는데 이것의 의미는 positive를 0으로 인코딩했다는 것을 알려주는 것이다.

만일 모델 (여기서는 이사)이 암진단을 잘 예측했다면 ROC 곡선이 초반에 위로 바로 올라갈 것이다.

■ AUC(Area Under the Curve)

ROC를 이용하여 모델의 성능을 평가하려면 항상 2차원 그래프를 그려야 하므로 평가를 수치화하기에는 불편하다. 분류 알고리즘의 성능을 간단히 수치로 나타내기 위해서 ROC 그래프의 면적을 계산하는 방법을 사용한다. 이 면적의 크기를 AUC(Area Under the Curve)라고 한다.

우수한 알고리즘일수록 초반에 y축 윗 방향으로 이동하므로 ROC 곡선의 면적이 넓어질 것이다. 이상적으로 분류를 잘 예측한 경우 AUC는 최대값 1이 된다(정사각형 그래프의 면적은 1이므로).

AUC는 0과 1 사이의 값을 가지며 큰 값일수록 예측을 잘 한 알고리즘이다. 위 그림에서 대각선 방향의 점선은 기본적인 예측 모델을 나타내는데 이는 분류 모델이 아무런 알고리즘도 적용하지 않고 랜덤하게 예측한 경우를 나타낸다. 이 때 AUC는 0.5가 된다.

분류 손실함수

회귀 모델에서는 학습에 사용하는 손실함수로 대부분의 경우 MSE를 사용한다. 회귀 문제는 숫자를 맞추는 문제이므로 얼마나 목적변수를 근접하게 맞추는 지를 보기 위해서 MSE를 손실함수로 사용하면 회귀 모델이 잘 학습되었다.

분류에서는 어떤 손실함수를 사용해야 할까? 분류 모델에서는 앞에서 소개한 성능 지표들 (정확도, 정밀도, 재현율 등)을 손실함수로 사용하기에는 어려움이 있다. 예를 들어 정확도를 높이도록 학습을 시키면 드물게 발생하는 레이블은 무시하고 많이 발생하는 레이블을 주로 찾는, 바이어스가 걸린 분류를 하게 된다.

정밀도를 높이도록 학습시키면 모델이 매우 보수적으로 만들어져서 경계값이 매우 높은 경우만 positive로 분류하는 모델을 만든다. 재현율을 높이도록 학습시키면 모델이 너무 느슨해져서 웬만하면 positive라고 판정하는 후한 모델이 만들어진다.

이러한 문제를 해결하기 위해서 분류 모델에서는 크로스 엔트로피(cross entropy)를 손실함수로 사용한다. 크로스 엔트로피란 드물게 발생하는 경우를 찾으면 비중을 높게 가산점을 주어서 드물게 발생하는 샘플을 더 신경써서 찾는 모델을 만드는 방법이다. 크로스 엔트로피에 대해서는 5.5절 결정 트리모델에서 자세히 설명하겠다.

분류 모델에서는 손실함수로 크로스 엔트로피를 대부분 사용하며, 성능 지표로는 정확도, 정밀도, 재현율, F1점수, AUC 등을 목적에 따라 각각 사용한다.

남녀 성별 구분 예

5.2 절에서 남녀 성별 정보와 키로부터 몸무게를 예측하는 회귀 모델을 만들었다. 여기서는 같은 데이터를 사용하여, 키와 몸무게로부터 성별을 예측하는 이진 분류 문제로 바꾸어보겠다. 즉, 키와 몸무게를 X로 사용하고 성별을 y로 하여 분류 모델을 만들겠다. 분류 모델의 성능 지표인 정확도, 정밀도, 재현율을 구해보고 P-R 곡선의 의미와 동적 성능평가인 ROC를 그리는 것을 복습하겠다.

■ **데이터 파악**

남녀 키, 몸무게 데이터를 읽고 산포도로 그렸다. 데이터 크기는 (1000,3)이다.

남녀 키, 몸무게 데이터 읽기

```
data = pd.read_csv('https://github.com/data-labs/data/raw/main/weight-
   height500.csv')
print(data.shape)
data.Gender = data.Gender.map({'Male':0, 'Female':1})
df = data.copy()

# 남성(0)은 파란색(+), 여성(1)은 붉은색(.)
plt.scatter(df.Height[df.Gender==0],df.Weight[df.Gender==0],
         marker='+', s=13, color='b', label='남자')
plt.scatter(df.Height[df.Gender==1],df.Weight[df.Gender==1],
         marker='.', s=9, color='r', label='여자')
plt.xlabel('Height')
plt.ylabel('Weight')
plt.legend()

# 출력:

(1000, 3)
```

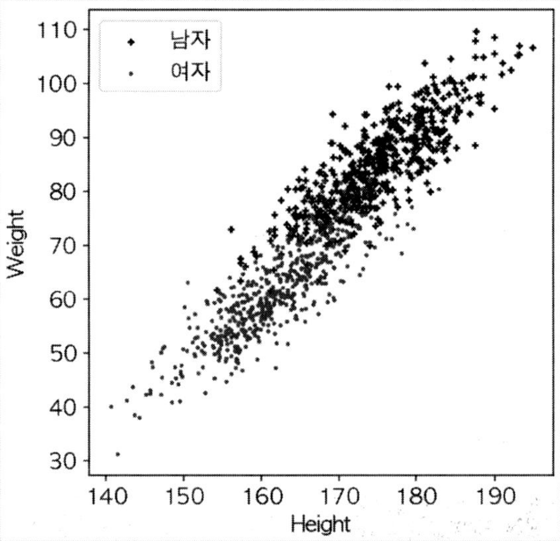

■ 이진 선형 분류 모델

키와 몸무게를 보고 성별을 구분하는 분류 문제로 풀기 위해서 X와 y를 아래와 같이 정하고, 훈련 데이터, 검증 데이터를 나눈 후에 선형 분류 모델인 SGDClassifier() 이용하여 훈련을 시키고 성능을 평가했다. 분류 모델에 score() 함수를 호출하면 정확도를 알려준다. 키와 몸무게 두 특성을 동시에 사용하여 연산에 사용하므로 표준 스케일링을 수행했다.

키와 몸무게를 보고 성별을 구분하는 분류 문제

```
X = df[['Height', 'Weight']]
y = df.Gender

# 스케일링
X_sc = X.copy()
scaler = StandardScaler()
X_sc.loc[:,:] = scaler.fit_transform(X_sc)

# 훈련 데이터, 검증 데이터 나누기
X_train, X_test, y_train, y_test = train_test_split(X_sc, y, random_state=9)

# 선형 분류 모델
model = SGDClassifier() # (1) 모델 생성
```

```
model.fit(X_train, y_train) # (2) 훈련

# 출력 보기
print('정확도: ',model.score(X_test, y_test)) # (3) 평가 (정확도)
a1, a2, b = model.coef_[0][0], model.coef_[0][1], model.intercept_[0]
print('a1, a2, b =', np.array((a1, a2, b)).round(4))

# 출력:

정확도:  0.904
a1, a2, b = [ 0.7909 -7.2942  1.0945]
```

위 결과를 보면, 정확도는 0.904이고, 모델의 가중치 값을 확인했다. 컴퓨터가 만들어준 모델의 혼돈 매트릭스와 여러 가지 분류 성능 지표를 아래와 같이 확인했다.

혼돈 매드릭스와 분류 평가 점수 보기

```
y_pred = model.predict(X_test)
show_clf_result(y_test, y_pred)

# 출력:

[[101  18]
 [  6 125]]
              precision    recall  f1-score   support

           0       0.94      0.85      0.89       119
           1       0.87      0.95      0.91       131

    accuracy                           0.90       250
   macro avg       0.91      0.90      0.90       250
weighted avg       0.91      0.90      0.90       250
```

위 혼돈 매트릭스를 보면 남성을 남성으로 정확하게 예측한 수가 101명이고 여성인데 남성으로 잘못 예측한 샘플 수가 6명이었다. 남성을 기준을 정밀도를 계산하면 101/(101+6) = 0.94인 것을 확인할 수 있다. 검증 데이터 수는 총 250명이고 그 중 남성의 수는 119명이다. 이중에 남성을 찾아낸 수가 101명이고 여성이라고 예측한 수가 18명이다. 따라서 재현율은 101/(101+18) = 0.85이다.

훈련 데이터로부터 학습한 모델 파라미터 즉, 가중치로부터(a1, a2, b를 말함) 결정 경계를 그릴 수 있는데, 아래에 결정 경계를 훈련 데이터와 함께 그린 것과 검증 데이터와 함께 그린 것을 나타냈다.

훈련 데이터 결정 경계와 테스트 데이터에 적용한 결과

```
xs = np.array((-2.5, 2.5))
ys = -(a1/a2)*xs - b/a2

# 훈련 데이터 결정 경계 그리기
plt.title('Train Data')
plt.plot(xs,ys, c='c')
plt.scatter(X_train.Height[y_train==0],X_train.Weight[y_train==0],
         marker='+', s=13, color='b', label='남자')
plt.scatter(X_train.Height[y_train==1],X_train.Weight[y_train==1],
         marker='.', s=9, color='r', label='여자')
plt.ylim([-3,3])
plt.xlim([-3,3])
plt.legend()
plt.show()

# 테스트 데이터에 적용한 결과
plt.title('Test Data')
plt.plot(xs,ys, c='c')
plt.scatter(X_test.Height[y_test==0],X_test.Weight[y_test==0],
         marker='+', s=13, color='b', label='남자')
plt.scatter(X_test.Height[y_test==1],X_test.Weight[y_test==1],
         marker='.', s=9, color='r', label='여자')
plt.ylim([-3,3])
plt.xlim([-3,3])
plt.legend()

# 출력:
```

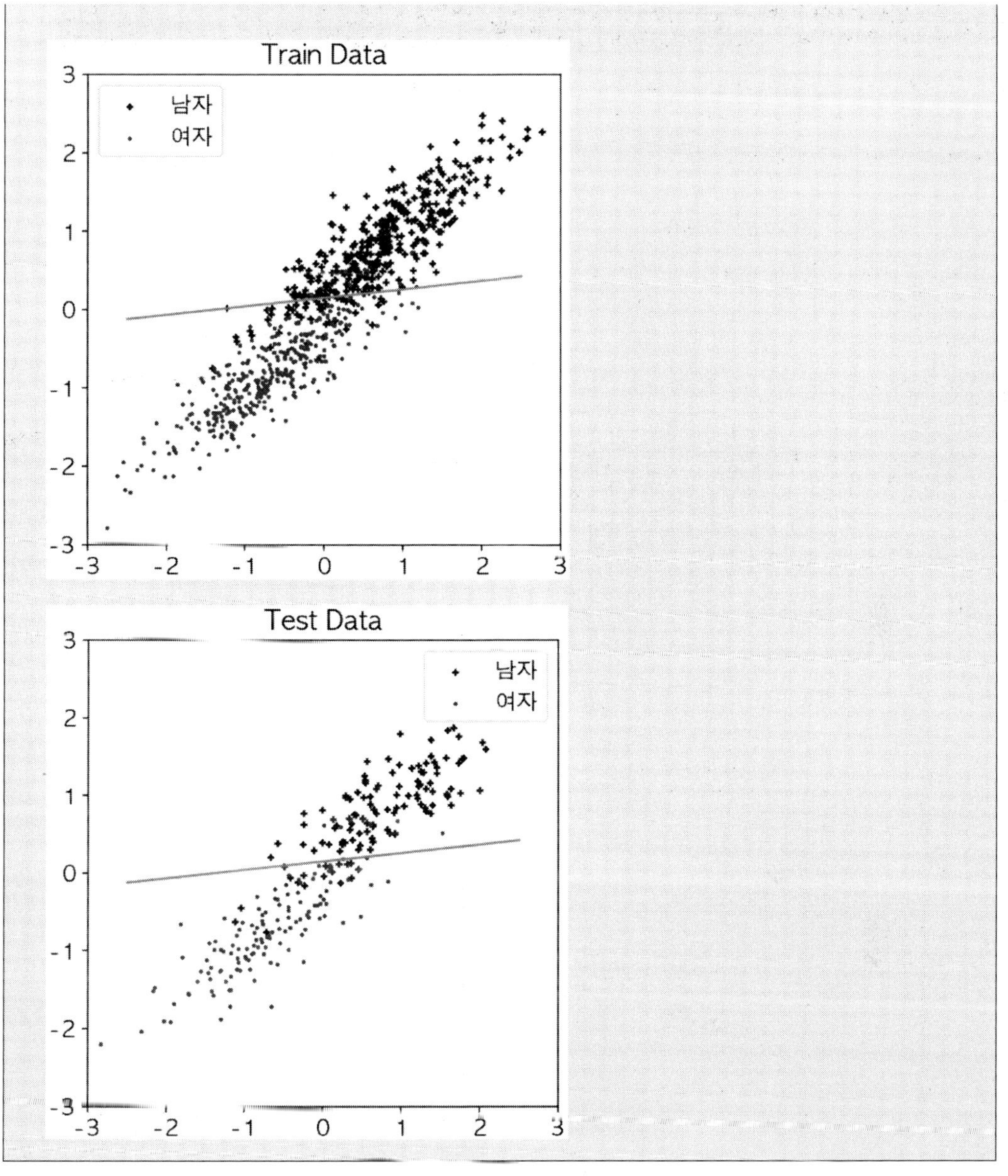

위 첫 번째 그림의 의미는, 750개의 훈련 데이터로부터 얻은 결정 경계를 보인 것이고, 두 번째 그림의 의미는 이 결정 경계를 250개의 테스트 데이터에 적용한 결과를 보여주는 것이다. 테스트 데이터에 적용한 그림을 보면 남성을 여성으로 잘못 예측하거나 (그림에서 결정 경계의 아래에 있는 남성(+) 샘플) 또는 여성을 남성으로 잘못 예측한 (그림에서 결정 경계의 위에 있는 여성(.) 샘플)들이 있는 것을 알 수 있다. 이들은 오분류 된 샘플인데 이들을 찾아보는 코드는 아래와 같다. 먼저 오분류된 샘플을 y_test != y_pred 비교 연산을 통해서 찾아냈다.

남녀가 잘못 분류된 샘플 찾기

```
# 오류가 발생한 샘플의 인덱스를 찾고 오류 데이터프레임을 만든다
index_false = X_test[y_pred != y_test].index
df_false = pd.concat((X_test,y_test),axis=1).loc[index_false]

# 오류 샘플을 그래프에 표시한다
plt.title('False Prediction')
xs = np.array((-2.5, 2.5))
ys = -(a1/a2)*xs - b/a2
plt.plot(xs,ys, c='c')

plt.scatter(df_false.Height,df_false.Weight,
            c=df_false.Gender, s=9, cmap='bwr', marker='^')

plt.ylim([-3,3])
plt.xlim([-3,3])
plt.show()

# 출력:
```

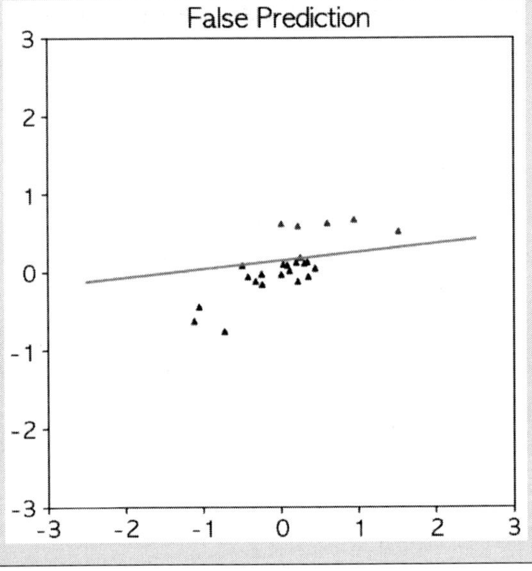

위 결과에 오분류된 샘플을 그림으로 그렸는데 실제로 오류가 발생한 샘플의 내용은 데이터프레임 df_false에 들어있다.

오류가 발생한 샘플 보기

```
df_false[:5]

# 출력:
```

	Height	Weight	Gender
496	-1.047874	-0.441888	0
603	1.523990	0.517816	1
65	-0.235143	-0.156678	0
148	0.006778	-0.030417	0
916	0.948371	0.672907	1

■ 내부 결정 점수

선형 분류 모델은 분류를 수행하기 위해서 먼저 내부적으로 결정 점수를 계산하며 이 점수를 보고 최종 분류작업을 수행한다. 선형모델에서는 결정 점수를 입력 특성의 가중합으로 구하며 이 값이 양수인지, 음수인지를 보고 이진 분류를 수행한다. 선형 모델에서 결정 점수 값을 보려면 decision_function() 함수를 사용한다. 아래는 결정 점수를 구해서 score 변수에 저장하고 점수 값을 확인해보았다.

분류를 수행하기 위해서 내부적으로 계산한 점수를 본다

```
# 선형 모델은 가중합을 점수로 계산한다
score = model.decision_function(X_test)
print('내부 결정 점수의 최소값, 최대값 : ',score.min().round(3),
    score.max().round(3))

df_s = X_test.copy()
df_s['Gender'] = y_test
df_s['score'] = score
df_s.sort_values('score')[:5]

# 출력:

내부 결정 점수의 최소값, 최대값 :  -11.266 14.869
```

	Height	Weight	Gender	score
271	1.663005	1.874902	0	-11.266033
369	0.979992	1.798816	0	-11.251269
77	1.590537	1.845597	0	-11.109591
193	1.735750	1.763697	0	-10.397341
445	1.377775	1.715436	0	-10.328452

결정 점수는 최소값이 -11.266 최대값이 14.869 인데 마이너스 값이 클수록 남성일 점수가 높은 것이고 (남성을 0으로 코딩했으므로), 플러스로 클수록 여성일 점수가 높은 것이다 (여성을 1로 코딩했으므로). 아래는 편의상 15개 샘플의 결정 점수만 화면에 표시했다.

15개의 테스트 샘플의 점수만 보겠다

```
N = 15
xs = np.array((-2.5, 2.5))
ys = -(a1/a2)*xs - b/a2
plt.plot(xs,ys, c='c')
plt.scatter(df_s[:N].Height,df_s[:N].Weight, s=2)
for i in range(N):
    plt.text(df_s[:N].Height.iloc[i],df_s[:N].Weight.iloc[i],
   df_s[:N].score.values.round(1).astype(str)[i], fontsize=10)

# 출력
```

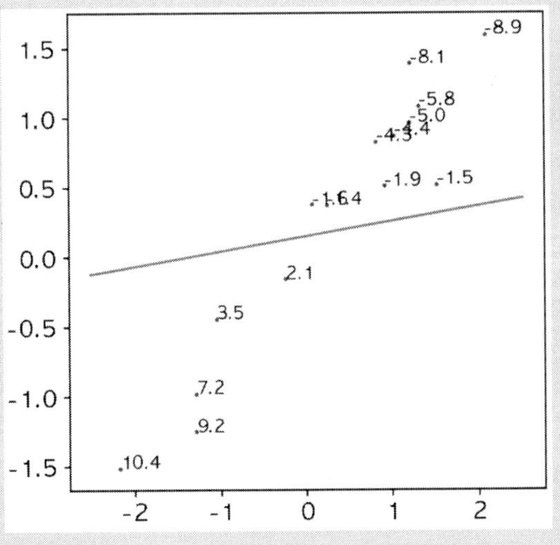

위 그래프를 보면 결정 경계 근처의 샘플들은 점수가 0 근처의 작은 값을 갖고, 마이너스로 클수록 키와 몸무게가 큰 것을 알 수 있다 (남성이 대체로 크다). 플러스로 큰 값의 샘플은 키와 몸무게가 작다 (아래 좌측이 작은 값이며 여성이 대체로 작다).

머신러닝 모델 중에 결정 점수를 사용하는 모델은 선형모델과, 선형모델을 개선한 모델인 SVM 이고, 결정트리, 랜덤 포레스트, 신경망 등 다른 모델에서는 결정 점수 대신 0~1사이의 분류 확률을 사용하여 분류를 수행한다.

■ 다른 경계값 선택

컴퓨터가 기본적으로 만든 분류 모델은 결정 점수를 사용할 때는 0점을 기준으로, 분류 확률을 사용할 때는 0.5를 기준으로 이진 분류를 수행한다.

그런데 이렇게 기본적으로 동작하는 모델이 아니라 정밀도 또는 재현율을 다른 값으로 조정해서 사용해야 할 경우가 많다. 이를 위해서는 결정 경계값을 변경해서 사용하면 된다.

실제 응용에서는 컴퓨터가 만든 기본적인 모델을 비로 사용하지 않는다. 예를 들면, 의사들은 정밀도와 재현율이 동시에 높은 분류 모델 즉, F1 점수가 높은 모델을 사용하지 않는다. 질병에 따라서 정밀도를 높이거나 재현율을 높이는 선택을 하게 된다. 예를 들어 큰 수술을 해야 하는 등 중요한 결정을 해야 하는 진단이라면 정밀도를 높여서 그 병이 확실한지를 봐야 하고, 반대로 절대로 놓쳐서는 안 되는 병의 진단이라면 재현율을 높여서 조금이라도 의심스러우면 일단 병이 있다고 진단을 해야 한다.

■ 정밀도를 높인 모델

먼저 정밀도를 더 높인 모델을 만드는 방법을 소개하겠다. 컴퓨터가 만든 기본 모델은 내부 결정 점수(위의 남녀 구분 문제에서는 score 변수에 담겨 있으며 약 -11 ~ 14 사이의 값을 갖고 있다)가 0 이상인지, 이하인지를 보고 여성과 남성으로 분류하였다. 정밀도를 더 높인 모델을 만들려면 분류를 판단하는 경계값을 0 보다 높게 잡고 그 점수 이상의 값을 갖는 샘플을 positive (여기서는 1인 여성을 말함)로 예측하면 된다.

아래에는 임의로 score > 3 인 비교식을 사용하여 정밀도를 높인 모델을 만들었다. 이 비교식의 결과는 True와 False의 리스트가 되는데 True인 샘플이 여성으로 예측한 경우이다. 아래에서는 이 리스트를 y_pred_high_precision에 담았고 이를 사용해서 혼돈 매트릭스와 여러 분류 성능 지표를 새로 계산했다.

높은 정밀도를 갖는 예측 모델을 만들려면 경계값을 높인다

```
y_pred_high_precision = score > 3
show_clf_result(y_test, y_pred_high_precision)

# 출력:

[[116   3]
 [ 27 104]]
              precision    recall  f1-score   support

           0       0.81      0.97      0.89       119
           1       0.97      0.79      0.87       131

    accuracy                           0.88       250
   macro avg       0.89      0.88      0.88       250
weighted avg       0.90      0.88      0.88       250
```

위 결과를 보면, 여성(1)을 찾아내는 것을 기준으로 정밀도는 기본 모델에 비해서 0.87에서 0.97로 올라갔으나, 재현율은 0.95에서 0.79로 떨어진 것을 알 수 있다(참고로 기본 모델의 정밀도와 재현율은 각각 0.87, 0.95였다).

■ **재현율을 높인 모델**

이번에는 반대로 기본 모델보다 재현율을 높인 모델을 만들려면 분류를 판단하는 경계값을 0보다 낮게 잡으면 된다.

이번에는 결정값을 임의로 -3으로 잡아서 score > -3 인 비교식을 사용하여 재현율을 높인 모델을 만들었다. 이 비교식의 결과는 y_pred_high_recall에 담았고 이를 사용해서 혼돈 매트릭스와 분류 성능 지표를 새로 계산했다.

높은 재현율을 갖는 예측 모델을 만들려면 경계값을 낮춘다

```
y_pred_high_recall = score > -3
show_clf_result(y_test, y_pred_high_recall)

# 출력:
```

```
[[ 76  43]
 [  3 128]]
              precision    recall  f1-score   support

           0       0.96      0.64      0.77       119
           1       0.75      0.98      0.85       131

    accuracy                           0.82       250
   macro avg       0.86      0.81      0.81       250
weighted avg       0.85      0.82      0.81       250
```

위 결과를 보면 정밀도는 기본 모델의 0.87에서 0.75로 떨어졌고 재현율은 0.95에서 0.98로 높아진 것을 알 수 있다.

■ 정밀도-재현율 (P-R) 곡선

분류를 결정하는 경계값을 결정 점수의 최대값에서 최소값까지 소금씩 낮추면서 정밀도와 재현율을 구해보겠다. 아래에 경계값을 200개로 나누고 각 경계값에 대한 정밀도와 재현율을 계산하고 실험 결과를 데이터프레임 df_r에 담은 후에 이를 그래프로 그렸다.

경계값을 조금씩 낮추면서 정밀도-리콜(P-R) 커브 그리기

```
# 실험에 사용한 경계치 (200 단계를 사용하겠다)
threshold_range = np.linspace(score.max(), score.min(), 200)

# 실험 결과 (경계치, 정밀도, 재현율)를 차례로 저장한다
result = []
for thres in list(threshold_range):
    y_pred_i = score >= thres
    result.append((thres, precision_score(y_test, y_pred_i),
                   recall_score(y_test, y_pred_i)))

# 실험 결과 그리기
plt.rcParams['figure.figsize'] = (6,4)

df_r = pd.DataFrame(result, columns=['threshold','precision', 'recall'])
df_r.set_index('threshold').plot()
```

출력:

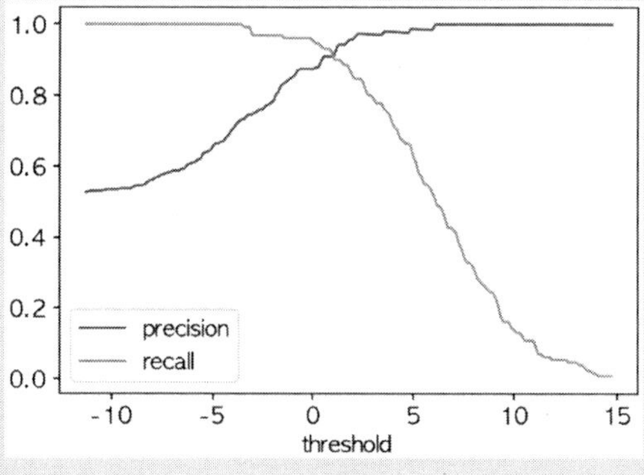

위 그래프를 보면 경계값 (threshold)을 최대값인 14.869부터 최소값인 -11.266 로 낮추면서 정밀도와 재현율을 그렸으며 (우측에서 좌측으로 그래프를 그렸다), 정밀도는 점차 감소하고, 재현율은 점차 증가하는 것을 알 수 있다. 이제 x-y 축 값으로 재현율과 정밀도 주어 그래프를 그리면 정밀도-재현율(P-R) 곡선을 그릴 수 있다.

P-R 곡선 그리기

```
plt.figure(figsize=(5,5))
plt.plot(df_r.recall, df_r.precision)
plt.xlim(0,1)
plt.ylim(0,1)
plt.xlabel('recall')
plt.ylabel('precision')
```

출력:

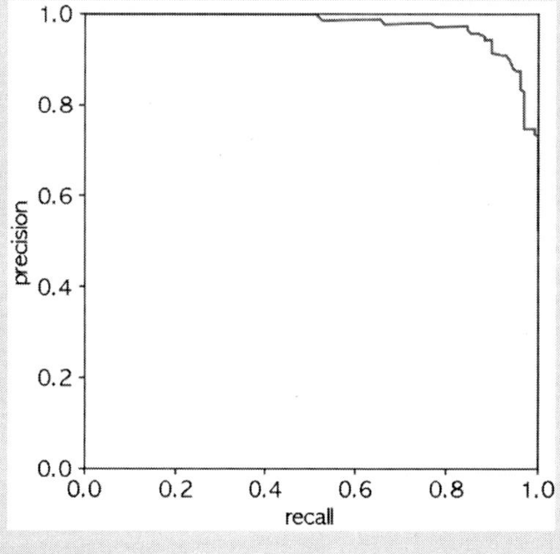

P-R 곡선의 사용법은, 모델을 어떤 목적으로 사용하는지에 따라서 정밀도의 최소 기준을 먼저 정한 후에 P-R 곡선 상에서 적절한 지점을 택하는데 사용한다. 예를 들어 정밀도의 최소 기준을 높이면 재현율을 희생해야 하므로 적절한 타협점을 찾아야 하며 이는 모델의 사용 목적에 따라 다르게 정해져야 한다.

■ ROC 곡선

분류 모델의 예측 순서를 평가하는 방법으로 ROC 곡선을 그리거나 이의 면적인 AUC 값을 자주 사용한다. 아래는 성별 분류 모델의 ROC 곡선을 그리는 코드이다.

ROC 커브 그리기 (roc_curve 함수 사용)

```
fpr,tpr,_ = roc_curve(y_test,score)

# AUC(면적) 계산하기
roc_auc = auc(fpr, tpr)
plt.figure(figsize=(5,5))
plt.plot(fpr, tpr, label='AUC = %0.4f)' % roc_auc)
plt.plot([0, 1], [0, 1], linestyle='--')
plt.xlabel('False Positive Rate')
plt.ylabel('True Positive Rate')
plt.legend(loc='lower right')

# 출력:
```

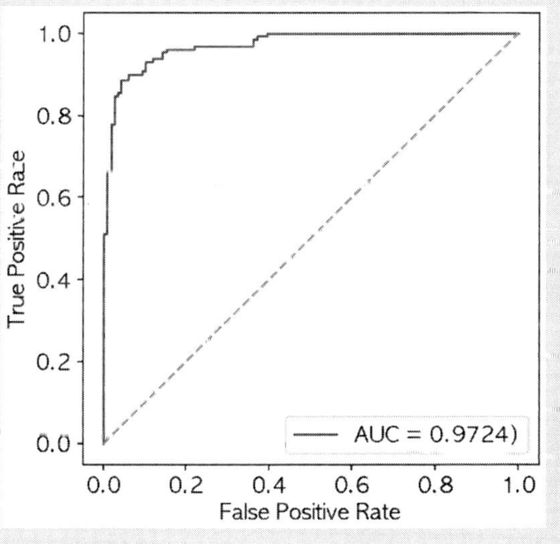

위 결과를 보면 ROC 커브가 급격히 상승하는 모양을 가지며, AUC가 0.9724로 높은 값을 갖는다. ROC 커브는 분류 모델이 잘 동작하는지를 확인하거나 다른 모델과의 성능을 비교할 때 주로 사용된다. 최적의 경계값을 선택하려면 앞에서 소개한 P-R 곡선을 사용해야 한다.

5.4 로지스틱 회귀

로지스틱 회귀(logistic regression) 모델은 확률 기반의 이진 분류 모델이다. 로지스틱 회귀는 선형 모델에서 사용하던 결정 점수를 사용하지 않고, 0~1 사이의 값을 갖는 분류 확률을 사용한다. 선형 모델과 로지스틱 회귀 모델은 입력의 변화가 선형적으로 출력값 (또는 출력 확률 계산식에) 영향을 주는 경우는 잘 동작하지만 입출력의 관계가 선형적이 아닌 경우는 성능에 한계가 있다. 입출력이 비선형 관계인 경우에는 결정 트리, 랜덤포레스트, 부스팅, 신경망 등의 모델을 사용해야 한다.

실전에서는 로지스틱 회귀 모델을 단독으로는 잘 사용하지 않지만 분류 확률 개념을 이해하는 것은 중요하다. 또한 다항 로지스틱 회귀 즉, 소프트맥스의 개념을 이해하는 것은 신경망 등 복잡한 구조의 머신러닝 모델 동작을 이해하는데 필요하다.

사건의 확률과 가치

로지스틱 회귀 모델을 설명하기에 앞서 컴퓨터가 확률을 다루는 주요 개념을 소개하겠다.

확률 p로 발생하는 사건의 가치를 데이터 분석에서는 어떤 양으로 표현하는 것이 타당할까? 일반적으로 어떤 사건의 발생 확률이 작을수록 우리는 이 사건이 많은 가치가 있다고 생각한다. 예를 들어 발생 확률이 1인 사건(내일 해가 동쪽에서 뜨는 사건 등)은 거의 가치가 없다. 반대로 복권에 당첨되는 사건의 확률은 수 백만분의 일 정도로 매우 작으며 가치는 매우 크다. 이런 성향을 반영해서 정보 이론에서는 확률 p로 발생하는 사건의 가치는 p에 반비례한다고 가정한다. 즉, 1/p 이 확률 p로 발생하는 사건의 가치이다.

그런데 복권에 당첨되었다고 수백만 배 만큼 기쁘다고 하기에는 값의 범위가 너무 크다. 이렇게 사람이 느끼는 감각적인 양은 로그를 취해야 선형적인 값으로 바뀌는 속성이 있다. 따라서 사건 p로 발생하는 사건의 가치는 다음과 같이 1/p에 로그를 취한 값으로 정의할 수 있다.

$$\log(\frac{1}{p})$$

위와 같이 어떤 사건의 발생 확률 p와 이 사건이 갖는 가치의 관계에는 로그가 등장하며 이 개념은 머신러닝에서 현실 세계의 선형적인 값과 확률의 관계를 매핑하는데 널리 사용된다.

공부한 시간대비 합격률 예제

로지스틱 회귀 동작을 이해하는 예제로 공부한 시간 대비 합격률을 구하는 예를 들어보겠다. 예를 들어 어떤 시험의 합격자와 불합격자의 공부한 시간의 분포가 각각 아래와 같다고 하자.

합격자들의 공부한 시간:
[6,7,9.5,10,11,11.5,12,13,14,14.5,16,16.5,17,19]

불합격자들의 공부한 시간:
[2,2.6,3,3.2,3.6,4,5,5.2,6,7,8,9]

대체로 합격자는 공부 시간이 길고 불합격자는 짧은 것은 알겠는데 이들의 관계를 어떻게 모델링하는 것이 좋을까? 앞에서 배운 선형 모델로는 공부 시간과 합격률의 관계를 예측할 수가 없다. 왜냐 하면 합격률은 0~1 사이의 한정된 값을 갖기 때문에 선형모델처럼 값이 범위가 제한되지 않는 모델을 사용할 수 없다. 이와 같이 연속형 값을 갖는 입력 (여기서는 공부 시간)에 대해서 0~1 사이의 확률을 매핑할 때 로지스틱 회귀 모델이 사용된다.

먼저 합격자 및 불합격자의 공부한 시간과 합격 여부 정보를 데이터프레임으로 만들고 합격자를 1로 불합격자를 0으로 인코딩했다.

합격자, 불합격자의 공부한 시간 데이터

```
pass_time = [6,7,9.5,10,11,11.5,12,13,14,14.5,16,16.5,17,19]
fail_time = [2,2.6,3,3.2,3.6,4,5,5.2,6,7,8,9]

print('합격자수, 불합격자수: ', len(pass_time), len(fail_time))
study_time = np.concatenate((pass_time, fail_time))

# 합격자, 불합격자 데이터프레임
df = pd.DataFrame(study_time, columns=['study_time'])
df['pass'] = [1]*len(pass_time) + [0]*len(fail_time)
print(df.shape)
df[:5]

# 출력:
```

```
합격자수, 불합격자수:  14 12
(26, 2)
```

	study_time	pass
0	6.0	1
1	7.0	1
2	9.5	1
3	10.0	1
4	11.0	1

이와 같이 총 26명의 공부한 시간과 합격 여부가 알려진 시험에서 만일 어떤 사람이 10시간을 공부한다면 이 사람이 합격할 확률은 얼마로 예상할 수 있을까? 먼저 합격자, 불합격자의 공부 시간과 합격 여부를 산포도로 그려보면 아래와 같다.

합격자, 불합격자의 산포도 보기

```
plt.scatter(df['study_time'], df['pass'], c=df['pass'], cmap='bwr')
plt.xlabel('Study time')
plt.ylabel('Pass')
plt.show()

# 출력:
```

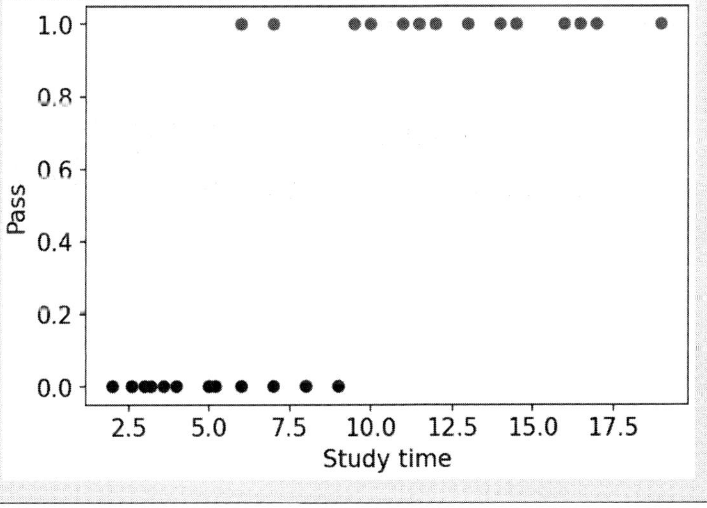

■ 시그모이드 함수

위와 같은 공부시간 대 합격률의 관계는 시그모이드(sigmoid) 커브로 매핑하는 것이 적절하다는 것이 알려졌다. 시그모이드 커브는 S-커브라고도 부른다. 선형 회귀에서 입출력의 관계를 선형관계(직선으로)로 매핑한 것처럼 로지스틱 회귀 모델은 (투입 시간 등) 선형적인 입력과 확률의 관계를 S-커브를 매핑한다.

시그모이드 함수의 정의는 아래와 같다.

$$p = \frac{1}{1 + e^{-(ax+b)}}$$

시그모이드 함수는 입력 x가 $(-\infty \sim \infty)$ 범위를 가질 때 출력값 p는 0 ~ 1 사이의 값으로 매핑된다. 시그모이드 함수의 의미를 파악하기 위해서 위 식의 역수를 취하고 로그를 적용하면 아래와 같다.

$$\log(\frac{1}{p}) = \log(1 + e^{-s}) \propto \log(e^{-s}) = -s$$

즉, 확률(p)과 선형적인 값 s의 관계는 로그의 관계를 가지고 있다. 위에서 로그의 인자에 1을 더한 것은 확률 값이 0~1 사이가 되도록 조정하기 위한 값이다. 한편 앞에서 설명한 정보 이론에서 확률 p로 발생하는 사건의 선형적인 가치를 log(1/p)로 표현할 수 있다고 하였는데 이 개념과 위의 식이 일치하는 것을 알 수 있다.

위 식의 의미를 다시 설명하면, 로지스틱 회귀 모델은 선형적인 세계의 값 s를 입력 x로부터 $ax + b$와 같이 선형적으로 예측하고 이것을 확률 p로 발생하는 사건의 가치로 매핑한 것이라고 하겠다.

시그모이드 함수에서 가중치 a와, 절편 b가 어떤 효과를 주는지를 파악해보겠다. 먼저 시그모이드 함수에서 절편 b 값은 0으로 고정한 상태에서 여러 가지 a에 대한 시그모이드 그래프를 그렸다.

시그모이드 함수의 특성 (가중치와 절편)

```
# 시그모이드 함수 계산
def logreg(s):
    return 1 /(1+np.exp(-s))

# 여러가지 a 값의 차이 보기
xs = np.linspace(-10, 10, 100)

b = 0
plt.plot(xs, logreg(0.2*xs + b), label='a=0.2', ls='-')
plt.plot(xs, logreg(0.4*xs + b), label='a=0.4', ls='-.')
plt.plot(xs, logreg(1*xs + b), label='a=1', ls='--')
plt.xlabel('x')
plt.ylabel('logreg(x)')

plt.legend()

# 출력:
```

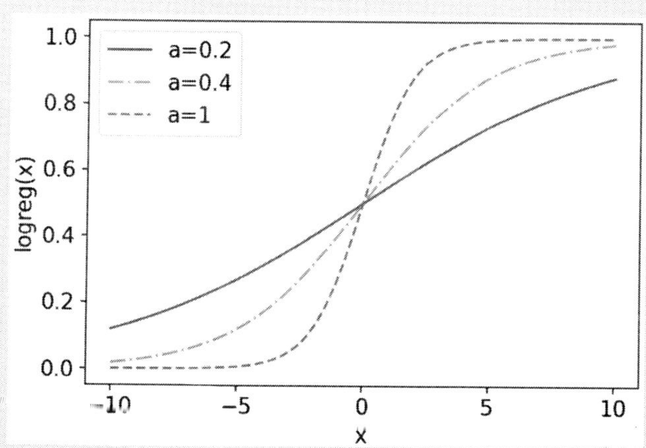

위 그래프들을 보면 계수 a는 시그모이드 함수에서 기울기에 반영된다. a가 클수록 입력 대 출력이 급격히 변하는 S-커브를 모델링한다.

한편 바이어스 b 값은 x축에서의 이동(shift)을 반영한다. 예를 들어 어떤 시험은 합격하려면 평균 20시간 이상은 공부해야 하는 경우도 있고 100시간은 공부해야 하는 경우도 있을 것이며 이러한 기본적인 상수값을 반영하는데 b가 사용된다. 이번에는 a를 임의로 0.8로 고정하고 여러가지 b에 대한 시그모이드 그래프를 그렸다.

여러가지 b 값의 차이 보기

```
xs = np.linspace(-10, 10, 100)

a = 0.8
plt.plot(xs, logreg(a*xs -2), label='b=-2', ls='-')
plt.plot(xs, logreg(a*xs + 0), label='b=0', ls='-.')
plt.plot(xs, logreg(a*xs + 2), label='b=2', ls='--')
plt.xlabel('x')
plt.ylabel('logreg(x)')

plt.legend()

# 출력:
```

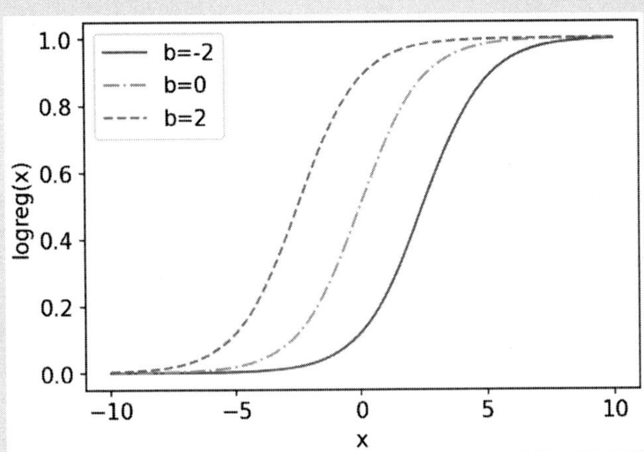

위 그래프를 보면 b값의 변화는 S-커브의 좌우 이동을 모델링한다.

이제 위와 같은 매핑 기능을 가진 로지스틱 회귀 모델을 사용해서 공부한 시간과 합격률을 예측하는 모델을 만들어보겠다. 모델을 주어진 데이터로 학습시키고 학습 결과로 얻은 a와 b를 사용해서 모델을 그래프로 그리는 전체 코드는 아래와 같다.

로지스틱 회귀 모델로 합격 예측하기

```
X = df[['study_time']]
y = df['pass']

model = LogisticRegression()
```

```
model.fit(X,y)

a, b = model.coef_[0][0], model.intercept_[0]
print('a, b = ', a, b)
plt.xlabel('Study time')
plt.ylabel('Pass Rate')
plt.scatter(df['study_time'], df['pass'], c=df['pass'], cmap='bwr')

# 로지스틱 회귀 모델
xs = np.linspace(0,21,100)
ys = logreg(a*xs + b)
plt.plot(xs, ys, c='r')
plt.show()

# 출력:

a, b =  0.7535393323398046 -5.963814446471741
```

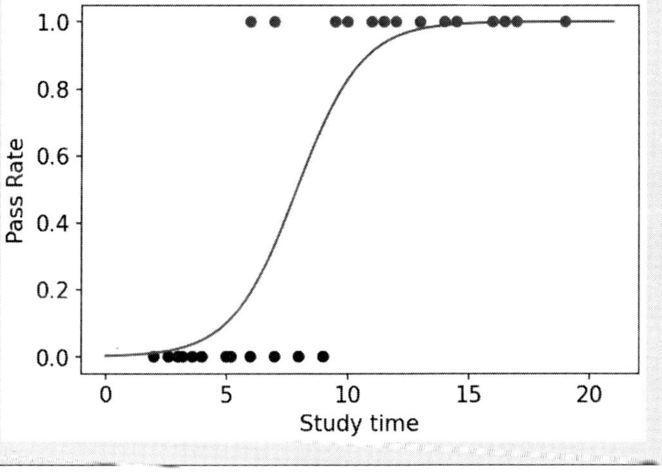

위 결과 모델인 S-커브를 이용해서 임의의 공부 시간에 대해서 합격 확률을 구할 수 있다. 또는 반대로 특정한 합격 확률을 얻으려면 최소한 몇 시간을 공부를 해야 하는지도 구할 수가 있다.

이 모델을 사용하여 임의의 공부한 시간에 대해 각각 합격 여부 및 합격할 확률을 구하는 방법은 아래와 같다. 합격 여부를 예측하려면 모델이 제공하는 predict()를 사용하면 된다. 합격할 확률을 구하려면 predict_proba()를 사용하면 결과가 0일 확률(불합격)과 1일 확률(합격)을 두 개의 컬럼으로 알려준다. 합격할 확률은 predict_proba()에 [:,1]를 적용하여 두 번째 컬럼 즉 1

일 확률만 취하여 변수 proba_pass에 저장했다. 임의의 공부한 시간을 4~12 시간을 한 시간 간격으로 가정했을 때의 합격 예측과 합격할 확률을 구했다.

공부시간에 따른 합격 여부 예측

```
# 임의의 공부 시간
X_test = [[4],[5],[6],[7],[8],[9],[10],[11],[12]]

print('합격 예측')
print(model.predict(X_test))
print('합격할 확률')
proba_pass = model.predict_proba(X_test)[:,1]
print(proba_pass .round(2))
model.predict_proba(X_test).round(2)[:5]

# 출력:

합격 예측
[0 0 0 0 1 1 1 1 1]
합격할 확률
[0.05 0.1  0.19 0.33 0.52 0.69 0.83 0.91 0.96]

array([[0.95, 0.05],
       [0.9 , 0.1 ],
       [0.81, 0.19],
       [0.67, 0.33],
       [0.48, 0.52]])
```

■ 합격 경계값의 변경

위 결과를 보면 기본적으로 컴퓨터가 만드는 모델에서는 확률이 0.5 이상이면 합격으로 판정하며 4~12 시간 공부한 사람 9명 중에 앞의 4명은 불합격, 뒤의 5명은 합격으로 예측했다. 그런데 합격으로 판정할 기준값(threshold)을 디폴트인 0.5가 아니라 더 높게 예를 들어, proba_pass가 0.7 이상인 사람만 합격이라고 예측하면 정밀도가 올라간다. 반대로 proba_pass를 낮추어 0.3 이상인 사람을 모두 합격이라고 예측하면 재현율이 올라가게 된다. 기본모델, 정밀도를 높인 모델, 재현율을 높인 모델의 예를 각각 아래와 같이 확인할 수 있다.

분류 경계값(확률)을 조정하여 정밀도, 재현율을 변경

```
print('기본 모델의 예측 (p > 0.5)')
print((proba_pass > 0.5)*1)
print('정밀도를 높인 모델의 예측 (p > 0.7)')
print((proba_pass > 0.7)*1)
print('재현율을 높인 모델의 예측 (p > 0.3)')
print((proba_pass > 0.3)*1)

# 출력:

기본 모델의 예측
[0 0 0 0 1 1 1 1 1]
정밀도를 높인 모델의 예측 (p > 0.7)
[0 0 0 0 0 0 1 1 1]
재현율을 높인 모델의 예측 (p > 0.3)
[0 0 0 1 1 1 1 1 1]
```

위에서 비교 연산의 결과는 True, False 등으로 나타나는데 여기에 1을 곱하는 *1 연산을 하면 1, 0 등 정수로 표시할 수 있다.

소프트맥스

앞에서 이진 분류, 즉 합격과 불합격 두 개의 레이블을 분류하는 경우에 로지스틱 회귀를 사용하는 예를 소개했다. 그런데 목적 변수(레이블)가 두 개가 아니라 3개 이상의 클래스 중에 하나를 예측해야 하는 경우는 로지스틱 회귀를 그대로 사용할 수 없다.

이때는 선형 세계의 점수들의 차이를 확률의 차이로 매핑하는 함수인 소프트맥스(softmax) 함수를 이용한다. 소프트맥스를 다항 로지스틱 회귀(multinomial logistic regression)라고도 부른다.

소프트맥스 함수의 정의는 아래와 같다. 여기서 $\hat{p}_k$는 클래스 k에 속할 확률이고, x는 주어진 샘플을 의미하며, $S_k(x)$는 각 클래스 k에 대한 선형적인 점수이다.

$$\hat{p}_k = \frac{\exp(s_k(x))}{\sum_{j=i}^{K} \exp(s_j(x))}$$

$\hat{p}_k$의 분모는 상수이며, 분자값에 비례하여 각 사건에 대한 확률을 나타내고 있다. 이러한 식을 사용하게 된 배경은, 확률로부터 선형 세계의 값(점수)을 계산할 때는 로그 함수를 사용하여 $-\log(p)$로 모델링을 하였으므로, 반대로 선형 값(점수)을 확률로 환산할 때에는 로그의 역함수인 지수승(exp)을 사용한 것이다. 또한 각 클래스 k에 속할 확률 $\hat{p}_k$는 각각 0~1 사이의 값을 가지고, $\hat{p}_k$의 전체 합은 1이 되어 확률이 될 조건을 만족하고 있다.

아래 그림에 소프트맥스의 동작 개념을 나타냈는데 임의의 값을 가지는 선형 세계의 값들을 입력으로 주면 출력은 각 값이 0~1 사이이고 출력 전체의 합이 1이 되는 확률값으로 매핑을 해주는 것이 소프트맥스이다.

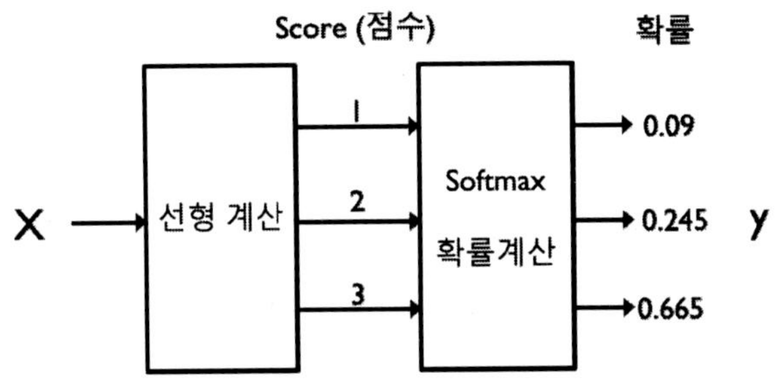

그림 5-7 소프트맥스는 선형값들의 관계를 확률관계로 매핑한다

아래는 소프트맥스를 계산하는 함수 get_softmax()를 정의하고, [1,2,3] 등의 세 개의 점수 차이가 확률로는 어떻게 환산되는지를 예를 보였다. 소프트맥스 계산은 주어진 선형 값들의 exp()을 취하고 이들의 합이 1이 되도록 정규화 하는 작업이다.

소프트맥스 구현(계산식)

```
def get_softmax(scores):
    prob = np.exp(np.array(score))
    return prob/prob.sum()

scores = [[1,2,3], [7,8,9],[-4, -3, -2], [3,4,5,6,7]]
for score in scores:
    prob = get_softmax(score)
    print(prob.round(3))

# 출력:
```

```
[0.09  0.245 0.665]
[0.09  0.245 0.665]
[0.09  0.245 0.665]
[0.012 0.032 0.086 0.234 0.636]
```

위 결과를 보면 선형 세계의 점수들이 [1,2,3], [7,8,9],[-4, -3, -2]과 같이 모두 1점씩 등간격의 차이를 가지면, 확률 세계에서는 모두 동일하게 [0.09 0.245 0.665]의 차이를 갖는 것을 알 수 있다(확률의 합은 항상 1이어야 한다).

소프트맥스는 여러 개의 클래스를 분류하는 모델에서 대부분 사용한다. 특히 신경망에서 이미지 분류, 텍스트 분류 등을 수행할 때에도 마지막 단계에서 선형적인 점수를 확률로 환산할 때 소프트맥스를 사용한다.

5.5 결정 트리

선형회귀 모델은 입력 특성(X)들을 대상으로 곱셈과 덧셈 등 연산을 하여 내부 점수를 구하고 그 값을 기준으로 회귀나 분류를 예측했다. 로지스틱 회귀 모델에서도 입력 특성(X)들을 대상으로 가중합을 구한 후 그 값을 확률로 환산하여 이진 분류에 사용했다. 이들 모델의 특징은 입력 특성에 연산을 하여 얻는 어떤 '수치적인 량'을 이용한다는 것이다(참고로 신경망 기반의 딥러닝 모델에서도 가중합 등의 연산을 기반으로 동작한다).

이와 달리 결정 트리(decision tree) 모델에서는 연산으로 얻은 어떤 양적인 수치를 이용하지 않는다. 결정 트리에서는 각 특성을 독립적으로 하나씩 검토하여 이진 분류 작업을 수행하여 최종적으로 분류나 회귀 예측을 수행한다. 마치 스무고개 게임에서 한 번에 한 가지 질문을 하고 답은 Yes/No 중에 하나만 선택하게 하면서(즉, 이진 분류) 답을 찾는 것과 같이 동작한다.

이번 절에서는 결정 트리의 동작원리를 배우고 이를 이용하여 분류 및 회귀 문제를 풀어보겠다.

결정 트리 동작 원리

결정 트리에서 핵심이 되는 부분은 가장 효과적인 분류를 수행하기 위해서 어떤 변수를 가지고 판별을 시작할지 결정하는 것이다. 이 판별은 트리를 내려가면서 계속된다. 즉, 손실함수로 무엇을 택할지 정해야 한다.

여기서 샘플 그룹을 효과적으로 '잘 나누는 것'의 기준은 그룹을 나눈 후에 생성되는 하위 그룹들에 가능하면 같은 종류의 아이템들이 모이는지를 기준으로 삼는다. 한 그룹에 같은 종류의 아이템이 많이 모일수록 순수(pure)하다고 하는데, 만일 나누어진 하위 그룹이 100% 같은 항목들로만 구성되면 순도(purity)가 100%라고 한다. 순도를 측정하기 위해서 크로스 엔트로피를 사용한다.

■ 엔트로피

분류 작업이 잘 이루어지는 보려면 정확도(정확히 나누어진 비율)만 봐서는 안된다. 정확도만 보면 상대적으로 많이 발생하는 레이블을 중심으로 분류 작업을 하며 발생 빈도가 낮은, 드물게 발생하는 레이블은 무시하게 된다. 그러나 분류에서는 드물게 발생하는 레이블도 놓치지 않는 것이 중요하다(드물게 발생하는 암을 놓치는 병원은 갈 이유가 없다). 이런 문제를 해결하려면 드물게 발생하는 레이블을 찾아내면 더 많은 가산점을 주면 될 것이다.

드물게 발생하는 사건에는 더 많은 가중치를 주는 방법을 생각해보자.

앞에서 확률 p로 발생하는 사건의 가치는 1/p에 로그를 취한 값으로 정의할 수 있다고 했다. 즉, 확률 p로 발생하는 사건의 가치를 $\log(\frac{1}{p})$이라고 정의했다.

어떤 사건의 '기대치'를 구하려면 그 사건의 가치에 그 사건이 발생할 확률(p)을 곱해주어야 하며 이를 식으로 표현하면 아래와 같다.

$$p\log(\frac{1}{p}) = -p\log(p)$$

위의 값을 확률 p로 발생하는 사건의 엔트로피(entropy)라고 부른다. 이를 그래프로 그리면 다음과 같다.

확률 p와 엔트로피 보기

```
xs = np.linspace(0.0001, 1, 100)
plt.plot(xs, -xs*np.log(xs))
plt.xlabel('p')
plt.ylabel('-p log(p)')
plt.show()

# 출력:
```

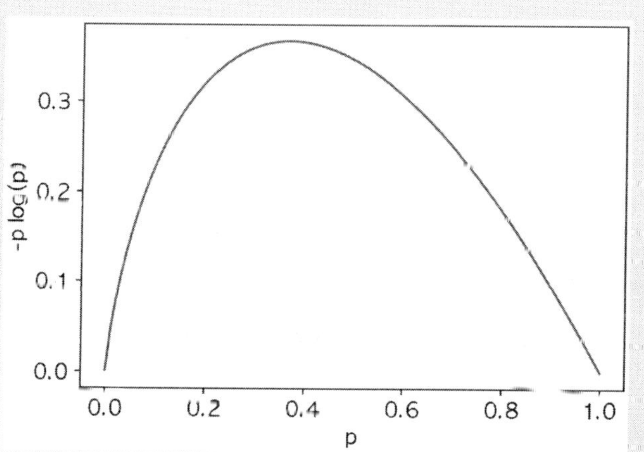

위 그래프를 보면 엔트로피는 p가 0에 가깝거나 또는 1에 가까워질수록 0으로 수렴한다. p가 0

에 가깝거나 또는 1에 가까워진다는 것은 그룹내의 샘플들이 한 가지 레이블들로만 구성되었다는 것, 즉 순도가 높아졌다는 것이며 이는 분류가 잘 수행된 것이라고도 볼 수 있다. 즉, 분류가 잘 이루어지면 엔트로피는 0으로 수렴한다.

■ 크로스 엔트로피

크로스 엔트로피는 구분하고자 하는 여러 레이블들의 엔트로피들을 합한 것을 말한다. 이진 분류이면 두 가지 레이블에 대한 합이 되고, 10가지 클래스를 나누는 분류 문제에서는 10가지 레이블에 대한 엔트로피의 합을 말한다.

크로스 엔트로피의 정의는 아래와 같다.

$$Cross\ Entropy = -\sum_{k=1}^{m} p_k \log(p_k)$$

분류 모델에서 크로스 엔트로피를 손실함수로 사용하여 이를 최소화 하도록 학습시키면 각 레이블들이 최대한 잘 나누어지게 된다.

그런데 크로스 엔트로피를 계산하려면 로그 계산을 매번 해야 해서 계산 부담이 커진다. 크로스 엔트로피 대신 지니(gini) 계수를 사용하면 크로스 엔트로피와 유사한 기능을 하면서 계산량을 줄일 수 있다.

■ 지니 계수

지니 계수는 다음과 같이 정의된다. 아래에서 p_k 는 그룹내의 클래스 k의 분포 확률을 말한다.

$$Gini = 1 - \sum_{k=1}^{m} p_k^2$$

이진 분류를 수행한다면 한 가지 레이블의 발생 확률이 p이면 다른 레이블이 발생하는 확률은 (1-p)가 된다. 이진 분류인 경우 p의 변화에 대해 지니 계수를 그리면 아래와 같이 엔트로피와 유사한 모양을 가지며 p가 0 또는 1로 수렴하면, 즉, 분류가 잘 이루어지면 지니 계수도 0으로 수렴하는 것을 알 수 있다.

확률 p와 (1-p)의 지니 계수 보기

```
xs = np.linspace(0, 1, 100)
plt.plot(xs, 1-(xs**2 + (1-xs)**2))
plt.xlabel('p')
plt.ylabel('gini coefficent')
plt.show()
```

\# 출력:

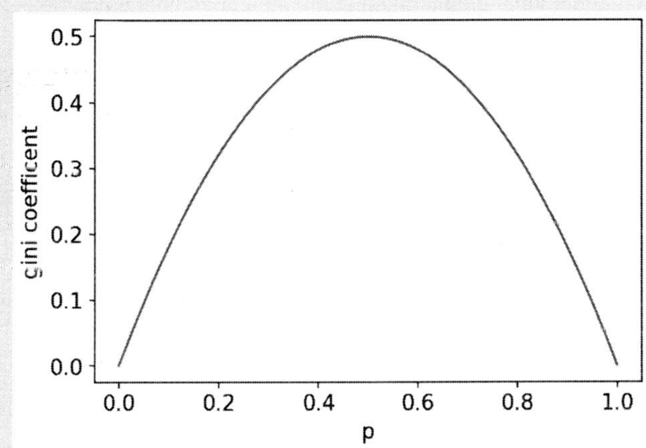

손실함수로 크로스 엔트로피를 사용하든 지니 계수를 사용하든 결정 트리 모델 성능에는 큰 차이가 없다. 그런데 지니 계수의 계산이 크로스엔트로피 계산보다 빠르기 때문에 결정 트리 모델에서는 디폴트로 지니 계수를 사용한다.

■ **분류 동작 예시**

아래 그림으로 분류 작업 수행 후 지니 계수의 변화를 설명하겠다. 아래 그림에서 분류를 하기 전의 상태는 삼각형과 원형의 샘플이 12:8의 비율로 들어 있다. (a), (b)는 두 가시 결정 트리 모델을 비교하였는데 (a)에서는 예를 들어 어떤 특성 w가 0.3 보다 큰지를 판별하고 (b)에서는 특성 w가 0.5보다 큰지를 판별한다고 임의로 가정하였으며 두 경우의 결과를 각각 아래에 그렸다.

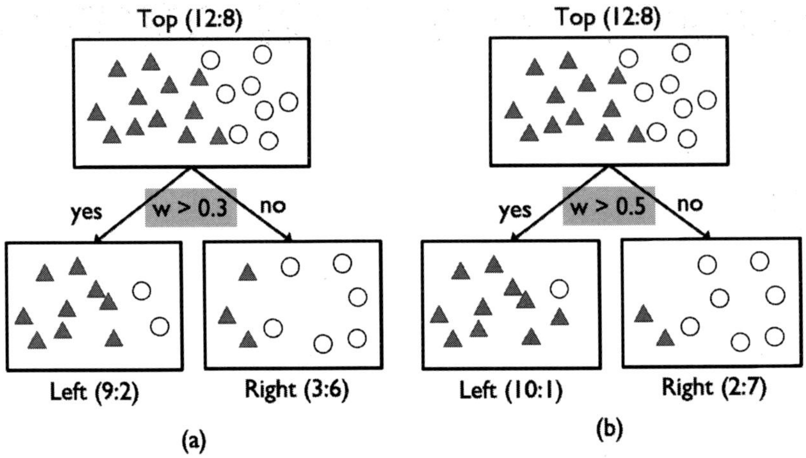

그림 5-8 결정 트리 작업에서 지니 계수의 변화 비교

(a)의 경우 좌, 우 박스에 삼각형과 원형이 나누어진 비율이 9:2와 3:6이고, (b)의 경우 좌, 우 박스에 삼각형과 원형이 나누어진 비율이 10:1과 2:7이다. (b)의 방법이 더 잘 나누었는데 이를 지니 계수의 합으로 계산해 보면 아래와 같이 구할 수 있다. 아래에 정의한 gini_index(a,b) 함수는 어떤 박스에 샘플 레이블의 개수가 a, b개로 나누어진 경우 a의 발생 확률 p와 b의 발생확률 1-p를 구한 다음 이들로부터 지니 계수를 계산하는 함수이다.

분류 작업 후 지니 계수 합 구하기

```
# 지니 계수를 구하는 함수
def gini_index(a,b):
    p = a/(a+b)
    q = 1 - p
    return np.round((1-p**2 - q**2),3)

# 분류기 (a)의 지니 계수 합 구하기
print(gini_index(9,2), gini_index(3,6))
print('(a) 지니 계수의 합 = ',gini_index(9,2)+gini_index(3,6))

# 분류기 (b)의 지니 계수 합 구하기
print(gini_index(10,1), gini_index(2,7))
print('(b) 지니 계수의 합 = ',gini_index(10,1) +gini_index(2,7))

# 출력:
```

```
0.298 0.444
(a) 지니 계수의 합 = 0.742
0.165 0.346
(b) 지니 계수의 합 = 0.511
```

위 결과를 보면 분류기 (b)가 더 작은 지니계수 합을 얻었으므로 우수한 분류를 수행한 것이다. 결정 트리는 이와 같이 w 뿐만 아니라 모든 특성 값에 대해서 w > 0.5와 같은 조건식을 모두 검색해서 지니 계수가 가장 많이 줄어드는 경우를 선택한다. 이와 같은 트리를 나누는 작업을 이번에는 하위 두 박스에 대해서 각각 반복하여 수행한다.

■ **과대적합과 트리 종료 조건**

결정 트리 모델에서는 트리를 언제까지 나눌지, 즉, 트리를 만드는 작업을 언제 종료할지를 정해주어야 한다. 결정 트리를 계속 만들어 매우 상세하게, 모든 훈련 데이터를 분류할 수 있는 모델을 만들면 훈련 데이터에 대해서는 100% 순도의 분류가 가능하다.

그런데 이렇게 100% 분류를 하는 트리는 과대 적합(over fitting)된다. 과대 적합이란 훈련 데이터에 대해서는 성능이 아주 잘 나오지만, 미래의 새로운 데이터에 대해서는 성능이 떨어지는 현상을 말한다. 성능이 떨어지는 이유는 모델이 보편적이지 못하고 훈련 데이터에 대해서만 특별히 잘 동작하도록 만들어졌기 때문이다.

결정 트리에서 과대적합을 피하려면 트리를 만드는 깊이(depth)를 제한하여 훈련 데이터에 대해 과대적합이 발생하는 현상을 피하고 검증 데이터에 대해서 최적의 성능을 내는 트리를 만들어야 한다.

트리의 깊이를 제한하는 것 외에도 트리의 생성을 더 이상 진행하지 않는 옵션이 다양하게 있다. 예를 들어 하위 노드의 개수를 얼마 이하로 제한하든지, 트리를 분할하기 위해서 필요한 최소한의 샘플 수를 지정하기도 한다. 일반적으로는 트리의 최대 깊이를 제한하는 max_depth 옵션을 가장 많이 사용한다.

결정 트리 예제

타이타닉 생존자 예측 문제를 결정 트리 모델로 구현해보겠다. 타이타닉 데이터의 전처리에 대한 내용은 4.5절을, 선형 분류 모델을 이용한 예제는 5.1절의 내용을 먼저 참고하기 바란다.

타이타닉 데이터의 읽기, 결측치 처리, 스케일링, 카테고리 인코딩을 수행하고 입력 데이터 X와 레이블 y를 만드는 과정은 아래와 같다.

데이터 전처리 전과정 실행

```
# 데이터 다운로드하기
df = pd.read_csv('https://raw.githubusercontent.com/StillWork/data/
   master/titanic_train.csv')

# 나이 결측치를 평균 나이로 대체 (대체한 것을 즉시 반영했다)
df.Age.fillna(df.Age.mean(), inplace=True)

# Embarked (항구명) 결측치가 있는 두 샘플은 삭제한다
df = df[~df['Embarked'].isnull()]

# 사용하지 않을 컬럼 4개를 삭제한 데이터프레임을 만들고 백업한다
df = df[df.columns.difference(['PassengerId','Name','Ticket','Cabin'])]

# 선실등급, 성별, 항구명을 원핫 인코딩한다
df = pd.get_dummies(df, columns=['Pclass','Sex','Embarked'])

# 요금(Fare)은 로그를 취한 값을 사용한다
df['Fare'] = np.log(df.Fare +1)

# 연속형 변수에 표준 스케일링을 적용한다
from sklearn.preprocessing import StandardScaler
scaler = StandardScaler()
df.loc[:][['Age','Fare','SibSp','Parch']] =
   scaler.fit_transform(df[['Age','Fare','SibSp','Parch']])

# 데이터분석에 사용할 X와 y 얻기
X = df[df.columns.difference(['Survived'])]
y = df.Survived

# X, y 크기 확인하기
print(X.shape, y.shape)

# 출력: (889, 12) (889,)
```

타이타닉 데이터 특성 정보는 아래와 같다.

Survival – 생존여부: 0 = No, 1 = Yes
Pclass – 티켓 등급: 1 = 1st, 2 = 2nd, 3 = 3rd
Sex – 성별: male, female
Age – 나이
SibSp – 동승한 형제, 배우자 수
Parch – 부모와 자녀의 수
Ticket – 티켓 번호
Fare – 승선 요금
Cabin – 캐빈(객실) 번호
Embarked – 승선한 항구: C = Cherbourg, Q = Queenstown, S = Southampton

■ 선형 분류 성능

5.1절에서 설명했던 선형 이진 분류의 성능을 아래와 같이 다시 확인했다.

선형 이진 분류 수행

```
X_train, X_test, y_train, y_test = train_test_split(X, y, random_state=8,
   shuffle=True)

## 선형 분류 모델로 SGDClassifier를 사용
lin = SGDClassifier()

# 학습 데이터를 사용하여 학습을 수행한다
lin.fit(X_train, y_train)

# 검증 데이터를 사용하여 모델의 성능을 확인한다 (정확도를 알려준다)
lin.score(X_test, y_test).round(3)

# 출력: 0.794
```

위의 결과 성능은 프로그램을 실행할 때마다 다르게 나올 수 있는데 그 이유는 데이터를 랜덤하게 섞어서 훈련과 검증을 하기 때문이다.

선형 모델의 가중치를 보면 아래와 같다.

선형 모델 가중치 보기

```
def plot_feature_weight(feature, weight):
    plt.figure(figsize=(5,5))
    W = pd.DataFrame({'feature':feature,'weight':weight})
    W.sort_values('weight', inplace=True)
    plt.barh(W.feature, W.weight)

plot_feature_weight(X.columns, lin.coef_[0])

# 출력:
```

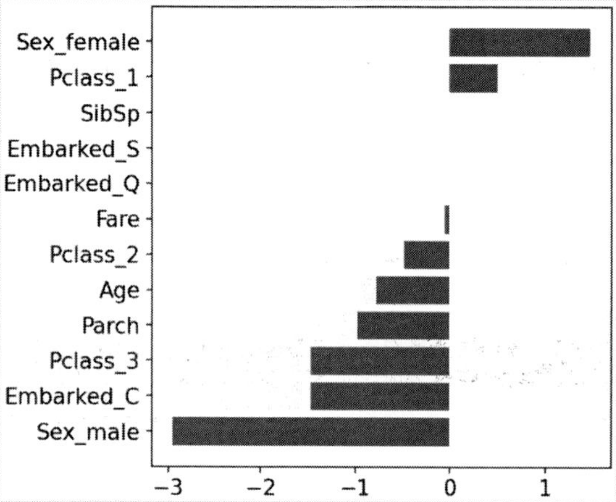

선형 모델의 가중치를 보면 생존과 사망에 어떤 특성 변수들이 많이 기여했는지를 파악하는데 도움이 된다.

▪ 결정 트리 모델

결정 트리 모델을 만들 때는 과대적합이 되지 않도록 최대 깊이를 적절히 선택해야 한다. 아래는 최대 깊이를 1~10 사이로 바꾸면서 최대 성능(정확도)이 나오는 값을 찾는 코드이다.

결정 트리를 이용한 이진 분류

```
# 최적의 트리 깊이 (max_depth)를 실험으로 찾는다
for depth in range(1,10):
    dtc = DecisionTreeClassifier(max_depth=depth)
    dtc.fit(X_train, y_train)
    print(depth, dtc.score(X_test, y_test).round(3))

# 출력:

1 0.794
2 0.762
3 0.812
4 0.812
5 0.803
6 0.798
7 0.735
8 0.74
9 0.722
```

위 결과를 보면 max_depth가 3일 때 최대 값이 나오는 것을 알 수 있다. 이제 max_depth=3으로 하여 트리 모델을 만든 다음, 트리 모델이 제공하는 내부변수 feature_importances_를 그래프로 나타냈다.

최적의 트리 깊이 max_depth=3

```
dtc = DecisionTreeClassifier(max_depth=3)
dtc.fit(X_train, y_train)
print(dtc.score(X_test, y_test).round(3))

plot_feature_weight(X.columns, dtc.feature_importances_)

# 출력:
0.812
```

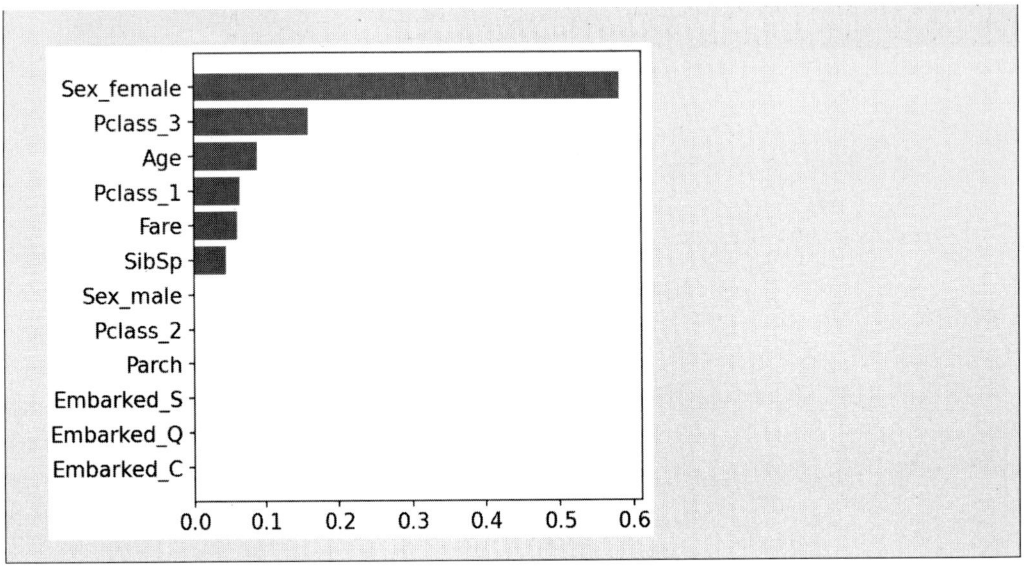

■ **특성 중요도**

선형 모델은 가중치를 알려주어 어떤 특성이 회귀 또는 분류 예측에 많이 반영되는지를 알려주었는데, 트리 모델에는 이러한 가중치를 사용하지 않는다. 그 대신 트리 모델에서는 어떤 특성으로 트리를 나눌 때 샘플들이 잘 분류되었는지, 즉, 지니 계수 개선에 얼마나 기여했는지를 보고 상대적인 점수를 준다. 이 점수는 트리 모델의 내부 변수 feature_importances_에 담겨 있다.

위 그래프를 보면 Sex_Female, Class_3, Age 특성의 순으로 중요한 역할을 하였다. 특성 중요도는 생존과 사망을 구분하는데 이 특성으로 나눌 때 기여를 많이 했다는 것을 알려주는 것이지, 생존 여부에 비례하는 값을 알려주는 것은 아니다. 선형 모델의 가중치와는 전혀 다른 의미를 갖는다.

특성 중요도를 보고 중요하지 않은 특성들은 향후 분석에 제외하는데 참고할 수 있다.

■ **모델 성능 평가**

트리 모델을 만든 후 predict()를 사용하여 분류 예측값 y_pred을 구할 수 있다. 이를 이용해서 혼돈 매트릭스와 정밀도, 재현율 등 분류 평가 지표를 계산할 수 있다.

혼돈 매트릭스와 분류 평가 보기

```
def show_clf_result(y_test, y_pred):
    print(confusion_matrix(y_test, y_pred))
    print(classification_report(y_test, y_pred))

y_pred = dtc.predict(X_test)
show_clf_result(y_test, y_pred)

# 출력:

[[120  20]
 [ 22  61]]
              precision    recall  f1-score   support

           0       0.85      0.86      0.85       140
           1       0.75      0.73      0.74        83

    accuracy                           0.81       223
   macro avg       0.80      0.80      0.80       223
weighted avg       0.81      0.81      0.81       223
```

■ **클래스 확률**

트리 모델은 로지스틱 회귀처럼 클래스를 예측하는 분류 확률(클래스 확률)을 알려준다. 내부적으로는 이 값이 0.5 이상이면 1로 분류한다. 아래는 검증 데이터 X_test에 대해서 생존으로 분류할 확률을 구하는 코드이다. 클래스 확률은 predict_proba()를 호출하면 0과 1일 확률을 두 개의 컬럼으로 리턴한다.

검증 데이터 샘플의 생존 확률 보기

```
X_proba = X_test.copy()
X_proba['proba'] = dtc.predict_proba(X_test)[:,1]
X_proba[:5].T

# 출력:
```

	35	563	496	371	306
Age	42.000000	29.699118	54.000000	18.000000	29.699118
Embarked_C	0.000000	0.000000	1.000000	0.000000	1.000000
Embarked_Q	0.000000	0.000000	0.000000	0.000000	0.000000
Embarked_S	1.000000	1.000000	0.000000	1.000000	0.000000
Fare	3.970292	2.202765	4.372818	2.014343	4.717456
Parch	0.000000	0.000000	0.000000	0.000000	0.000000
Pclass_1	1.000000	0.000000	1.000000	0.000000	1.000000
Pclass_2	0.000000	0.000000	0.000000	0.000000	0.000000
Pclass_3	0.000000	1.000000	0.000000	1.000000	0.000000
Sex_female	0.000000	0.000000	1.000000	0.000000	1.000000
Sex_male	1.000000	1.000000	0.000000	1.000000	0.000000
SibSp	1.000000	0.000000	1.000000	1.000000	0.000000
proba	0.379310	0.108025	0.960000	0.108025	0.960000

위 테이블의 의미는 35번 샘플의 나이는 42세, S 항구에서 승선, 요금은 3.97 등의 값을 갖는데 맨 아래 proba를 보면 생존 확률은 0.379인 것을 알 수 있다 (보기 편하도록 .T를 이용해서 행과 열을 바꾸었고 5명의 정보만 본 것이다).

■ 트리 구조 보기

생성된 트리 모델의 구조를 그림으로 보려면 tree.plot_tree() 함수를 아래와 같이 사용하면 된다. 특성 이름은 X에서 컬럼 이름을 사용하라는 뜻이고, filled는 노드 내부에 0과 1을 구분하는 색상을 사용하라는 뜻이다 (0이 많으면 진한 주황색, 1이 많으면 진한 파란색으로 보인다). 트리 구조를 간단히 만들어 보기 위해서 깊이를 2단계까지만 그렸다.

결정 트리 보기 (2단까지만 보기)

```
from sklearn import tree
import matplotlib
plt.figure(figsize=(16,14))
```

```
tree.plot_tree(dtc, fontsize=10,
               feature_names=X.columns,
               filled=True,
               max_depth=2)
plt.show()

# 출력:
```

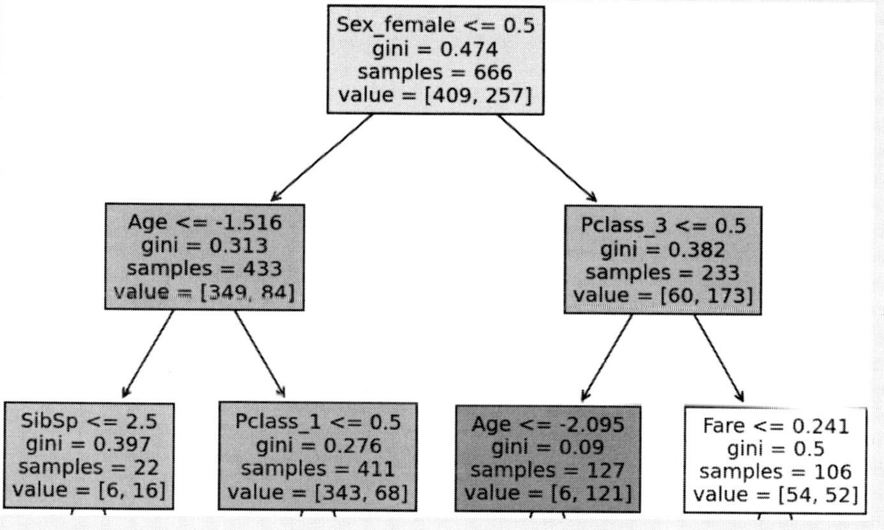

위 그래프의 내용을 설명하겠다. 첫번째 루트 노드에는 학습 데이터가 666개 있으며 value [ ]에 클래스별 레이블의 개수를 나타낸다. 즉 (0, 1) 레이블이 각각 (409, 257) 개씩 들어 있는 것을 나타낸다. 이때 지니 계수는 0.474인데 이는 gini_index(405,257) 함수를 호출하여 확인해볼 수 있다. 루트 노드에서는 12개의 모든 특성을 탐색해본 결과 Sex_female을 사용하는 것이 가장 분류가 잘 되는 것을 찾아냈고, Sex_female <= 0.5 인지 즉, 남성(0)인지를 보고 이것이 True이면 좌측 노드로 분류된다. Famale이면 우측 노드로 분류된다.

좌측 노드에는 총 433개의 샘플이 있는데 이중 사망자와 생존자의 수가 각각 (349, 84)인 것을 나타내며 사망자가 많이 모여 있다. 우측 노드에는 총 233개의 샘플이 있는데 이중 사망자와 생존자의 수가 각각 (60, 173)이며 생존자가 많이 모여 있다. 이 두 하위 노드의 지니 계수는 각각 0.313, 0.382인데 이 값의 합이 결정 트리 모델이 찾은 가장 작은 값이다.

이제 첫 번째 하위 노드에서도 같은 작업이 반복된다. 좌측 노드에서는 나이를 기준으로 Age <= -1.516 인지를 확인하고 (나이는 표준 정규화되어 있고 -1.516의 실제 나이는 10세이다. 참고

로 X를 만들 때 스케일링을 수행하지 않고 사용하면 실제 나이를 보여준다) 이것이 만족되면 좌측으로 분류되며 좌측 2단계 노드에는 총 22명이 들어가고 사망자, 생존자가 (6, 16)명으로 구성된다.

결정 트리를 계속 수행하면 사망자와 생존자의 분류가 점차 세분화 된다. 아래는 X를 만들 때 표준 스케일링을 수행하지 않고 깊이를 3까지 그린 그림이다. 결정 트리에서는 입력 X를 스케일링하지 않아도 된다. 동시에 두 개 이상의 특성을 사용해서 연산을 하지 않고 한 번에 한 특성씩만 사용하여 판별하기 때문에 스케일링이 필요 없다.

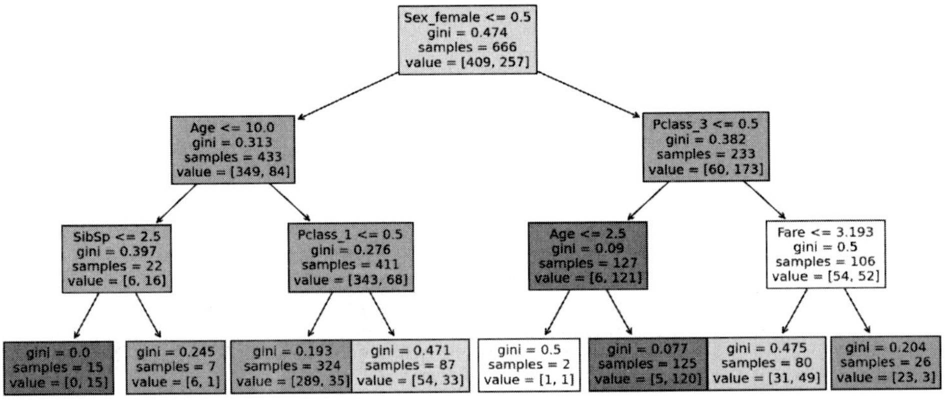

이 제3단계의 트리를 이용하여 사망자와 생존자를 예측하는 모델을 만들어졌으며 트리의 조건을 따라 내려오면 마지막 그룹의 value[ ] 의 값을 보고 이 그룹에 속하면 사망자로 판단할지 아니면 생존자로 판단할지가 정해진다(컬러 그림에서는 주황색 노드이면 사망(0)으로, 파란색 노드이면 생존(1)으로 분류된다).

결정 트리 회귀

결정 트리 알고리즘은 분류뿐 아니라 회귀분석에도 사용할 수 있다. 이때는 DecisionTreeRegressor()를 사용하면 된다.

결정 트리를 회귀에 사용하면 각 노드에서는 지니 계수를 손실함수로 사용하지 않고 나누어진 그룹에 속한 목적 변수 값들의 분산(variance)이 가장 작아지도록 트리를 나눈다. 분산이 작다는 것은 크기가 비슷한 값들이 같이 모이도록 샘플들을 나눈다는 뜻이다. 이렇게 트리를 나누는 작업을 계속하면 마지막 하위 노드에는 가장 비슷한 수치의 값들만 모이게 된다. 회귀 예측

값은 마지막 하위 노드에 있는 샘플들의 평균치를 사용하여 예측한다.

결정 트리의 특징

결정 트리는 거의 모든 종류의 분류와 회귀에서 사용할 수 있는 범용 모델이다. 입력과 출력의 관계가 선형적이 아니어도 트리 분류 작업의 특성상 크게 문제가 되지 않는다. 선형 모델은 특성 값에 비례하는 점수를 계산한다. 따라서 입출력 관계가 비선형적인 경우는 성능에 한계가 있었다.

트리 모델의 가장 큰 장점은 알고리즘의 동작을 쉽게 남에게 설명할 수 있다는 것이다. 예를 들어 고객에게 왜 대출을 해주지 않았는지, 당신의 신용도가 왜 낮은지, 왜 합격시키지 않았는지 등 이유를 트리를 따라 내려오면서 어떤 판별식으로 인해 분류가 이루어졌는지를 통해 설명하기가 쉽다.

결정 트리의 또 다른 장점은 특성을 스케일링할 필요가 없다는 것이다. 트리 모델에서는 변수 간의 연산이 없기 때문이다. 각 노드에서는 한 번에 한 개의 특성을 검토하여 어떤 기준으로 트리를 나누면 순도가 올라가는지만 점검하면 되므로 다른 특성 값과의 관계를 계산할 필요가 없어 스케일링이 필요 없다.

결정 트리의 단점은 훈련 데이터가 바뀌면 모델의 구조가 달라진다는 것이다. 즉, 훈련 데이터에 따라 달라지는 모델을 남에게 설명하기 어려울 수도 있다.

5.6 랜덤 포레스트

랜덤 포레스트(Random Forest)는 결정 트리 모델을 개선한 모델로 실무에서 가장 널리 사용되는 머신러닝 모델이다. 이미지 인식이나 자연어 처리 분야 등 비정형 데이터를 다루는 분야에서는 신경망 기반의 딥러닝 모델의 성능이 우수하지만, 테이블 구조의 수치 데이터에서 회귀와 분류를 수행하는 머신러닝 모델에서는 랜덤 포레스트가 가장 널리 사용되고 있다.

랜덤 포레스트는 결정 트리들을 수십-수백개를 만들고 각 결정 트리의 동작 결과의 평균치를 사용하는 방법이다. 이렇게 여러 개의 모델을 만들고 평균을 구하여 성능을 개선하는 방식을 앙상블(ensemble) 기법이라고 한다.

동작 원리

랜덤 포레스트에서는 주어진 훈련 데이터를 모두 사용해서 하나의 최상의 트리 모델을 만드는 방식이 아니라, 데이터를 부분적으로 랜덤하게 선택하여 다양한 결정 트리를 만들고 그 결과의 평균치를 취하는 방식이다. 나무(tree)가 많이 모였다는 의미로 숲(forest)라는 용어를 사용했다. 데이터를 랜덤하게 선택할 때는 통상 X의 샘플(행)도 랜덤하게 선택하고, 컬럼(열)에서도 랜덤하게 특성을 선택한다.

예를 들어 나의 모든 건강 정보를 의사 한명에게 모두 알려주고 진단을 받는 것보다 나의 건강 정보의 일부만 랜덤하게 다르게 선택하여 100명의 의사에게 각각 진단을 받고 이들의 평균치를 최종 진단으로 정하는 방식이다.

직관적으로는 모든 데이터를 한 번에 입력으로 사용하는 결정 트리가 랜덤 포레스트보다 성능이 좋을 것 같은데 실제로는 랜덤 포레스트가 성능이 더 좋은 이유는 다음과 같다. 랜덤 포레스트는 랜덤한 조합의 데이터를 사용함으로써, 더 다양한 경우의 입력데이터를 모델에게 보여줄 수 있고 모델이 미래의 새로운 데이터에 대해서 예측하는 능력이 더 나아진 것이다. 모델은 훈련 데이터에 대해서 잘 동작하는 것보다 미래 새로운 데이터에 대해서 일반적으로 잘 동작하는 것이 더 중요하며 이를 모델의 일반화(generalization)라고 한다. 랜덤 포레스트는 결정 트리보다 모델을 더 일반화한 것이라고 볼 수 있다.

■ 직접투표와 간접투표

직접투표(hard voting)란 각 세부 모델이 예측한 최종 클래스에 1점으로 주고 여러 세부 모델들로부터 가장 많은 점수를 받은 클래스를 최종 예측치로 선택하는 방법을 말한다. 반면에 간접투표(soft voting)란 각 세부 모델이 하나의 결과만 알려주는 것이 아니라 타겟 변수의 모든 클래스 확률을 알려주고 이 확률을 더해서 가장 큰 값을 받은 대상을 최종 타겟으로 분류하는 방법이다.

예를 들어 세 개의 세부 모델 A, B, C를 사용하여 분류 작업을 수행했다고 하자. 어떤 샘플이 두 개의 클래스 P 또는 Q에 속할 될 확률을 각각 아래와 같이 예측했다고 하자.

▼ 표 5-2 직접투표와 간접투표는 다른 결과를 얻을 수 있다

	P일 확률	Q일 확률	판정결과 (직접투표)
세부 모델 A	0.9	0.1	P
세부 모델 B	0.4	0.6	Q
세부 모델 C	0.3	0.7	Q
확률의 평균	(1.6)/3 = 0.533	(1.4)/3 = 0.456	

세부 모델 A는 이 샘플을 클래스 P라고 예측했고, 세부 모델 B와 C는 클래스 Q라고 예측했다. 이를 직접 투표 방식으로 판단하면 이 샘플은 Q를 두 표 얻었으므로 예측 결과를 Q라고 판정한다.

그러나 간접 투표를 하면 P일 확률의 총합은 1.6, Q일 확률의 총합은 1.4가 되어 최종 판정은 P라고 판정하게 된다. 이와 같이 직접 투표와 간접 투표의 결과가 다르게 나타날 수 있다.

앙상블 모델을 만들 때 어떤 방식을 선택할지는 옵션으로 지정할 수 있다. 간접 투표가 좀 더 합리적이라고 생각할 수 있지만 직접 투표의 성능이 더 좋을 수도 있다. 랜덤 포레스트는 간접 투표 방식을 사용한다.

■ 배깅

모델을 학습시키기 위해 훈련 데이터를 선택할 때 원래 데이터 셋에서 데이터를 일부 취하는 방법으로 배깅 방식이 널리 사용된다 배깅이란 bootstrap aggregation의 줄임말이며 전체 훈련 데이터에서 '중복을 허용'하여 데이터를 샘플링을 하는 방법이다. 배깅으로 샘플을 취하면 전체 데이터 중에서 평균 63%의 데이터만 선택이 된다. 예를 들어 1000개의 훈련 데이터에서 중복을 허용하여 1000개의 샘플을 취하면 이중에 상당수의 데이터가 중복되어 선택될 수 있고, 전

체 중에 평균 63%의 데이터만 중복되지 않게 선택된다는 의미이다.

배깅을 수행하면 학습에 선택되지 않는 샘플은 평균 37%가 되는데 이 샘플을 oob(out of bag) 샘플이라고 한다. 이 oob 데이터를 검증 데이터로 사용하면 별도로 검증 데이터를 나누지 않고도 평가를 할 수 있다.

결정 트리 구조에 배깅을 적용한 방식이 바로 랜덤 포레스트 모델이다. 랜덤 포레스트 모델에서는 세부 결정 트리 모델의 개수를 n_estimators 인자로 지정할 수 있는데 디폴트 값은 100이다. 즉, 디폴트로 100개의 결정 트리를 만들고 이들의 앙상블을 취한다.

랜덤 포레스트에서 주어진 특성들을 분석에 모두 사용하지 않고 일부만 랜덤하게 선택하도록 지정할 수 있는데 이때는 max_features 인자로 사용하면 된다. 예를 들어 이 값을 0.5로 하면 주어진 특성 수의 50 %를 랜덤하게 선택하여 각 세부 결정 트리의 학습에 사용한다. max_features 인자의 디폴트 값은 auto인데, 이때는 전체 특성수의 제곱근의 수를 사용한다. 예를 들어 특성의 수가 100개가 있었다면 이중에 랜덤하게 선택된 10개의 속성만 사용한다.

예제

앞 절의 결정 트리에서 사용했던 타이타닉 생존 예측 문제를 랜덤 포레스트로 모델링해보겠다. 모델의 최적화를 위해서는 max_depth와 max_features 두 개의 인자를 다양하게 바꾸어 볼 수 있다. 여기서는 max_depth 값만 바꾸어 보겠다.

랜덤 포레스트를 이용한 이진 분류

```
# 최적의 트리 깊이(max_depth)를 실험으로 찾는다
for depth in range(1,10):
    rfc = RandomForestClassifier(max_depth=depth)
    rfc.fit(X_train, y_train)
    print(depth,rfc.score(X_test, y_test).round(4))

# 출력:

1 0.7892
2 0.7937
3 0.8027
4 0.8251
5 0.8341
```

```
6 0.8027
7 0.7937
8 0.7982
9 0.7892
```

최적의 모델은 max_depth=5일 때이므로 최종적으로 랜덤 포레스트 모델을 max_depth=5로 설정하여 실행한 후 혼돈 매트릭스와 성능 평가 지표를 확인하겠다.

최적의 모델 (max_depth=5)

```
rfc = RandomForestClassifier(max_depth=5)
rfc.fit(X_train, y_train)
print(rfc.score(X_test, y_test).round(4))

# 혼돈 매트릭스와 분류 평가 보기
y_pred = rfc.predict(X_test)
show_clf_result(y_test, y_pred)

# 출력:

0.8161
[[122  18]
 [ 23  60]]
              precision    recall  f1-score   support

           0       0.84      0.87      0.86       140
           1       0.77      0.72      0.75        83

    accuracy                           0.82       223
   macro avg       0.81      0.80      0.80       223
weighted avg       0.81      0.82      0.81       223
```

■ 특성 중요도

랜덤 포레스트도 결정 트리에서와 같이 어떤 특성 값이 트리를 잘 나누는데 많이 기여를 많이 했는지를 특성 중요도를 통해서 알려준다. 특성 중요도는 내부변수 feature_importances_에 들어있으며 아래는 이를 확인하는 코드이다.

특성 중요도 (feature_importances_ 보기)

```
plot_feature_weight(X.columns, rfc.feature_importances_)

# 출력:
```

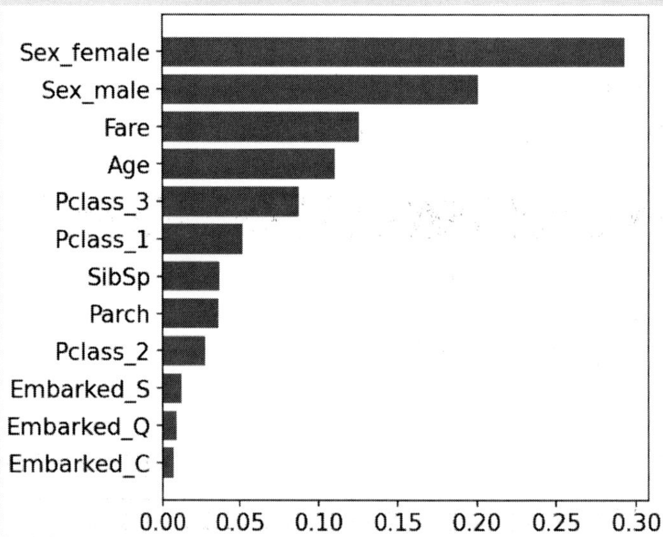

위 그래프를 보면 랜덤 포레스트를 사용하면 결정 트리를 사용한 경우와 비교하여 특성들이 더 골고루 사용된 것을 알 수 있다(결정 트리에서는 6개의 특성만 사용했었다). 이것이 랜덤 포레스트의 성능이 우수한 이유 중 하나이다. 참고로 결정 트리 알고리즘은 탐욕 알고리즘(greedy algorithm)의 일종인데, 탐욕 알고리즘이란 현재 상황에서 가장 성능이 좋을 특성부터 무조건 선택하여 사용하므로 랜덤하게 다른 특성을 먼저 적용하는 시도를 해보지 못한다.

랜덤 포레스트의 특징

머신러닝 모델을 만들다보면 하나의 입력 X에 대해서 동시에 여러 개의 목적변수를 예측해야 하는 경우가 있다. 이를 다중 레이블 분류 또는 다중 레이블 회귀라고 한다. 예를 들어 사람에 관한 키, 몸무게 등의 정보를 주고, 성별도 예측하고 국적도 동시에 예측하거나(분류), 나이를 예측하면서 달리기 능력도 동시에 예측해야 할 때도 있다(회귀). 이런 경우에 랜덤 포레스트 모델을 사용하면 다중 레이블 모델을 쉽게 만들 수 있다. 랜덤 포레스트 모델을 하나만 만들고 목적변수에 다중 레이블을 넣고 학습시키면 된다.

랜덤 포레스트의 단점은 내부적으로 여러 개의 결정 트리 모델을 만들어 앙상블을 취하므로,

동작을 설명하기 위한 대표 트리 구조를 만들어주지는 못한다는 것이다. 설명용 트리 구조가 필요하다면 별도로 트리 모델을 하나 만들어야 한다. 또한 랜덤 포레스트는 하나의 결정 트리를 만드는 방식보다 시간이 오래 걸린다

부스팅 알고리즘

앙상블 방법 중에 부스팅(boosting) 알고리즘이 있다. 랜덤 포레스트 방식은 데이터를 일부만 주고 간단한 결정 트리를 다수 만들어 각각 독립적으로 실행시킨 후에 이들을 평균을 구하는 방식이었다. 즉, 여러 모델을 병렬로 실행시키고 앙상블을 취하는 방법이다. 이와 달리 부스팅 알고리즘은 모델을 순차적으로 실행시키면서 앞의 모델의 결과를 보고 성능을 점차 개선하는 방식으로 동작한다.

학습을 순차적으로 하면서 모델의 기능을 점차 개선한다고 하여 부스팅이라는 이름을 붙였다. 부스팅에도 여러 가지 방법이 있는데 그중에 그라디언트 부스팅 알고리즘이 널리 사용된다. 특히 LightGBM(Light Gradient Boosting Model)은 계산 속도를 개선한 방법으로 랜덤 포레스트와 거의 유사한 성능을 내면서 빠르게 결과를 얻는다.

예제

앞에서 사용했던 타이타닉 생존 예측 문제를 부스팅 모델로 구현해보겠다. 사용할 모델은 LGBMClassifier()이며 최적 모델을 찾기 위해서 max_depth 값을 바꾸어 보겠다.

최적의 모델 찾기 (max_depth)

```
for depth in range(1,10):
    lgbm_c = LGBMClassifier(max_depth=depth, num_leaves=64)
    lgbm_c.fit(X_train, y_train)
    print(depth, lgbm_c.score(X_test, y_test).round(4))

# 출력:

1 0.8117
2 0.8161
3 0.8027
4 0.8206
5 0.8206
```

```
6 0.8161
7 0.7982
8 0.7892
9 0.8117
```

최적의 모델은 max_depth=4일 때이므로 최종적으로 max_depth=4로 설정하여 실행한 후 혼돈 매트릭스와 성능 지표를 확인하겠다.

최적의 모델 (max_depth=4)

```
lgbm_c = LGBMClassifier(max_depth=4)
lgbm_c.fit(X_train, y_train)
lgbm_c.score(X_test, y_test)

#혼돈 매트릭스와 분류 평가 보기

y_pred = lgbm_c.predict(X_test)
show_clf_result(y_test, y_pred)

# 출력:

[[126  13]
 [ 20  64]]
              precision    recall  f1-score   support

           0       0.86      0.91      0.88       139
           1       0.83      0.76      0.80        84

    accuracy                           0.85       223
   macro avg       0.85      0.83      0.84       223
weighted avg       0.85      0.85      0.85       223
```

정밀도와 재현율 조정

LightGBM 부스팅 모델도 세부 단위 모델로 결정 트리를 사용하므로 클래스 확률을 제공한다. predict_proba()로 클래스 확률을 얻은 후에 생존으로 예측할 확률을 두 번째 컬럼에서 취하여 이를 proba 변수에 담았다. 즉, proba에는 X_test 검증 데이터에 대한 생존할 확률이 들어 있다.

이제 이를 이용해서 높은 정밀도를 갖는 예측 모델을 만들어 보겠다. 컴퓨터가 기본적으로 만드는 모델은 proba > 0.5 로 동작하는데 결정 경계값 확률을 임의로 0.7로 높여보겠다.

높은 정밀도를 갖는 예측 모델을 만들려면 경계값을 높인다

```
proba = lgbm_c.predict_proba(X_test)[:,1]
y_pred_high_precision = proba > 0.7
show_clf_result(y_test, y_pred_high_precision)

# 출력:

[[132   7]
 [ 37  47]]
              precision    recall  f1-score   support

           0       0.78      0.95      0.86       139
           1       0.87      0.56      0.68        84

    accuracy                           0.80       223
   macro avg       0.83      0.75      0.77       223
weighted avg       0.81      0.80      0.79       223
```

위의 결과를 보면 정밀도는 0.87로 개선되었고, 재현율은 0.56으로 떨어졌다. 기본 모델의 정밀도와 재현율은 각각 0.83과 0.76이었다. 이번에는 경계값 확률을 낮게 잡아서 높은 재현율을 갖는 예측 모델을 만들어 보겠다. 경계값은 임의로 0.3으로 선택했다.

높은 재현율을 갖는 예측 모델을 만들려면 경계값을 낮춘다

```
y_pred_high_recall = proba > 0.3
show_clf_result(y_test, y_pred_high_recall)

# 출력:

[[112  27]
 [ 15  69]]
              precision    recall  f1-score   support

           0       0.88      0.81      0.84       139
```

```
           1       0.72      0.82      0.77        84

    accuracy                           0.81       223
   macro avg       0.80      0.81      0.80       223
weighted avg       0.82      0.81      0.81       223
```

위 결과를 보면 재현율은 0.82로 개선되었으나 정밀도는 0.72로 나빠진 것을 알 수 있다. 기본 모델의 재현율과 정밀도는 각각 0.76과 0.83이었다.

랜덤 포레스트 회귀모델

5.5절에서 결정 트리 모델은 분류 뿐 아니라 회귀 예측에도 사용할 수 있다고 설명했다. 랜덤 포레스트 모델도 내부적으로 결정 트리 모델을 사용하므로 회귀 예측에 사용할 수 있으며 이를 위해서 RandomForestRegressor()를 사용하면 된다. 특히 입력과 출력이 선형 관계가 아닌 경우에, 그리고 범주형 변수가 많이 포함된 경우에 랜덤 포레스트 모델이 선형계열 모델보다 잘 동작한다.

기대수명 예측 문제

여기서는 결정 트리 계열 모델을 회귀 예측에 사용하는 방법을 소개하겠다. 사용할 예제는 국가별 기대수명을 예측하는 문제이다. WHO가 제공하는 국가별 건강, 교육, 경제 데이터 들을 사용해서 국가별, 연도별 기대 수명을 예측하는 문제이다. 제공하는 데이터는 193개국의 15년간 데이터(2000~2015)로 20개의 특성을 가지고 있다.

■ 데이터 읽기

아래와 같이 데이터를 다운로드 받고, 결측치를 확인했다. 데이터의 크기는 2938 행이며 22개의 컬럼이 있다.

데이터 다운로드와 결측치 확인

```
data =
   pd.read_csv('https://raw.githubusercontent.com/StillWork/data/master/
   Life%20Expectancy%20Data.csv')
```

```
print(data.shape)

# 결측치 확인
data.isnull().sum()

# 출력:

(2938, 22)

Country                            0
Year                               0
Status                             0
Life expectancy                    10
Adult Mortality                    10
infant deaths                      0
Alcohol                            194
percentage expenditure             0
Hepatitis B                        553
Measles                            0
 BMI                               34
under-five deaths                  0
Polio                              19
Total expenditure                  226
Diphtheria                         19
 HIV/AIDS                          0
GDP                                448
Population                         652
 thinness  1-19 years              34
 thinness 5-9 years                34
Income composition of resources    167
Schooling                          163
```

훈련시킬 데이터가 충분히 많으므로 결측치가 있는 샘플을 모두 삭제하겠다. 범주형 변수는 State 하나이며 Developing과 Developed 두 개의 값을 가지고 있어 이를 0과 1로 인코딩했다. 아래의 코드에서 샘플 4개의 컬럼을 확인했으나 .T로 행과 열을 바꾸어 출력했다. 결측치를 제거하여 데이터 샘플수는 1649개가 되었다.

결측치 처리와 카테고리 인코딩

```
# 결측치가 있는 샘플을 모두 삭제
df = data.dropna()

# 카테고리 변수 인코딩
print(df.Status.value_counts())
df.Status = df.Status.map({'Developing':0, 'Developed':1})
print(df.shape)
df[:4].T

# 출력

Developing    1407
Developed      242
Name: Status, dtype: int64
(1649, 22)
```

	0	1	2	3
Country	Afghanistan	Afghanistan	Afghanistan	Afghanistan
Year	2015	2014	2013	2012
Status	0	0	0	0
Life expectancy	65.0	59.9	59.9	59.5
Adult Mortality	263.0	271.0	268.0	272.0
infant deaths	62	64	66	69
Alcohol	0.01	0.01	0.01	0.01
percentage expenditure	71.279624	73.523582	73.219243	78.184215
Hepatitis B	65.0	62.0	64.0	67.0
Measles	1154	492	430	2787
BMI	19.1	18.6	18.1	17.6
under-five deaths	83	86	89	93
Polio	6.0	58.0	62.0	67.0
Total expenditure	8.16	8.18	8.13	8.52
Diphtheria	65.0	62.0	64.0	67.0
HIV/AIDS	0.1	0.1	0.1	0.1
GDP	584.25921	612.696514	631.744976	669.959
Population	33736494.0	327582.0	31731688.0	3696958.0
thinness 1-19 years	17.2	17.5	17.7	17.9
thinness 5-9 years	17.3	17.5	17.7	18.0
Income composition of resources	0.479	0.476	0.47	0.463
Schooling	10.1	10.0	9.9	9.8

■ 데이터 탐색

데이터 탐색을 위해서 목적 변수인 기대수명 Life expectancy와 임의의 두 개 특성 Schooling과 Adult Mortality과의 산포도를 각각 그려보았다. Schooling이 증가할수록 또는 Adult Mortality가 감소할수록 기대 수명이 늘어나는 것을 알 수 있다. 그러나 Adult Mortality의 경우 하나의 선형적인 비례관계로 모델링하기에는 어려워 보인다.

데이터 탐색 (산포도)

```
for col in ['Schooling', 'Adult Mortality']:
    plt.scatter(df[col] , df['Life expectancy '], s=10)
    plt.ylabel('Life expectancy')
    plt.xlabel(col)
    plt.show()

# 출력:
```

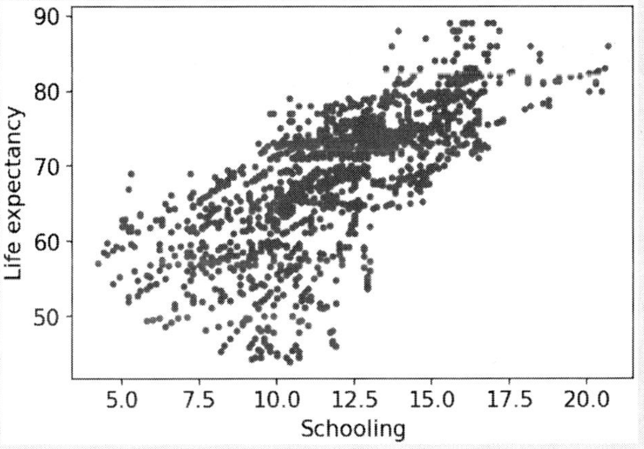

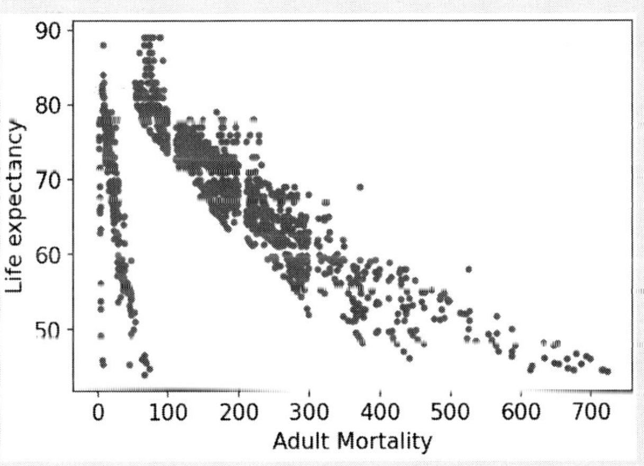

아래와 같이 입력 데이터 X와 목적변수 y를 정의하고 훈련 데이터와 검증 데이터를 나누었다.

훈련 데이터와 검증 데이터 준비

```
features = df.columns.difference(['Country','Life expectancy '])
X = df[features]
y = df['Life expectancy ']
X_train, X_test, y_train, y_test = train_test_split(X, y, random_state=9)
```

■ 결정 트리 모델

결정 트리를 이용한 회귀 예측 모델을 만들었으며 최적의 트리 깊이를 실험으로 찾기 위해서 max_depth 인자를 1~30까지 바꾸면서 트리 모델의 성능을 실험하였다. 실험 결과를 데이터프레임 df_res에 담고 R^2 점수가 최대가 나오는 트리의 최대 깊이와 이때의 R^2 점수를 확인해보았다.

결정 트리를 이용한 회귀 예측

```
# 최적의 트리 깊이 (max_depth)를 실험으로 찾는다
res = []
for depth in range(1,30):
    dtr = DecisionTreeRegressor(max_depth=depth)
    dtr.fit(X_train, y_train)
    res.append((depth, dtr.score(X_test, y_test).round(4)))

df_res = pd.DataFrame(res,
   columns=['depth','R-squared']).set_index('depth')
print('depth: ',df_res.idxmax()[0], ', R-squared: ',df_res.max()[0])
df_res.plot()

# 출력:

depth:  11 , R2:  0.9276
```

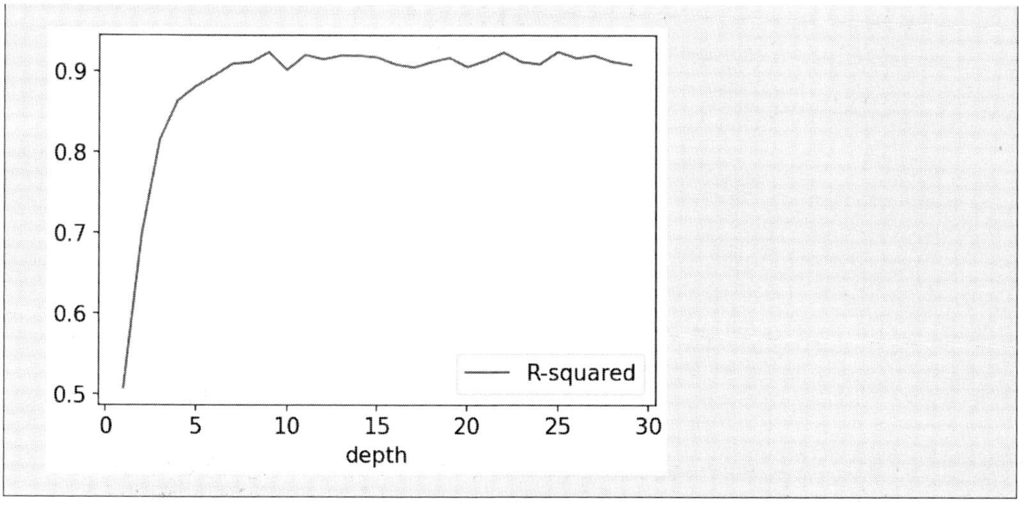

위 결과를 보면 트리의 최대 깊이가 11일 때 R^2값의 최대치 0.9276를 얻었다(참고로 선형 회귀 모델을 적용하면 R^2값이 0.85정도 나온다). 회귀모델의 성능 평가 지표로는 아래와 같은 값늘을 주로 본다. 이를 출력해주는 함수 show_reg_result()를 아래에 정의했다.

Maximum Error
MAE: mean absolute error
RMSE: root MSE
R-Squared

트리 계열 모델이 제공하는 특성 중요도를 그래프로 그려주는 함수 plot_feature_weight()도 아래에 정의하였다.

회귀 모델의 성능 평가 지표

```
def show_reg_result(y_test,y_pred):
    print('Max Error: ',
      round(np.abs(y_test - y_pred).max(),3))
    print('Mean Absolute Error: ',
      round(np.abs(y_test-y_pred).mean(),3))
    print('Root Mean Squared Error: ',
      mean_squared_error(y_test,y_pred, squared=False).round(3))
    print('R-Squared: ',
      r2_score(y_test, y_pred).round(3))
```

특성 중요도 보기

```
def plot_feature_weight(feature, weight):
    plt.figure(figsize=(5,8))
    W = pd.DataFrame({'feature':feature,'weight':weight})
    W.sort_values('weight', inplace=True)
    plt.barh(W.feature, W.weight)
```

이제 최적 모델을 얻기 위해서 트리 깊이를 11로 하여 결정 트리 모델을 다시 학습시키고 이 모델에 대해서 여러 가지 성능 지표를 확인하고 특성 중요도를 그림으로 그렸다.

결정 트리 모델 성능 확인

```
dtr = DecisionTreeRegressor(max_depth=11)
dtr.fit(X_train, y_train)
y_pred = dtr.predict(X_test)
show_reg_result(y_test,y_pred)
plot_feature_weight(X.columns, dtr.feature_importances_)

# 출력:
Max Error:  11.3
Mean Absolute Error:  1.703
Root Mean Squared Error:  2.628
R-Squared:  0.913
```

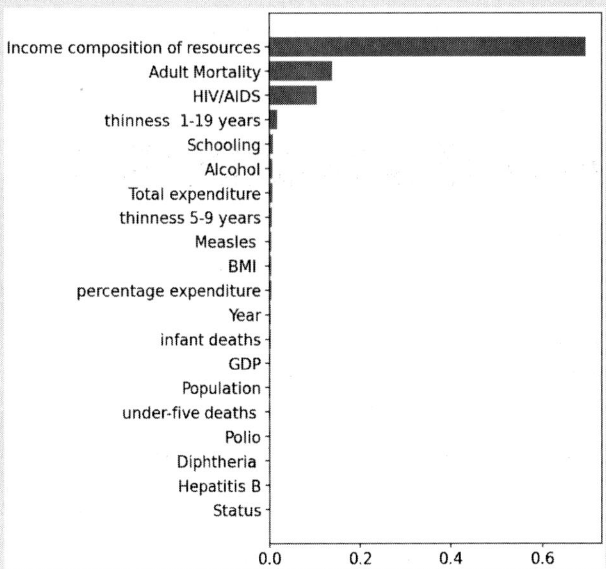

위 특성 중요도를 보면 결정 트리 모델에서는 세 개의 특성을 주로 사용한 것을 알 수 있다. 이제 만들어진 트리 모델의 구조를 그림으로 그려보겠다. tree 모듈이 제공하는 plot_tree() 함수를 아래와 같이 사용하면 된다.

결정트리 그리기

```
plt.figure(figsize=(22,14))

tree.plot_tree(dtr, fontsize=10,
            feature_names=X.columns,
            filled=True,
            impurity=True,
            max_depth=2)
plt.show()

# 출력:
```

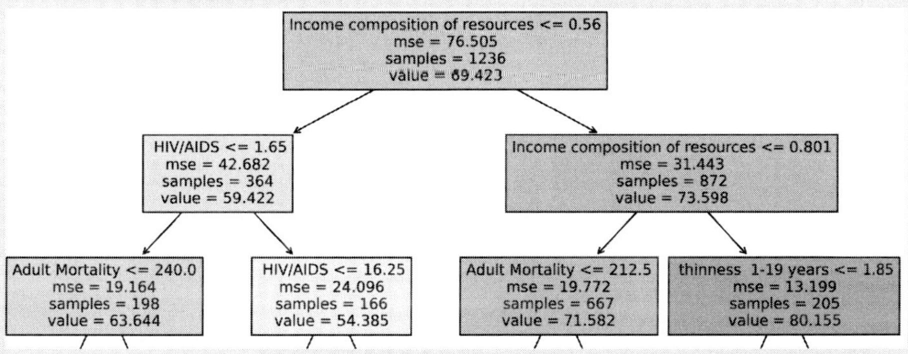

위 그림을 보면 첫 번째 루트 노드에서는 Income composition of resources 특성을 사용하여 트리를 나누고 있다. 회귀 모델에서는 손실함수로 MSE를 사용한다. 나누어진 하위 노드의 MSE 값이 가능한 작아지도록 학습을 시킨다.

■ **랜덤 포레스트 모델**

이번에는 트리 모델보다 성능이 개선된 랜덤 포레스트 모델을 이용해보겠다. 최적의 트리 깊이를 실험으로 찾기 위해서 max_depth 인자를 1~30까지 바꾸면서 성능을 측정하였다. 실험 결과를 데이터프레임 df_res에 담고 R^2 점수가 최대가 나오는 트리의 최대 깊이 값과 이때의 R^2 점수를 확인해보았다.

랜덤 포레스트를 이용한 회귀 예측

```
# 최적의 트리 깊이 (max_depth)를 실험으로 찾는다
res = []
for depth in range(1,30):
    rfr = RandomForestRegressor(max_depth=depth)
    rfr.fit(X_train, y_train)
    res.append((depth, rfr.score(X_test, y_test).round(4)))

df_res = pd.DataFrame(res,
   columns=['depth','R-squared']).set_index('depth')
print('depth: ',df_res.idxmax()[0], ', R-squared: ',df_res.max()[0])
df_res.plot()

# 출력:

depth:  25 , R-squared:  0.9559
```

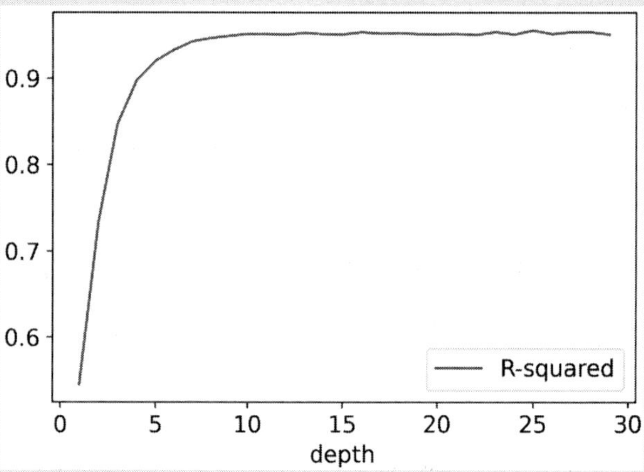

위 결과를 보면 트리의 최대 깊이가 25일 때 R^2 값의 최대치 0.956을 얻었다. 이제 최적 모델을 얻기 위해서 트리 깊이를 25로 하여 랜덤 포레스트 모델을 다시 학습시키고 이 모델에 대해서 여러 가지 성능 지표를 확인하고 특성 중요도를 그림으로 그렸다.

랜덤 포레스트 모델 성능 확인

```
rfr = RandomForestRegressor(max_depth=25)
rfr.fit(X_train, y_train)
y_pred = rfr.predict(X_test)
```

```
show_reg_result(y_test,y_pred)

plot_feature_weight(X.columns, rfr.feature_importances_)

# 출력:

Max Error:  10.246
Mean Absolute Error:  1.25
Root Mean Squared Error:  1.978
R-Squared:  0.951
```

■ 부스팅 모델

랜덤 포레스트 모델보다 학습 속도가 빠른 부스팅 모델을 이용해보겠다. 최적의 트리 깊이를 실험으로 찾기 위해서 max_depth 인자를 1~30까지 바꾸면서 성능을 측정하였다. 실험 결과를 데이터프레임 df_res에 담고 R^2 점수가 최대가 나오는 트리의 최대 깊이 값과 이때의 R^2 점수를 확인해보았다.

LightGBM 부스팅 모델을 이용한 회귀 예측

```
# 최적의 트리 깊이 (max_depth)를 실험으로 찾는다
res = []
for depth in range(1,30):
    lgbm_r = LGBMRegressor(max_depth=depth, num_leaves=32)
    lgbm_r.fit(X_train, y_train, eval_set=(X_test, y_test),
          early_stopping_rounds=5, verbose=False)
    res.append((depth, lgbm_r.score(X_test, y_test).round(4)))

df_res = pd.DataFrame(res,
   columns=['depth','R-squared']).set_index('depth')
print('depth: ',df_res.idxmax()[0], ', R-squared: ',df_res.max()[0])
df_res.plot()

# 출력:

depth:  19 , R-squared:  0.952
```

위 결과를 보면 트리의 최대 깊이가 19일 때 R^2 값의 최대치 0.952를 얻었다. 이제 최적 모델을 얻기 위해서 트리 깊이를 19로 하여 부스팅 모델을 다시 학습시키고 이 모델에 대해서 여러 가지 성능 지표를 확인하고 특성 중요도를 그림으로 그렸다.

부스팅 모델 성능 확인

```
lgbm_r = LGBMRegressor(max_depth=19, num_leaves=32)
lgbm_r.fit(X_train, y_train, eval_set=(X_test, y_test),
         early_stopping_rounds=5, verbose=False)
y_pred = lgbm_r.predict(X_test)
show_reg_result(y_test,y_pred)

plot_feature_weight(X.columns, lgbm_r.feature_importances_)

# 출력:

Max Error:  12.862
Mean Absolute Error:  1.221
Root Mean Squared Error:  1.955
R-Squared:  0.952
```

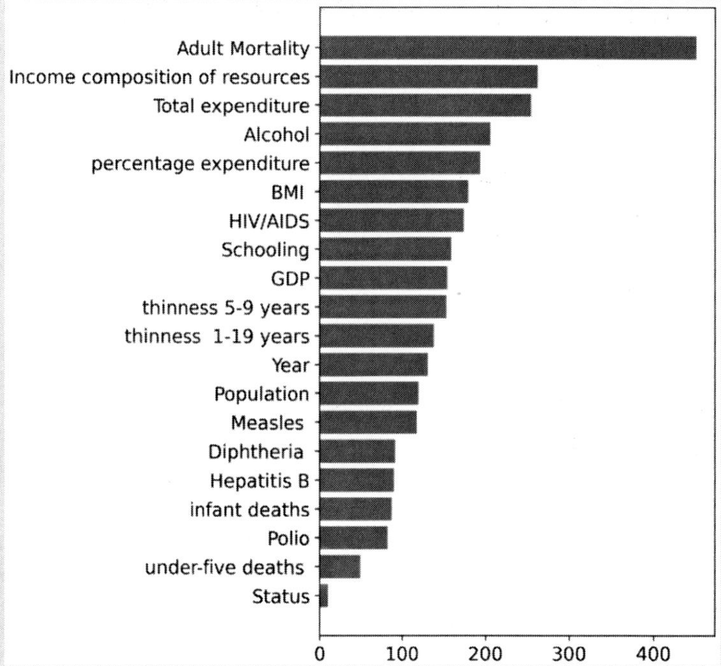

■ **예측값 샘플 그리기**

실제값과 예측치가 얼마나 비슷한지를 그래프로 그려보는 것이 예측 결과가 얼마나 유용한지 파악하는데 도움이 된다. 아래는 실제값과 예측치 중 50개 샘플만 크기를 비교하는 코드이다.

회귀 예측과 실제값 샘플 비교하기

```
def plot_reg_result(y_test, y_pred, N=50):
    y_test = y_test.values
    plt.plot(y_test[:N], 'r.-', label='y_test')
    plt.plot(y_pred[:N], 'b.--', label='y_pred')
    plt.legend()
    plt.xlabel('Random Samples')
    plt.ylabel('Life Expectancy')
    plt.show()

y_pred = lgbm_r.predict(X_test)
plot_reg_result(y_test, y_pred)

# 출력:
```

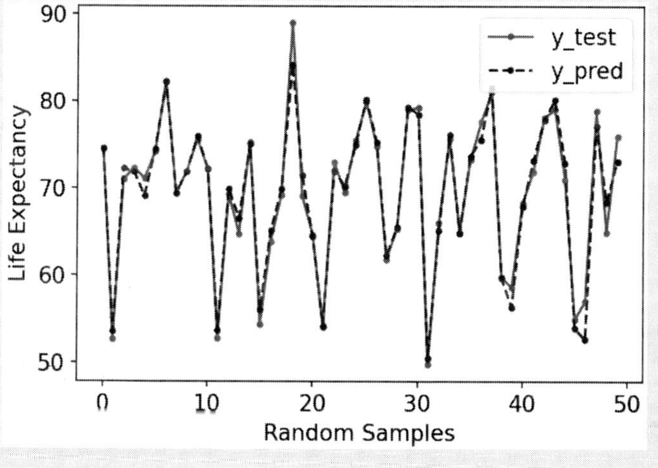

위 결과를 보면 R^2 값이 0.95 정도이면 회귀분석에서 매우 정확하게 예측한다는 것을 알 수 있다.

5.7 모델 최적화

지금까지 여러 가지 머신러닝 모델을 설명하고 예제를 통하여 구현 방법을 설명했다. 그런데 주어진 문제를 해결하는데 가장 적합한 모델을 선택하는 기준이나 방법이 필요하다. 또한 선택한 모델을 학습시킨 후에 최적의 성능을 내도록 모델의 크기, 파라미터 수 등 여러 환경변수 (하이퍼 파라미터)를 최적화하는 작업이 필요하다.

이번 절에서는 최적의 모델을 선택하는 방법과, 학습시킨 모델을 최적화 하는 절차를 설명하겠다.

최적의 모델 선택

주어진 문제를 해결하는데 적합한 머신러닝 모델을 선택하려면 먼저 머신러닝 모델의 유형과 특징을 이해하는 것이 필요하다.

■ 머신러닝 모델 유형

머신러닝 모델의 유형은 크게 세 가지로 나눌 수 있으며 이들의 특징을 정리하면 다음과 같다.

- 선형계열 모델: 입력 특성들에 대해 가중합(weighted sum) 연산을 수행하여 점수를 구하고 이 점수를 사용하여 회귀 및 분류를 수행한다
- 트리계열 모델: 연산을 수행하지 않고, 특성별로 조건식을 적용하여 이진 분류를 순차적으로 수행하여 회귀 및 분류를 수행한다.
- 신경망 모델: 선형계열 모델처럼 가중합 연산을 수행한 점수를 사용하되, 매우 크기가 크고 다양한 가중 매트릭스를 사용하여 성능을 개선한다.

위 세가지 유형의 모델은 각각 다음과 같은 장단점이 있다.

■ 선형계열 모델의 특징

대표적인 선형계열 모델에는 선형 모델, 로지스틱 회귀, SVM 등이 있다. 선형 계열 모델은 입력과 출력의 관계가 선형적인 경우에 잘 동작한다. 주어진 데이터에 선형적이 관계가 많이 들어 있다면 간단한 선형 모델만으로도 충분히 좋은 성능을 낼 수 있다. 선형모델로 회귀 예측을 할 때는, 학습에 사용할 데이터가 매우 적어도 (예를 들면 100개 이하) 대체로 동작을 한다. 극

단적으로 두개의 점만 연결해도 회귀 직선을 그릴 수 있기 때문이다. 그런데 선형 모델을 분류에 사용할 때는, 학습 데이터가 매우 적으면 동작이 불안하다. 왜냐하면 특성 공간상에 빈 곳이 많아서 결정 경계를 안정적으로 만들기가 어렵기 때문이다.

이러한 문제를 해결하기 위해서 서포트 벡터 머신(Support Vector Machine, SVM)이 제안되었는데 SVM은 선형모델의 성능을 획기적으로 개선하였다. SVM의 기본적인 아이디어는 분류 경계면을 만들 때 마진(여유폭)을 두어 경계면을 가능한 넓게 만들어 모델의 일반화를 강화한 것이다. SVM은 학습 데이터가 부족할 때에도 우수한 성능을 낸다는 장점이 있어 선형 모델의 개선책으로 널리 사용되었다.

로지스틱 회귀도 선형 계열 모델인데 입력 특성의 선형 가중합 점수로부터 확률을 추정하며 확률을 구하기 위해서 지수승(exponential) 연산이 포함된 시그모이드 함수를 사용한다. 확률을 선형 값으로 환산할 때는 로그 연산이 필요하고 반대로 선형 값에 해당하는 확률을 구할 때는 지수승 연상이 필요하다. 로지스틱 회귀는 이진 분류에 널리 사용된다.

선형 계열 모델의 단점은 입력 특성을 반드시 스케일링해야 한다는 것이다. 여러 특성 값들에 대해 가중합을 수행하므로 각 특성의 범위가 다르면 (평균과 표준편차 등) 모델이 잘 동작하지 못한다.

또한 선형 계열 모델에서 사용하는 특성이 어떤 양을 나타내는 연속형 수치일 때는 잘 동작하지만 범주형 특성이 많으면 잘 동작하지 않는다. 범주형 변수는 어떤 성격을 구분하는 용도이지 연산의 대상으로 사용하는 변수가 아니기 때문이다.

■ **트리계열 모델의 특징**

트리계열 모델에는 결정 트리, 랜덤 포레스트, 부스팅 모델 등이 있다. 트리계열 모델에서는 특성의 값에 연산을 수행하지 않기 때문에 입력 특성을 스케일링 하지 않아도 된다. 또한 특성의 구간을 나누어서 분류나 회귀를 수행하므로 입출력의 관계가 선형적(계속 증가 또는 계속 감소) 관계가 아니어도 잘 동작한다.

트리계열 모델의 가장 큰 장점은 범주형 특성이 많아도 선형 계열 모델과 달리 성능이 떨어지지 않는다는 것이다. 범주형 데이터는 트리를 나누는 작업에 활용하는데 더 적합하다.

다수의 결정 트리를 병렬적으로 수행시키고 이의 앙상블을 이용하는 모델인 랜덤 포레스트는 다양한 응용분야에서 안정으로 동작하며 성능이 우수하여 현재 가장 널리 사용된다. 예전에는 계산량이 많아서 데이터가 많거나 특성수가 많을 때 속도가 느린 단점이 있었으나 최근 컴퓨터

하드웨어의 발달로 계산 속도는 별로 문제가 되지 않는다.

트리 모델을 순차적으로 학습시키는 부스팅 모델은 랜덤 포레스트와 거의 같은 성능을 내거나 우수하면서도 매우 적어 빨리 수행되는 장점이 있다.

■ 신경망 모델

신경망 모델에는 CNN(Convolution Neural Network), RNN(Recurrent Neural Network), 트랜스포머(Transformer) 등이 있고 이미지 인식, 텍스트 인식 분야에 주로 사용된다. 이 책에서 신경망 모델은 다루지 않는다. 신경망도 선형계열 모델처럼 특성에 가중합 연산을 수행하여 중간 특성을 만들고 이 특성에 다시 가중합을 곱하는 작업을 여러 단계 수행한다. 이와 같이 여러 단계의 연산을 하기 때문에 신경망은 깊은(deep) 학습 모델 즉, 딥러닝 모델이라고도 부른다.

신경망 모델도 특성들에 대해 가중합 등 연산을 수행하므로 스케일링이 필요하다. 신경망은 선형 계열 모델과 달리 동시에 여러 개의 출력을 얻는 구조로 만들기가 수월해서 동시에 여러 레이블을 예측하는 모델을 편리하게 만들 수 있다.

신경망은 정형 데이터 즉, 테이블 구조의 데이터를 사용하는 경우보다 이미지, 텍스트 등 비정형 데이터(즉 테이블형 데이터가 아닌 경우)에 주로 사용된다. 마치 사람이 이미지를 보고 시각적인 판단을 하고, 말을 듣고 내용을 파악하는 것처럼 동일한 물리적인 양을 입력으로 사용하고, 학습 데이터가 많은 경우에 신경망이 유용하게 사용된다.

모델 최적화

주어진 목적에 적합한 모델을 선택한 후에는 모델 최적화 과정이 필요하다. 한 번에 최상의 성능을 내는 모델을 만들기는 어렵다. 모델을 최적화하려면 모델을 구성하는 환경 변수들(이를 하이퍼 파라미터라고 한다)의 최적의 값을 찾는 것이 필요하다.

하이퍼 파라미터의 예는 트리 모델에서 최대 트리의 깊이, 랜덤포레스트에서 특성을 선택하는 비율 등을 말한다.

■ 과대적합

모델이 훈련 데이터에 대해서만 잘 동작하도록 과하게 훈련되어 새로운 데이터에 대해서는 오히려 잘 동작하지 못하는 경우를 과대적합(over fitting)되었다고 한다. 과대적합은 주어진 훈련 데이터를 너무 세밀하게 학습에 반영하여 발생하는 현상이다.

과대적합된 모델은 훈련 데이터에 대해서는 매우 우수한 성능을 보이지만 일반성이 떨어진다. 예를 들어 특정 학기에 붉은색 구두를 신은 학생들의 성적이 모두 A⁺를 받았다고 해서 항상 이것이 맞지 않는 것처럼, 모델이 주어진 훈련 데이터에 대해서만 너무 잘 동작하는 경우가 과대적합된 것이다.

과대적합이 발생하는 원인은 훈련 데이터가 너무 적어서 모델이 학습을 충분히 할 수 없는 경우에 발생한다. 과대적합을 줄이려면 훈련 데이터를 많이 확보하여 다양한 경우를 대비하여 가능한 일반적인 모델을 만들어야 한다.

머신러닝 모델을 만들 때 특별히 신경을 쓰지 않으면 모델이 과대적합되기가 쉽다. 개발자는 항상 과대적합이 발생하는지를 파악하고 이를 피해야 한다.

과대적합이 발생하는지는 별도의 검증 데이터로 확인해 보는 수 밖에 없다. 검증 데이터는 훈련에 사용되지 않은 데이터여야 한다.

■ **일반화**

머신러닝에서 과대적합을 피해서 일반적으로 잘 동작하게 모델을 만드는 것을 모델의 일반화(generalization)라고 한다. 만일 학습할 데이터가 부족하다면 모델 구조를 좀 단순하게 만들어야 한다. 이렇게 모델이 일반성을 갖도록 기능을 제한하는 것을 모델에 제약을 가한다고 하여 규제화(regularization)라고도 한다.

■ **과소적합**

과대적합과 반대로 모델이 너무 간단하여 성능이 미흡한 경우를 과소적합(under fitting)이라고 한다. 과소적합을 피하려면 좀 더 복잡한 모델 구조를 사용해야 한다. 예를 들어 회귀 예측을 하는데 평균치로만 예측하는 간단한 모델은 가장 과소적합된 (성의 없는) 모델이라고 하겠다. 머신러닝에서는 과대적합과 과소적합을 모두 피해 최상의 예측을 수행하는 모델을 만드는 것이 중요하다.

■ **테스트 데이터**

검증 데이터와 테스트 데이터라는 용어는 가끔 혼용하기도 하는데 정확한 정의는 차이가 있다. 테스트 데이터는 모델을 모두 만든 다음에 최종적으로 성능을 평가하기 위해서 사용되는 데이터를 말한다. 검증 데이터는 모델을 만드는 '과정'에서 하이퍼 파라미터를 최적화하고 과대적합 등을 검사하는데 사용하는 데이터이다. 따라서 테스트 데이터를 가지고 하이퍼 파라미터를 최적화하는데 사용하면 안된다. 모델의 개발자는 이러한 목적에 맞게 테스트 데이터 및 검증 데이터를 미리 따로 확보해 두어야 한다.

모델을 만드는 과정에서는 검증 데이터를 편의상 테스트 데이터라고도 부른다.

교차검증

모델을 어느 정도 완성한 후에는 모델의 성능을 검증하기 위해서 교차검증(cross validation)을 수행하는 것이 필요하다. 교차검증이란 주어진 훈련 데이터를 훈련용과 검증용 데이터로 한번만 나누어 사용하는 것이 아니라 훈련과 검증 데이터를 나누는 방법을 달리하여 5~10회 정도 교차로 검증하는 방법이다. 아래 교차 검증의 개념을 나타냈다.

그림 5-9 교차검증에서는 훈련 데이터 전체를 섞어서 훈련과 검증을 교차로 수행한다.

교차검증을 수행하는 코드는 아래와 같이 작성할 수 있다. 먼저 훈련 데이터 전체를 KFold()를 사용해서 n개(보통 5~10을 사용한다)의 훈련 및 검증 데이터 세트로 나누고 각 훈련 및 검증 데이터셋을 대상으로 cross_val_score() 함수를 호출하면 n 개의 성능 평가를 얻는다(성능 평가는 회귀예측이면 R^2를, 분류예측이면 정확도임). 이 n개 평가 점수의 평균을 얻으면 된다.

교차 검증을 수행하는 함수 정의

```
# n개 세트의 훈련용과 검증용 데이터를 랜덤하게 나눈다
def cross_validation(model, X, y, n=5):
    cv = KFold(n, shuffle=True)
    return cross_val_score(model, X, y, cv=cv).mean().round(4)
```

위에서 KFold() 함수 호출시 인자로 shuffle=True을 지정했는데 이것의 의미는 훈련 데이터와 검증 데이터를 n개 세트로 나눌 때 위 그림처럼 순서를 유지하여 나누지 말고 랜덤하게 순서를 섞어서 나누라는 뜻이다. shuffle=False로 선택하면 위 그림처럼 순서를 유지하면서 나눈다.

shuffle의 디폴트 값은 False로 되어 있으나 True를 선택하는 것이 평가를 안정적으로 할 수 있다. 처음 확보한 데이터는 수집시간, 수집 장소 등 특정한 정보가 데이터의 순서에 들어있을 수 있기 때문에 랜덤하게 섞는 것이 필요하다. 일반적으로 랜덤한 데이터를 사용해야 모델의 성능 평가를 잘 할 수 있다. 반대로 시계열 데이터처럼 데이터의 순서를 유지하는 것이 필요한 경우도 있는데 이 때는 반드시 shuffle=False를 선택하여 데이터가 섞이지 않도록 해야 한다.

모델의 동작 속도

머신러닝 모델을 만들 때 고려해야 할 모델의 동작 속도에는 두 가지가 있다는 것을 이해해야 한다. 모델을 학습시키는데 걸리는 시간이 있고, 완성된 모델을 분류나 예측에 동작시키는데 걸리는 시간이 있다.

- 학습 시간 - 모델을 만드는데 걸리는 시간
- 동작 속도 - 모델을 적용하는데 걸리는 시간

일반적으로 모델을 학습시키는데(예를 들어 fit() 함수 수행시간) 시간이 많이 걸리고 모델을 사용하는데(예들 들어 predict() 수행시간)는 시간이 적게 걸린다.

모델을 구축할 때는 목적에 따라서 학습 시간을 줄여야 하는 경우도 있고(예를 들어 2시간 이내 등), 학습 시간은 충분히 오래 걸려도 상관없지만 동작 속도를 줄여야 하는 경우도 있다(예를 들어 2초 이내 등). 일반적으로 성능이 우수한 모델일수록 학습 시간 또는 동작 시간이 많이 필요하다.

CHAPTER

06 중요한 특성 사용하기

4장에서 데이터 전처리 방법을 배웠고 5장에서 다양한 머신러닝 모델 구현 방법을 배웠다. 이번 장에서는 데이터 특성의 개수를 줄이거나 늘려서 모델의 성능을 개선하는 방법을 배운다. 또한 시각화를 하기 위해서 고차원 데이터를 2차원으로 축소하는 방법인 주성분 분석과 t-SNE를 소개한다. 또한 머신러닝의 중요한 기술의 하나인 클러스터링 즉, 유사한 샘플들을 그루핑하는 방법을 배운다.

6.1 특성수 줄이기

주어진 데이터의 특성을 모두 사용하지 않고 머신러닝에서 사용할 특성을 일부 선택하거나 특성의 포맷을 바꾸는 것을 특성 공학(feature engineering)이라고 한다. 특성 공학 중에 가장 중요한 것은 여러 특성 중에 가장 영향력이 있는 특성을 선택하거나 차원을 축소하는 것이다. 예를 들어 학생의 학업 능력을 평가하는데 모든 과목의 성적을 다 사용하지 않고 국어와 수학 두 과목 성적만 평가 점수로 사용할 수도 있다.

차원 축소

분석에 사용할 특성 수를 줄이는 작업을 차원 축소(dimensionality reduction)이라고 한다. 특성 수를 줄임으로써 데이터 분석 시간을 줄이거나, 데이터 수집에 필요한 비용을 줄일 수 있게 된다. 또한 불필요하게 너무 많은 수의 특성을 사용하면 분석의 정확도가 떨어지기도 한다. 어떤 데이터는 분석에 도움이 되지 않는 잡음(noise)에 불과한 경우도 있기 때문이다.

차원축소 방법에는 다음과 같이 세 가지 방법이 있으며 이들의 차이를 설명하겠다.

- 매뉴얼로 선택 - 사람이 경험으로 일부 특성을 선택하는 방법
- 상관계수 활용 - 목적 변수와 상관계수가 큰 특성을 선택하는 방법
- 주성분 분석 - 입력 특성들을 대표할 수 있는 주성분을 계산하는 방법

■ **데이터 다운로드**

차원 축소를 설명하기 위해서 유방암 발생 예측 데이터를 이용하겠다. 이 데이터는 569명의 환자에 대해 유방암과 관련된 30가지 측정 데이터와 각 환자의 실제 유방암 발생 여부 정보를 제공하는 데이터이다. 이 데이터는 사이킷런의 datasets 모듈에서 제공하는 load_breast_cancer() 함수를 실행하면 다운로드 받을 수 있다.

다운로드 받은 데이터는 딕셔너리 구조를 갖는데 키(key)로 data를 사용하면 30가지 측정 데이터를 얻고, 키로 target을 사용하면 목적변수인 유방암 발생 여부를 얻는다. 30개 특성의 이름은 feature_names 키로 읽을 수 있다.

아래는 유방암 데이터를 다운로드 받고, 입력 데이터 X와 레이블 y에 각각 30개 컬럼의 데이터와 목적 변수를 배정하는 코드이다. X 중 3개의 샘플만 출력했으며 보기 쉽게 .T로 행과 열을 바꾸어 10개의 컬럼 이름만 확인했다.

유방암 발생 데이터 다운로드

```
cancer = load_breast_cancer()
X = pd.DataFrame(cancer.data, columns=cancer.feature_names)
y = cancer.target
print(X.shape)
X[:3].T[:10]

# 출력

(569, 30)
```

	0	1	2
mean radius	17.99000	20.57000	19.69000
mean texture	10.38000	17.77000	21.25000
mean perimeter	122.80000	132.90000	130.00000
mean area	1001.00000	1326.00000	1203.00000
mean smoothness	0.11840	0.08474	0.10960

mean compactness	0.27760	0.07864	0.15990
mean concavity	0.30010	0.08690	0.19740
mean concave points	0.14710	0.07017	0.12790
mean symmetry	0.24190	0.18120	0.20690
mean fractal dimension	0.07871	0.05667	0.05999

데이터프레임 X를 보면 컬럼명에는 'mean radius', 'mean texture', 'mean perimeter' 등이 있으며 전체 특성 이름은 X.columns로 확인해 볼 수 있다.

■ 교차 검증

지금까지는 모델을 만들고 검증할 때 train_test_split()을 사용해서 훈련 및 검증 데이터를 한 세트만 만드는 방법을 사용했다. 여기서는 모델의 성능을 평가할 때 교차 검증을 사용하겠다 (교차 검증에 대한 자세한 내용은 5.7절을 참조하기 바란다). 아래는 cross_val_score()를 사용해서 교차 검증을 수행하는 함수를 정의했다.

교차 검증을 수행하는 함수 정의

```
# n개 세트의 훈련용과 검증용 데이터를 랜덤하게 나눈다
def cross_validation(model, X, y, n=5):
    cv = KFold(n, shuffle=True)
    return cross_val_score(model, X, y, cv=cv).mean().round(4)
```

■ 모든 데이터 사용

먼저 주어진 30개 특성을 모두 사용하고 랜덤 포레스트를 사용한 경우의 분류 성능을 확인해보겠다. 아래 코드의 수행 결과 정확도 0.9561을 얻었다.

30개 특성을 이용한 랜덤 포레스트 이진 분류

```
rfc = RandomForestClassifier()
cross_validation(rfc, X, y)

# 출력: 0.9561
```

■ 매뉴얼로 선택

어떤 특성을 사용하면 좋을지 경험을 통해서 사람이 매뉴얼로 선택하는 방법이 있다. 예를 들어 학생 평가 과목수를 3개로 줄여야 한다면, 경험상 국어, 영어, 수학을 선택하는 경우이다.

매뉴얼 선택 방법은 오랜 경험이 있는 전문가만이 할 수 있으므로 여기서는 구현하지 않겠다.

■ 상관계수 사용

특성 수를 줄이기 위해 전통적으로 널리 사용되는 방법은, 목적 변수와 상관관계가 큰 입력 특성들을 사용하는 방법이다. 이를 위해 목적 변수와 상관관계가 높은 순서대로 특성들을 나열하고 상위 k개까지의 특성을 선택해 주는 함수인 selectKBest()을 사용하면 된다.

아래에 목적변수 y와의 상관 관계가 큰 특성을 두 개(k=2) 선택하는 코드를 보였다. SelectKBest()의 인자 chi2는 목적 변수와의 상관관계를 카이 제곱 검증으로 수행하라는 뜻이다.

SelectKBest 객체 sb가 제공하는 get_support() 함수는 최종적으로 선택된 특성의 이름이 30개 중에 어떤 것인지를 알려준다.

목적변수 y와의 상관 관계가 큰 특성을 k개 선택

```
from sklearn.feature_selection import SelectKBest, chi2
sb = SelectKBest(chi2, k=2)
X_best = sb.fit_transform(X, y)
print(X_best.shape)

# 선택된 특성 컬럼명 보기
print('Selected Features: ')
print(list(X.columns[sb.get_support()]))
cross_validation(rfc, X_best, y)

# 출력:

(569, 2)
Selected Features:
['mean area', 'worst area']

0.9332
```

위 결과를 보면 30개의 컬럼 중에서 2개를 선택한 결과가 X_best에 들어 있고 X_best의 모양이 (569, 2)인 것, 그리고 선택된 특성은 'mean area'와 'worst area'라는 것을 알 수 있다. 이 두 특성만 사용하여도 정확도가 0.9332인 것을 알 수 있다. 참로로 30개의 특성을 모두 사용한 경우 약 0.96의 정확도를 얻었다.

위에서 채택된 두 개의 특성 'mean area'와 'worst area'를 축으로 산포도를 그려보겠다. 'mean area'와 'worst area' 특성 공간상에 각 샘플을 나타내고 각각 암 발생 여부를 표시하면 아래와 같다. 암발생이 0으로 인코딩되어 있다.

두 개 특성의 산포도 그리기

```
plt.scatter(X_best[:,0][y==0],X_best[:,1][y==0],
         marker='+', s=13, color='r', label='Cancer')
plt.scatter(X_best[:,0][y==1],X_best[:,1][y==1],
         marker='.', s=7, color='b', label='Normal')
plt.xlabel('mean area')
plt.ylabel('worst area')
plt.legend()

# 출력:
```

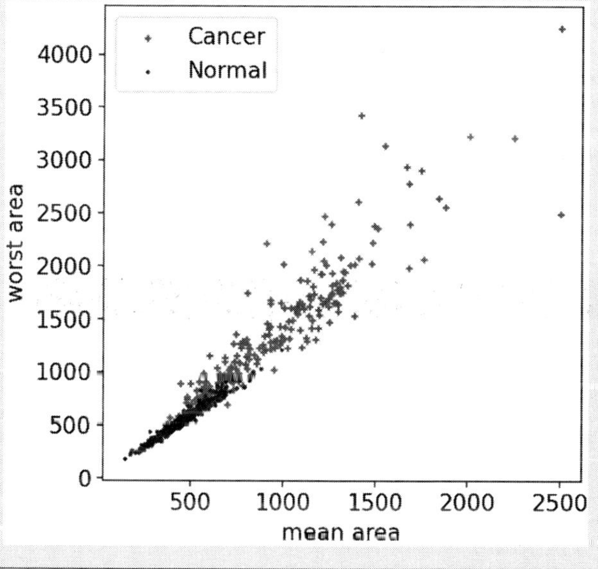

위 그래프를 보면 'mean area'와 'worst area' 값들이 클수록 암일 확률이 높다는 것을 알 수 있고, 30개의 특성을 사용하지 않고 이 두 개의 특성만 사용해도 암진단을 어느 정도 정확히 할 수 있

다는 것을 알 수 있다.

■ 주성분 분석

주성분 분석(principal component analysis: PCA)이란 주어진 데이터의 특성들을 조합하여 원래 데이터의 전체적인 특징들을 가능한 많이 포함하는 적은 수의 특성을(이를 주성분이라고 한다) 찾아내는 작업을 말한다.

주성분을 얻는 방법으로는, 주어진 특성들의 선형 조합으로 새로운 변수를 정의하는 방식을 많이 사용한다. 예를 들면 학생의 학업 능력을 평가하기 위해서 6개 과목 점수가 있는데 이를 모두 사용하지 않고, 국어, 영어, 사회 성적에 각각 가중치를 0.4, 0.3, 0.3을 곱하여 더한 값은 언어 능력점수라고 하고, 수학, 물리, 화학 점수에 각각 0.5, 0.3, 0,2를 곱하여 더한 점수를 수리능력 점수라고 정의하면 학생의 능력을 두 개의 주성분인 언어능력과 수리능력 값으로 나타내는 셈이다.

기존의 특성 값들을 어떤 비율로 가중합산을 해야 가장 적절한 주성분을 얻을 수 있는지는 매트릭스 분해 방법 등 수학적인 방법을 이용하여 원래의 입력 정보를 가능한 잃지 않는 최적의 가중치 조합을 찾아준다.

아래는 유방암 데이터를 두 개의 주성분으로 만들고 이를 사용해서 교차 검증을 수행한 결과이다. 주성분을 얻으려면 PCA 객체가 제공하는 fit_transform() 함수를 사용하면 된다. PCA 객체를 만들 때 인자로 주성분의 개수를 지정해야 한다.

PCA로 주성분을 얻은 다음에는 주성분 2개를 축으로 하는 2차원 공간에 샘플을 나타내고 각 샘플의 암발생 여부를 산포도로 표시했다.

두 개의 주성분(PCA) 사용 결과

```
pca = PCA(2)
X_pca = pca.fit_transform(X)
print(cross_validation(rfc, X_pca, y))

# 두 개 주성분을 축으로 산포도 그리기
plt.scatter(X_pca[:,0][y==0],X_pca[:,1][y==0],
          marker='+', s=13, color='r', label='Cancer')
plt.scatter(X_pca[:,0][y==1],X_pca[:,1][y==1],
          marker='.', s=7, color='b', label='Normal')
```

```
plt.xlabel('PCA-1')
plt.ylabel('PCA-2')
plt.legend()

# 출력:

0.9315
```

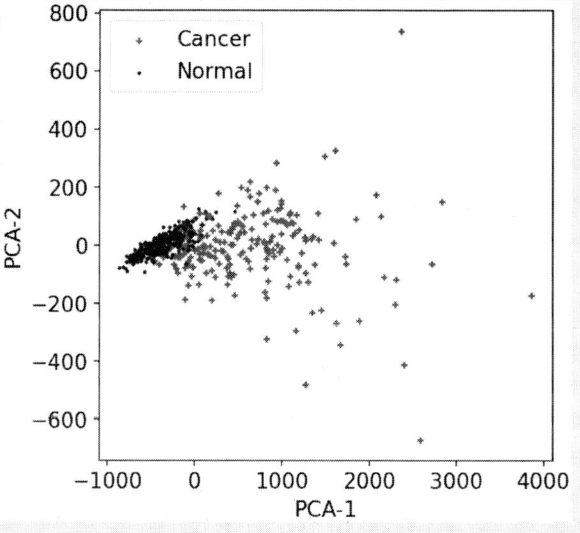

위 결과를 보면 2개의 주성분을 사용한 교차 검증의 결과 정확도 0.936을 얻었고, 주성분 공간상에서 그린 산포도를 보면 암발생 여부를 충분히 구분할 수 있다는 것을 알 수 있다.

PCA 공간에서 그린 산포도와 앞에서 소개한 2개의 특성 'mean area'와 'worst area' 공간상에서 그린 산포도의 차이는, 주성분 공간은 최초의 30개의 특성이 모두 반영된 공간이라는 것이다. 주성분 공간상에서 샘플간의 거리는 환자들 간의 성격이 비슷한 정도를 가리키는데 30개를 모두 고려한 것이다. 반면에 'mean area'와 'worst area' 공간상에서 그린 산포도는 두 개의 특성만 고려한 산포도이다.

앞에서 소개한 상관계수를 이용한 특성 선택 방법은 예측하려는 목적 변수가 달라지면 선택할 특성도 달라진다. 예를 들어 백일장 대회에 내보낼 학생을 선발할 때와 수학 경시대회에 내보낼 학생을 선발할 때는 각각 다른 특성을 선택하게 될 것이다.

그러나 주성분을 구할 때는 목적 변수 y와의 상관관계를 전혀 고려하지 않는다. 즉, 주성분은 y

와 관계없이 구할 수 있으며 임의의 목적에 사용할 수 있다는 것이 주성분 분석의 장점이다. 예를 들어 백일장 대회에 내보낼 학생을 선발하든, 수학 경시대회에 내보낼 학생을 선발하든 동일하게 PCA 주성분을 사용할 수 있다.

유방암 환자 데이터의 경우도 주성분은 각 환자의 특징을 총체적으로 나타내고 있으므로 유방암 검진이 아닌 다른 목적으로도 바로 사용할 수 있다는 장점이 있다.

두 개의 주성분을 만들기 위해서 기존의 30개의 특성에 각각 어떤 가중치를 곱하였는지를 알려면 PCA 객체의 내부변수를 pca.components_ 를 보면 된다.

t-SNE

데이터의 특성을 한 눈에 파악하는데 시각화가 매우 유용하다. 그러나 실제 세계의 데이터의 특성은 대부분 3 차원 이상인 경우가 많아 시각화가 어렵다.

시각화를 위해서 고차원 데이터를 2 또는 3 차원으로 변환해야 할 일이 많은데 이때 t-SNE (T-distributed Stochastic Neighbor Embedding) 기법이 널리 사용된다. 아래는 유방암 데이터를 t-SNE 기법으로 차원을 2로 축소하고 이를 t-SNE 축 공간에서 2차원 산포도로 그린 것이다.

2차원 t-SNE 수행과 시각화

```
tsne = TSNE(2, perplexity=100)
tsne_2 = tsne.fit_transform(X)

plt.scatter(tsne_2[:,0][y==0],tsne_2[:,1][y==0],
          marker='+', s=13, color='r', label='Cancer')
plt.scatter(tsne_2[:,0][y==1],tsne_2[:,1][y==1],
          marker='.', s=7, color='b', label='Normal')

plt.xlabel('t-SNE-1')
plt.ylabel('t-SNE-2')
plt.legend()

# 출력:
```

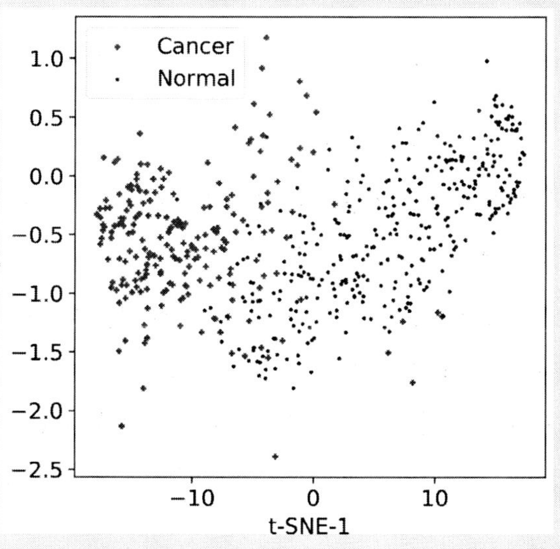

t-SNE 공간이나, 앞에서 소개한 PCA 공간에서 x축과 y축이 어떤 의미를 갖는 값인지는 알 수 없다. 두 경우 모두 기존의 주어진 특성들의 조합으로 만들어진 새로운 축의 값일 뿐이다. PCA 공간상의 경우 점들 사이의 거리가 샘플들의 특성을 고려한 거리에 비례한다고 해석하지만 거리의 차이가 샘플의 차이를 정확하게 비례해서 나타내지는 못한다. 고차원 데이터가 2차원으로 축소되면서 정확한 거리 정보를 잃기 때문이다.

t-SNE 산포도의 경우는 단순히 샘플들이 어떻게 그룹핑되는지, 나누어 보여지는지에 대한 감을 잡는데만 도움이 되며 샘플간의 거리가 물리적인 거리를 표현하는 것은 아니다.

PCA 산포도와 달리 t-SNE 그래프는 실행할 때마다 다른 모양의 그림을 그려준다. TSNE()를 호출할 때 인자 perplexity의 값을 변경하면 다른 유형의 그래프를 그릴 수 있다.

6.2 클러스터링

클러스터링(clustering, 군집화)은 성격이 비슷한 샘플들을 그룹으로 묶는 작업을 말한다. 클러스터링은 여러 가지 목적으로 사용되는데, 예를 들면 고객들을 유사한 타입의 그룹으로 나누어 마케팅에 활용하기 위한 고객 세분화 (customer segmentaion)에서 널리 사용된다.

클러스터링은 범주의 수가 너무 많은 입력 특성을 적은 수의 범주형 변수로 대체할 때도 사용된다. 예를 들어 도시 이름, 회사명, 사람 이름을 특성 값으로 그대로 사용하면 너무 경우의 수가 많아 각 레이블별 데이터가 충분하지 않아 분석이 잘 되지 않는다. 이럴 때 비슷한 유형의 샘플들을 클러스터로 묶은 후 클러스터 번호를 이름이나 도시명 또는 회사명 대신 사용할 수 있다.

금융 고객 클러스터링 예제

금융 이용자 200명의 데이터를 보고 클러스터링을 수행하는 예를 소개하겠다. 아래는 데이터를 다운로드하고 샘플을 보는 코드이다.

데이터 다운로드

```
data = pd.read_csv('https://raw.githubusercontent.com/ShubhankarRawat/
   Mall-Customers-Segmentation/master/data.csv')
print(data.shape)
print(data.Gender.value_counts())
data.head()

# 출력:

(200, 5)
Female    112
Male       88
Name: Gender, dtype: int64
```

	CustomerID	Gender	Age	Annual Income (k$)	Spending Score (1-100)
0	1	Male	19	15	39
1	2	Male	21	15	81
2	3	Female	20	16	6

3	4	Female	23	16	77
4	5	Female	31	17	40

카테고리 변수는 성별(Gender) 하나 뿐이다. 이를 map()을 이용해서 0과 1로 인코딩하고, 나머지 연속형 특성들은 스케일링을 적용하겠다. 고객 일련번호 CustomerID는 물리적으로 아무 정보가 없으므로 분석에서 제외하였다.

데이터 전처리

```
# 컬럼 삭제
df = data.copy()
df = df.drop('CustomerID', axis=1)

# 카테고리 인코딩 (성별)
df.Gender = df.Gender.map({'Male':0, 'Female':1})

# 스케일링
scaler = StandardScaler()
continuous = df.columns.difference(['Gender'])
df[continuous] = scaler.fit_transform(df[continuous])
df[:5]

# 출력:
```

	Gender	Age	Annual Income (k$)	Spending Score (1-100)
0	0	-1.424569	-1.738999	-0.434801
1	0	-1.281035	-1.738999	1.195704
2	1	-1.352802	-1.700830	-1.715913
3	1	-1.137502	-1.700830	1.040418
4	1	-0.563369	-1.662660	-0.395980

위의 고객 데이터를 이용하여 클러스터링을 수행해 보겠다. 클러스터링에 가장 많이 사용되는 방법은 k means 알고리즘이다.

k-means 알고리즘

k-means 알고리즘은 전체 샘플을 k 개의 그룹으로 나누되 각 그룹 내에 들어 있는 항목들 간의 거리는 가능한 가깝고, 서로 다른 그룹에 들어 있는 항목들과의 거리는 가능한 멀게 나누는 작업을 수행한다.

k-means 알고리즘의 동작 순서는 다음과 같다. 먼저 임의로 k 개의 초기 중점(centroid)을 정한다. 다음에는 각 중점에서 인접한 샘플들을 각 클러스터에 편입시켜서 클러스터의 중점(무게 중심)을 새로 갱신한다. 이와 같이 주변의 샘플 편입과 클러스터의 무게 중심을 바꾸는 작업을 계속 진행하여 더 이상 클러스터의 모양이 바뀌지 않을 때까지 수행하면 클러스터링이 완료된다.

■ 클러스터 만들기

아래는 주어진 200명 데이터를 대상으로 임의로 다섯 개의 그룹으로 나누어 보았다. KMeans() 함수에 인자로 원하는 클러스터수를 주고 fit()을 수행하면서 클러스터링에서 사용할 특성 데이터프레임 df를 인자로 주면 된다. 아래서 KMeans()가 수행되면 내부변수 labels_에 클러스터 번호가 배정되는데 현재 5개의 클러스터로 나누도록 했으므로 클러스터 번호는 0부터 4까지 배정된다. 클러스터 번호는 특별한 의미는 없고 단지 각 샘플이 어떤 클러스터로 그루핑 되었는지 구분하는데만 사용된다.

클러스터링 수행

```
kmeans = KMeans(5).fit(df)

# 개인별 클러스터 번호 보기
df['Cluster'] = kmeans.labels_
print(df['Cluster'].value_counts())
df[:5]

# 출력:

0    54
2    49
3    40
1    38
4    19
```

	Gender	Age	Annual Income (k$)	Spending Score (1-100)	Cluster
0	0	-1.424569	-1.738999	-0.434801	0
1	0	-1.281035	-1.738999	1.195704	0
2	1	-1.352802	-1.700830	-1.715913	4
3	1	-1.137502	-1.700830	1.040418	0
4	1	-0.563369	-1.662660	-0.395980	0

위 결과를 보면 0부터 4번 클러스터까지 총 5개의 클러스터가 만들어졌고 각 클러스터에 속한 샘플의 개수가 54, 49, 40, 38, 19개인 것을 알 수 있다. df 데이터프레임의 Cluster 컬럼에 각 샘플이 각각 어느 클러스터에 속하는 지를 나타냈다.

최적의 클러스터 수 찾기

군집화에서 가장 어려운 부분이 적절한 클러스터 수인 k 값을 정하는 것이다. 전문가가 오랜 경험에 의해서 적정한 클러스터 수를 지정할 수도 있고 또는 주어진 분석이 활용 목적에 따라서 미리 그룹수가 정해지기도 한다.

예를 들어 영화의 흥행을 예측하기 위해서 배우의 등급을 A, B, C 세 등급으로 나누는 것이 좋을지 10 등급으로 나누는 것이 좋을지의 판단이 필요하다. 예측 성능이 가장 잘 나오는 클러스터 수를 찾아야 한다.

기기의 고장 유형을 클러스터링 할 때에도 고장과 정상 두 가지로 나눌 수도 있고 고장의 정도에 따라 다섯 가지로 나눌 수도 있을 것이다. 적절한 클러스터 수는 모델의 성능을 최대화 하는 조건으로 찾기도 하고, 나중에 분류 모델의 목적변수의 개수에 맞추기도 한다. 예를 들어 고장의 유형에 따라 대처 방법이 네 가지가 있다면 필요한 대처 방법의 수만큼 클러스터를 처음부터 네 개로 정하는 것이 편리할 것이다.

최적의 클러스트 수를 찾는 방법으로 아래 세가지 기법을 소개하겠다.

- 덴드로그램을 그려보고 클러스터간 거리가 가장 먼 경우를 찾는다
- 실루엣 지수가 크게 나타나는 클러스터 수를 찾는다
- 엘보우 포인트를 보고 클러스터의 무게 변화가 큰 곳을 찾는다

■ 덴드로그램

덴드로그램은 샘플의 특성 공간상에서의 직선거리를 기준으로 가까운 것들부터 차례로 묶어 나가는 그림이다. 여기서 직선거리란 피타고라스 정리로 두 지점사이의 거리를 측정하듯이, 고차원 특성 공간에서도 각 특성간의 거리의 제곱 합에 루트를 취한 값을 말한다.

예를 들어 두 샘플 p와 q의 특성의 수가 n개이면 n차원 공간상의 직선 거리는 다음과 같이 정의한다.

$$\sqrt{(p_1-q_1)^2+(p_2-q_2)^2+\ldots+(p_n-q_n)^2}=\sqrt{\sum_{i=1}^{n}(p_i-q_i)^2}$$

위에서 p_i와q_i는 n차원의 특성값이다. 이 직선거리 개념을 유클리디언 거리라고도 한다.

아래의 코드에서는 주어진 200명 샘플의 4가지 특성을 모두 고려하여 유클리디언 거리가 가장 가까운 샘플부터 묶어나가는 그림인 덴드로그램을 그렸다.

덴드로그램

```
plt.figure(figsize=(8, 4))
link_dist = linkage(df, metric='euclidean', method='ward')
dendrogram(link_dist, labels=df.index.tolist())
plt.xticks([])
plt.show()

# 출력:
```

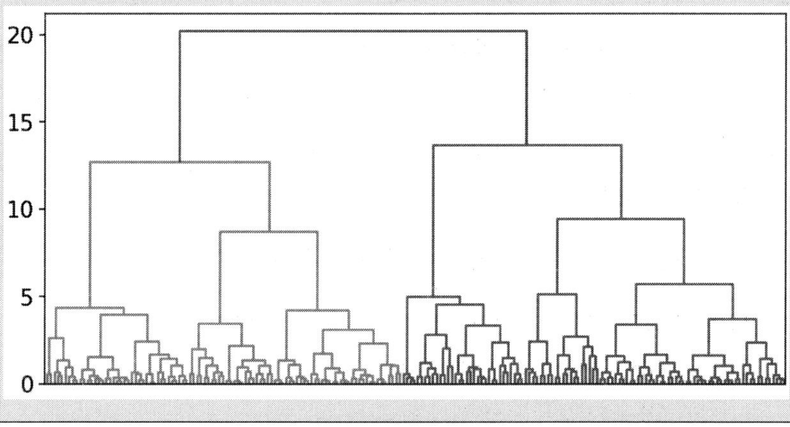

위 그래프는, 가장 아래 부분에 200개의 샘플이 있고 클러스터링에 포함시킬 반경을 조금씩 늘

리면서 그 거리 내에 들어오는 샘플들을 묶어 나가는 그림을 그린 것이다. y축이 거리를 나타내는데 y축 위로 올라가면서 (클러스터를 묶는 반지름이 증가하면서) 샘플들이 묶이므로 y축 방향으로 올라갈수록 클러스터 수가 줄어든다.

이러한 기준으로 보며 덴드로그램에서 y축 방향으로 길이가 긴 부분이 클러스터로 나누기에 적절한 곳이라고 하겠다. 위의 경우 적절한 클러스터 수는 2, 4, 또는 6일 것이다.

일반적으로 특성 공간상에서 샘플간의 거리를 계산하는데 대부분의 경우는 직선거리 (유클리디언 거리)를 사용한다. 그러나 텍스트(문서) 비교 등에는 물리적인 거리보다 방향성의 차이를 봐야 하므로 샘플을 벡터로 보고 두 벡터 사이의 각도를 거리로 사용하기도 한다. 이때는 코사인 유사도(cosine similarity)를 사용하여 각도의 차이를 -1 ~ 1 사이의 값으로 매핑한 값을 사용한다.

■ 실루엣 지수

실제로 클러스터수를 2, 3, 4, 5, ... 개 등으로 늘려가면서 생성한 후, 클러스터간의 거리가 얼마나 멀리 떨어져 있는지를 측정하는 방법이 있다. 클러스터간의 평균 거리를 각 클러스터 내 샘플간의 평균 거리(즉, 클러스터 크기)로 정규화 한 값을 실루엣(silhouette) 지수라고 한다. 실루엣 지수가 클수록 클러스터 간의 상대적인 거리가 멀다고 볼 수 있다. 클러스터수를 변경하면서 실루엣 지수가 큰 경우를 찾으면 되는데 아래는 클러스터의 크기를 2~17로 바꾸면서 실루엣 지수를 구하고 이를 그래프로 그린 코드이다. 실루엣 지수는 silhouette_score()로 구한다.

실루엣 지수

```
results = []
N = 18
for k in range(2,N):
  cluster_labels = KMeans(k).fit_predict(df)
  score = silhouette_score(df, cluster_labels)
  results.append(score)

plt.plot(range(2,N), results)
plt.xlabel('Number of clusters')
plt.ylabel('Silhouette Score')
plt.show()

# 출력:
```

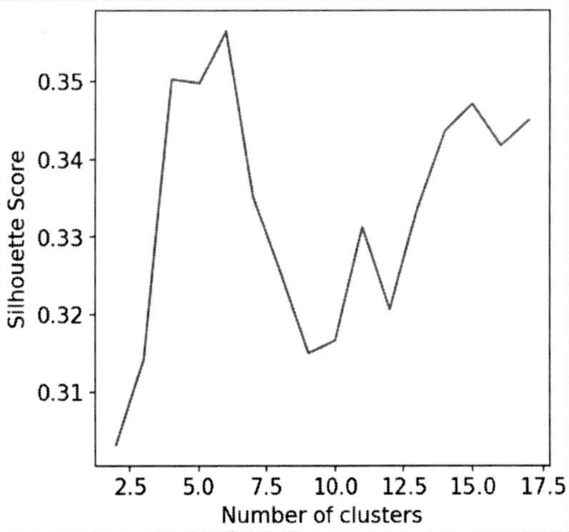

위 결과를 보면 클러스터 수가 4, 5, 6일 때 실루엣 지수가 큰 것을 알 수 있다.

■ **엘보우 포인트**

적절한 클러스터 수를 찾는 세 번째 방법으로 클러스트의 무게(inertia)의 변화를 그려보고 클러스터의 무게 변화가 큰 곳을 찾는 방법이 있다. 여기서 무게란 샘플간의 거리로 계산한다. 아래는 클러스터수를 1~17개로 늘리면서 각 클러스터의 평균 무게 변화를 그려본 것이다.

elbow 포인트 (knee 포인트라고도 한다)

```
mass = []
for i in range(1, N):
    kmeans = KMeans(n_clusters = i)
    kmeans.fit(df)
    mass.append(kmeans.inertia_)
plt.plot(range(1, N), mass)
plt.xlabel('Number of clusters')
plt.ylabel('Mass(inertia)')
plt.show()

# 출력:
```

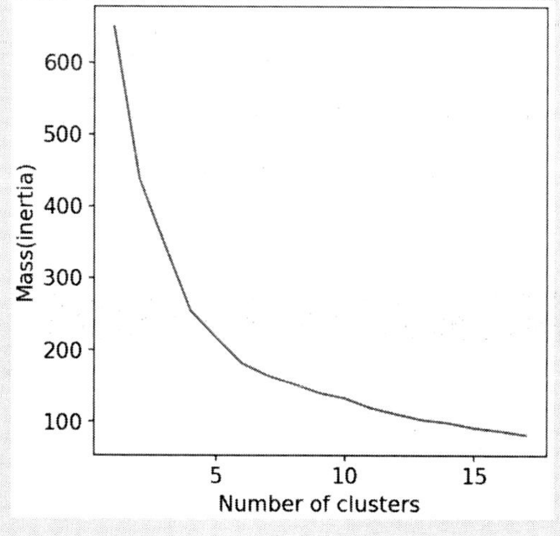

그래프에서 변화가 크게 나타나는 변곡점을 엘보우 포인트(elbow point) 또는 knee 포인트라고 한다. 위 그래프를 보면 클러스터 수가 3~6인 구간이 엘보우 포인트인 것을 알 수 있다.

엘보우 포인트가 적절한 클러스터 수라고 할 수 있는 근거를 알아보겠다. 클러스터의 무게는 클러스터가 하나일 때 가장 무겁고 클러스터 수가 늘어나면서 점차 가벼워진다. 그런데 무게가 선형적으로 감소하는 것이 아니라 어떤 구간에서 갑자기 변화가 크게 나타난다. 이 근처가 클러스터를 구성하는 샘플들이 상대적으로 멀리 떨어져 있어서 이들을 취합하면 무게가 크게 늘어나는 것이라고 볼 수 있다. 즉, 클러스터의 기본 요건인, 한 클러스터 내 샘플들 간의 거리가 가능한 가까워야 한다는 조건이 급격히 변화하는 지점이라고 할 수 있고 이 지점이 클러스터로 나누기에 적절하다고 보는 것이다.

최적 클러스터 산포도 그리기

이제 최적의 클러스터 수를 k=4로 선택하고 클러스터링을 수행하겠다. 아래 결과를 보면 앞의 10개 샘플에 클러스터 번호가 3, 3, 2, 3,... 등으로 배정된 것을 알 수 있다(참고로 클러스터 번호는 클러스터를 수행할 때마다 랜덤하게 바뀐다).

최적의 클러스터링 수행 (k=4)

```
kmeans = KMeans(4).fit(df)
kmeans.labels_[:10]

# 출력: [3, 3, 2, 3, 3, 3, 2, 3, 2, 3]
```

■ 임의의 특성 공간상에서 그리기

이제 클러스터링 결과를 시각적으로 확인하기 위해서 특성 공간상에서 클러스터들을 구분해서 표현해보겠다. Gender, Age, Annual Income (k$), Spending Score (1-100) 등 특성이 네 가지가 있는데 이 중에서 임의로 Age와 Spending Score (1-100) 특성 공간상에서 산포도를 그리고 클러스터 번호를 출력해 보면 아래와 같다.

Age – Spending Score (1–100) 특성 공간 산포도

```
# 산포도 그리기
plt.scatter(df['Age'], df['Spending Score (1-100)'],
            c=kmeans.labels_, s=8)
plt.xlabel('Age')
plt.ylabel('Spending Score (1-100)')

# 클러스터 번호 쓰기
for n in range(df.shape[0]):
    plt.text(df['Age'][n], df['Spending Score (1-100)'][n],
             kmeans.labels_[n],
             fontsize=9)

# 출력:
```

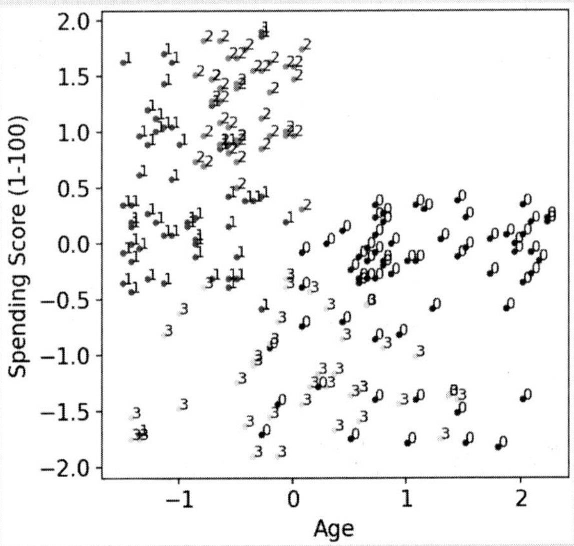

위 그래프를 보면 Age와 Spending Score (1-100) 특성 공간에서 클러스터가 일부 섞여는 있지만 어느 정도 잘 나누어져 있는 것을 알 수 있다.

그런데 특성의 수가 많으면 이와 같이 모든 특성간 조합의 수의 산포도를 모두 그려볼 수는 없다. 특성 수가 많으면 2개의 성분을 갖는 PCA로 차원축소를 하고 PCA 공간상에서 산포도를 그려보는 것이 도움이 된다. 아래 코드는 PCA 공간상에서 산포도를 그리고 클러스터 번호를 표시하였다.

PCA(2) 공간상에서 산포도 그리기

```
pca = PCA(2)
X_pca2 = pca.fit_transform(df)

# 산포도 그리기
plt.scatter(X_pca2[:,0],X_pca2[:,1], c=kmeans.labels_, s=8)
plt.xlabel('PCA-1')
plt.ylabel('PCA-2')

# 클러스터 번호 쓰기
for n in range(df.shape[0]):
    plt.text(X_pca2[:,0][n], X_pca2[:,1][n], kmeans.labels_[n],
             fontsize=8)

# 출력:
```

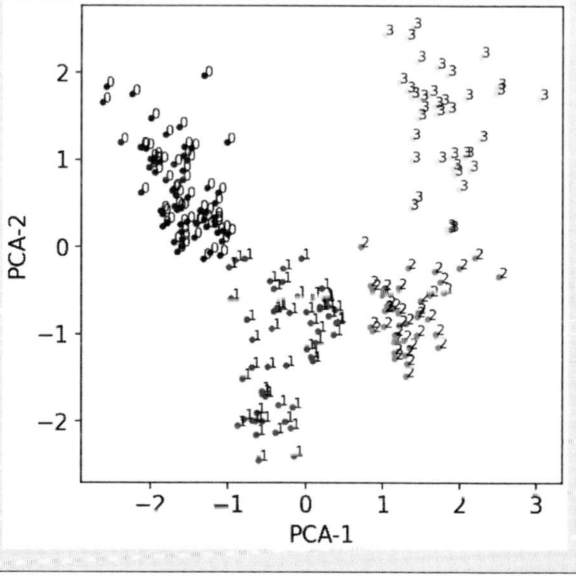

위 결과를 보면 PCA 축 공간에서는 클러스터 샘플들이 더 잘 구분되어 나타나는 것을 알 수 있다. 이렇게 PCA 공간상 또는 t-SNE 공간상에 샘플을 그려보면 어떤 샘플들이 서로 거리가 가까운지 또는 거리가 먼지를 알 수 있고, 클러스터 간의 거리도 예측할 수 있다. 위의 경우 클러스터 1과 2는 거리가 가깝고 클러스터 0과 3은 거리가 멀다는 정보를 얻을 수 있다.

밀도기반 클러스터링

앞에서 소개한 k-means 모델은 거리기반(distance based) 클러스터링 알고리즘이라고 한다. 이는 특성 공간상에서 거리가 가까운 샘플들은 서로 비슷한 속성을 갖는다는 가정에 기반한 알고리즘이다.

머신러닝에서는 목적에 따라 밀도기반(density based) 클러스터링 알고리즘도 사용하는데 이는 샘플간의 거리를 기준으로 클러스터링을 하는 것이 아니라 '일정한 밀도를 유지하면서 서로 가까이 있는 붙어 있는 샘플들은 같은 클러스터에 속한다'는 원칙으로 클러스터 크기를 차례로 넓혀가는 방식이다. 이를 달리 표현하면 샘플들이 몰려 있는 정도 즉, 밀도가 일정 수준을 유지하면 모두 같은 클러스터라고 보는 것이며 밀도를 계산하기 위해서 각 샘플을 기준으로 반경 r 내에 점이 n개 이상 있으면 하나의 클러스터로 인식하는 방식을 사용한다.

DBSCAN(Density-Based Spatial Clustering of Applications with Nois)은 대표적인 밀도 기반 클러스터링 알고리즘이다. 클러스터링 목적에 따라서 거리 기반 또는 밀도기반 클러스터링을 선택해야 하는데 일반적으로 거리기반 클러스터링을 사용한다.

6.3 특성 추가하기

앞에서는 특성 수를 줄이는 방법을 소개했다. 그러나 반대로 특성을 추가하면 성능이 개선되는 경우가 있다. 센서 데이터나 매출 데이터 등 시계열 데이터는 원래 측정한 값 외에 이동평균이나 이동분산 등의 정보를 추가하면 분석에 도움이 된다. 주식에서 20일 평균 곡선, 120일 평균 곡선 등을 보면 투자에 도움이 되는 것과 같다.

센서 데이터의 경우 일정 기간 동안 피크 값이 몇 번 발생하는지 개수를 세는 것이 필요한 때가 있다. 예를 들어 장비가 고장나기 전에는 일주일에 3번 이상 어떤 피크 신호가 발생하는 현상이 있다면 이를 별도의 특성으로 만들어 주면 분석에 도움이 된다.

여기서는 시계열 데이터에 특성을 추가하는 방법을 소개하겠다.

예제 데이터

실습을 위해 9년간 월별 자동차 판매 데이터를 사용하겠다. 샘플 수는 총 108개이며 아래는 데이터를 읽고 내용을 보는 코드이다.

자동차 판매 데이터 읽기

```
# data = pd.read_csv('https://raw.githubusercontent.com/StillWork/data/
   master/car_sales.csv')
data = pd.read_csv('car_sales.csv')
print(data.shape)

data.plot()
plt.xlabel('Month')

data[:5]

# 출력:

(108, 2)
```

	Month	Sales
0	1960-01	6550
1	1960-02	8728
2	1960-03	12026
3	1960-04	14395
4	1960-05	14587

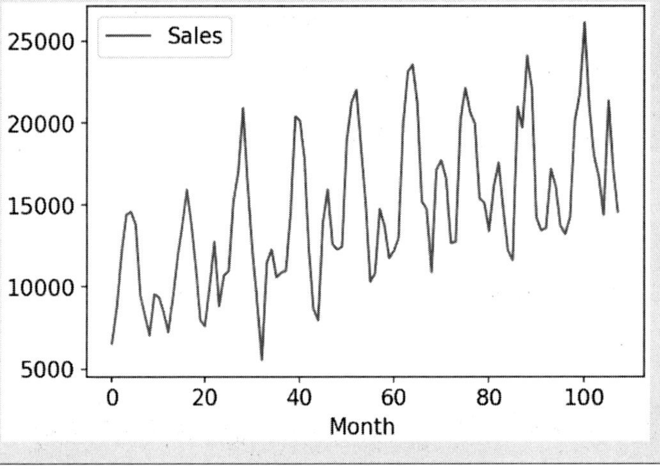

이동평균, 이동분산 추가하기

위의 시계열 데이터에 6개월 이동평균과 7개월간의 이동분산 값을 새로운 특성으로 추가하겠다.

아래에서는 6개월 단위로 윈도우를 이동하면서 취한 데이터들을 대상으로 mean(), std() 등을 수행하도록 했다. 데이터프레임이 제공하는 rolling(n) 함수는 n개씩 윈도우를 이동하면서 데이터를 취하는 함수이다. rolling() 함수의 인자 min_periods=1의 의미는 초기의 다섯 번은 윈도우 내에 샘플이 6개가 모두 채워지지 않는다. 이때 오류를 발생시키지 말고 1개든 2개든 적은 수의 데이터를 대상으로 평균과 표준 편차를 구하라는 뜻이다. 단, 표준편차를 구할 때는 최소한 데이터가 2개 이상 있어야 하므로 데이터가 한 개 일 때는 오류가 발생하여 nan 값이 들어간다. 이 결측치는 0으로 대체하도록 하기 위해서 fillna(0)를 사용했다.

특성 추가하기

```
df = data.copy()
df['6-mean'] = df['Sales'].rolling(6, min_periods=1).mean()
df['7-std'] = df['Sales'].rolling(8, min_periods=1).std().fillna(0)
df[:8]
```

	Month	Sales	6-mean	7-std
0	1960-01	6550	6550.000000	0.000000
1	1960-02	8728	7639.000000	1540.078569
2	1960-03	12026	9101.333333	2757.023274
3	1960-04	14395	10424.750000	3474.647932
4	1960-05	14587	11257.200000	3538.325692
5	1960-06	13791	11679.500000	3329.537911
6	1960-07	9498	12170.833333	3149.291107
7	1960-08	8251	12091.333333	3116.973246

위 결과를 보면 새로 추가된 컬럼에는 6개월씩 이동하면서 구한 평균값과 7개월씩 이동하면서 구한 분산 값이 추가된 것을 알 수 있다. 이들을 시계열 그래프로 그리면 아래와 같다.

추가한 특성 그리기

```
plt.plot(df['Sales'], label='Sales', ls='-')
plt.plot(df['6-mean'], label='6-mean', ls='-.')
plt.plot(df['7-std'], label='7-std', ls='--')
plt.xlabel('Month')
plt.legend()

# 출력:
```

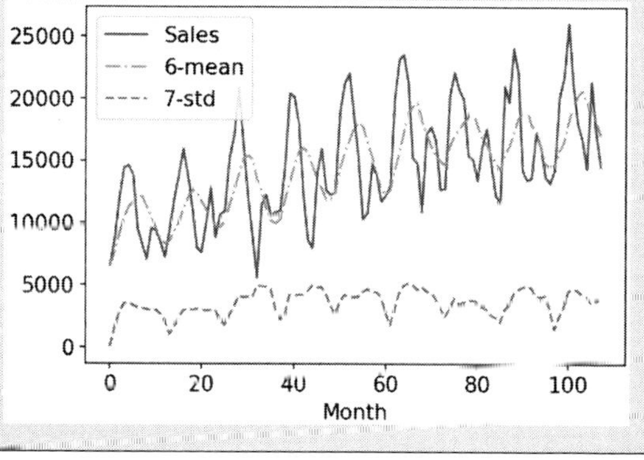

이동평균, 이동분산 외에도 윈도우 구간내의 최대값, 최소값을 max(), min()으로 구해서 추가로 사용할 수도 있다.

피크 발생 찾기

시계열 데이터가 일정한 값을 넘는 경우 즉, 피크치가 발생하는 때를 찾으려면 아래와 같이 부등호를 사용하여 찾을 수 있다. 아래는 판매량이 16000을 넘긴 달을 찾는 코드이다. 결과 그래프를 아래에 그렸다.

피크 발생 찾기

```
df['peak-16'] = df['Sales'][df['Sales'] > 16000]
plt.plot(df.Sales)
plt.scatter(range(len(df)), df['peak-16'],c='r', s=20)

# 출력:
```

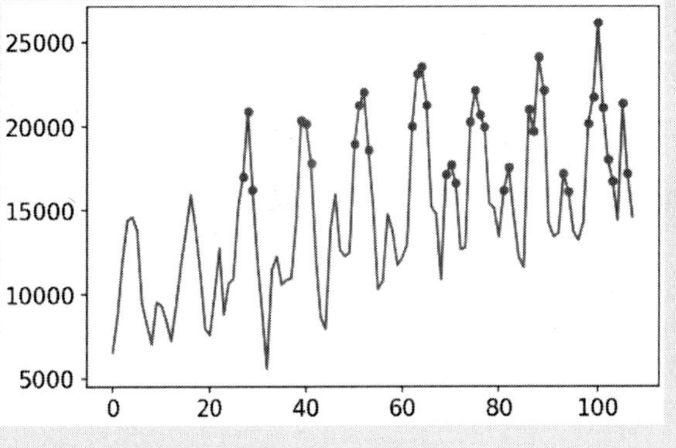

그런데 위 그래프를 보면 시간이 지나면서 전체적으로 판매량이 늘어서 피크값이 우측에서 많이 나타나는 것으로 보인다. 만일 일정한 시간 구간 내에서 상대적으로 피크값이 발생하는 현상을 찾으려면 다른 방법이 필요하다. 아래는 일정 구간 동안의 이동평균을 구하고 이 이동평균에 비해서 높은 값이 나오는 피크 현상을 찾는 코드이다. 아래는 판매량이 최근 6개월 평균치에 비해서 3800 이상인 곳을 찾도록 하였다.

평균값을 기준으로 한 피크 발생 찾기

```
df['peak-average'] = df['Sales'][np.abs(df['Sales']-df['6-mean']) > 3800]
plt.plot(df.Sales)
plt.scatter(range(len(df)), df['peak-average'],c='r')

# 출력:
```

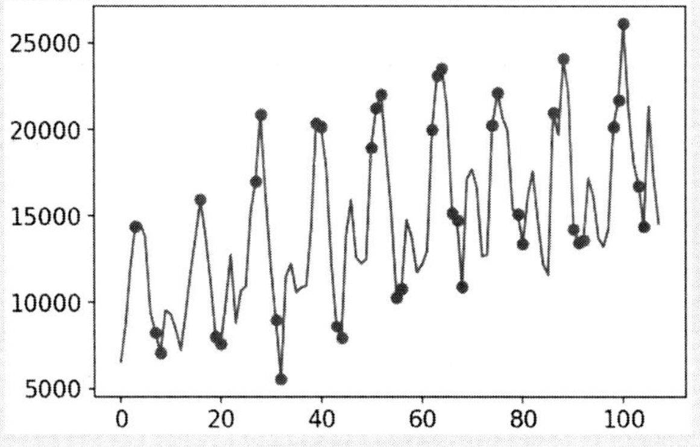

■ 피크 발생 횟수 세기

피그값을 검출하는 목적은, 특정한 구간 내에 피크값이 몇 번이나 발생하는지 횟수를 세는 것이 목적인 경우가 많다. 고객의 불만 지수가 일정한 값을 넘는 횟수를 모니터링 하거나, 장비의 이상 징후를 찾을 때 사용할 수도 있다. 아래는 최근 6개월 동안 피크가 발생한 빈도수를 측정하는 코드이다.

일정 구간 동안 피크 발생수를 세기

```
df['peak-count-6'] = df['peak-average'].rolling(6, min_periods=1).count()

f,(ax1, ax2) = plt.subplots(2, figsize=(8,8))
ax1.plot(df['Sales'])
ax1.scatter(range(len(df)), df['peak-average'],c='r')
ax2.plot(df['peak-count-6'], marker='.')
ax1.set_ylabel('Sales')
ax2.set_ylabel('No. Peaks')
ax2.set_xlabel('Month')

# 출력:
```

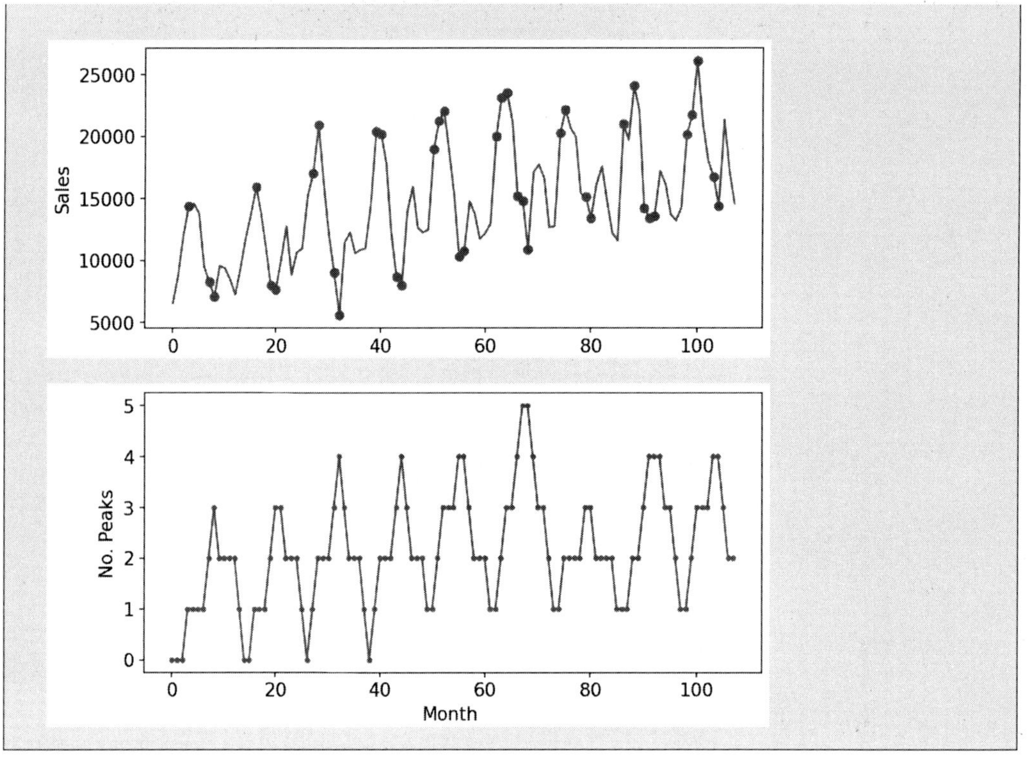

위 두 번째 그래프를 보면 피크 발생 횟수가 0~5회 사이로 나타나는 현상을 파악할 수 있으며, 예를 들어 이 횟수가 3회를 넘으면 위험한 신호로 판단할 수 있을 것이다.

찾아보기